明史 列女傳

김택중 역

저자서문

아녀자의 행위는 집안을 벗어나지 않는다. 그러므로 『시경(詩經)』[1]의 「관저(關雎)」[2], 「갈담(葛覃)」[3], 「도요(桃夭)」[4], 「부이(芣苢)」[5] 등 편에 수록된 여성들의 행위는 모두가 일정한 규율을 따라서 절조가 굳고 성품이 정숙하고 화평하였으며, 그것으로부터 가정생활이 완벽하였고 군주의 덕화가 전파되었음을 증명할 수 있다. 그 가운데 「행로(行露)」[6], 「백주(柏舟)」[7]와 같이 변화가 있는 것이 있기는 하지만 그것은 단지 한 두 곳일 뿐이다.

유향(劉向)[8]은 『열녀전(列女傳)』[9]을 저술할 때 다른 사람의 모범이 될 사적을 선택하면서 단지 지조에 관한 것만을 기록하지 않았다. 범엽(范曄)[10] 역시 이러한 체제를 따라서 수록한 여성은 재주와 행위가 뛰어난 여성으로 결코 절렬(節烈)[11]만을 중시하지 않았다. 위(魏)[12]와 수(隋)[13] 이후 역사가들은 환난과 동란의 시기에 대의를 위하여 자신을 희생한 여성들의 사적을 주로 선택해 다루었다.

근래의 분위기는 정상적인 행위는 중시하지 않고 기이하고 격렬한 것을 숭상하였기 때문에 제도적으로 국가에서 표창한 것, 지승(志乘)[14]에 기록된 것, 그리고 민간에서 칭송되고 세속에서 놀란 것 등은 모두 매우 기이하고 고통스러운 행위들을 귀하게 여겼다. 그리고 문인묵객들은 종종 일상적이지 않은 특이한 행위를 빌려서 그들의 장렬하고 격앙되며 호탕한 정서를 발휘했다. 때문에 이들 행위가 더욱 넓게 전파되었고 그 사적이 더욱 드러나게 되었다.

그러나 일반 사람이 도달할 수 없는 이러한 행위가 있으므로 해서 윤리강상이 유지될 수 있었고 올바른 정기가 멸망하지 않게 되었다. 그리고 이로 인해 사람이 금수와 달라진 것이니 역사를 기록하는 사람들은 이

점을 절대로 소홀히 해서는 안 될 것이다.

　명(明)[15]이 건국된 이후 절렬 여성을 표창하는 것에 대한 법률규정[16]이 있고부터 각 지역의 순방(巡方)[17] 독학(督學)[18] 관원은 매년 그에 관련된 사실을 정부에 보고했다. 정절이 뛰어난 경우에는 나라에서 사당을 건립하여 제사를 지내게 하였고, 그 다음에 대해서도 역시 패방(牌坊)[19]이나 오두작계(烏頭綽楔)[20]를 세워 온 마을을 비추게 하니 시골구석 가난한 집의 여성에 이르기까지도 정절을 지키려고 스스로 갈고 닦았다.

　실록(實錄)[21]과 군읍지(郡邑志)[22]에 기록된 사람은 1만여 명 이상이다. 비록 그 중에는 문장과 기예로 이름을 드러낸 사람도 있지만 전체적으로 절렬 여성이 대부분을 차지하고 있다. 아! 어찌 이렇게 많은가! 이 어찌 군왕의 교화를 받아 염치의 구별이 분명해졌기 때문에 명예와 정절을 중시하여 대의를 위해 헌신한 것이 아니겠는가!

　이제 절렬(節烈) 여성 중에서 특별히 뛰어난 여성을 선택하여 혹은 연대 순서에 따라 혹은 행적이 서로 유사한 것끼리 묶어 모두 저술하고 보니 이전의 역사서에 비해 많기가 거의 배가 되었다. 그러나 성명이 이미 없어진 절렬 여성이 헤아릴 수 없이 많지만 그 중 열에 하나를 존속시키어도 권고를 나타냄에 충분할 것이다.

건륭(乾隆) 4년(1739) 7월
보화전대학사(保和殿大學士) 장정옥(張廷玉)[23] 등 찬(纂)

婦人之行, 不出於閨門, 故詩載關雎, 葛覃, 桃天, 芣苢, 皆處常履順, 貞靜和平, 而內行之修, 王化之行, 具可考見. 其變者, 行露, 柏舟, 一二見而已. 劉向傳列女, 取行事可為鑒戒, 不存一操. 范氏宗之, 亦采才行高秀者, 非獨貴節烈也. 魏, 隋而降, 史家乃多取患難顛沛, 殺身殉義之事. 蓋輓近之情, 忽庸行而尚奇激, 國制所褒, 志乘所錄, 與夫里巷所稱道, 流俗所震駭, 胥以至奇至苦為難能. 而文人墨客往往借俶儻非常之行, 以發其偉麗激越跌宕可喜之思, 故其傳尤遠, 而其事尤著. 然至性所存, 倫常所係, 正氣之不至於淪澌, 而斯人之所以異於禽獸, 載筆者宜莫之敢忽也. 明興, 著為規條, 巡方督學歲上其事. 大者賜祠祀, 次亦樹坊表, 烏頭綽楔, 照耀井閭, 乃至僻壤下戶之女, 亦能以貞白自砥. 其著於實錄及郡邑志者, 不下萬餘人, 雖間有以文藝顯, 要之節烈為多. 嗚呼! 何其盛也. 豈非聲教所被, 廉恥之分明, 故名節重而蹈義勇歟. 今掇其尤者, 或以年次, 或以類從, 具著於篇, 視前史殆將倍之. 然而姓名湮滅者, 尚不可勝計, 存其什一, 亦足以示勸云.

乾隆 四年 七月
保和殿大學士 張廷玉 等 纂

6 명사 열녀전

---

1 시경(詩經) : 중국 최초의 시가집(詩歌集). 모두 305편으로 어느 한 시대 한 사람의 작품이 아님. 주(周)나라 초기부터 춘추시대 중엽에 이르기까지 약 500년 간의 가요와 종묘 악장이 수록되었음. 크게 풍(風), 아(雅), 송(頌)으로 분류됨.
2 관저(關雎) : 『시경』「주남(周南)」의 편명. 짝사랑을 나타내는 시, 결혼을 축하하는 시, 혹은 후비의 덕을 나타내는 시 등의 해석이 있음.
3 갈담(葛覃) : 『시경』「주남(周南)」의 편명. 결혼한 신부가 친정집을 방문하려는 것을 나타낸 시, 혹은 후비의 근본을 나타낸 시, 출가 후 부모에 대한 효심을 나타낸 시 등으로 해석함.
4 도요(桃夭) : 『시경』「주남(周南)」의 편명. 후비의 행위 혹은 젊은 처녀의 결혼 축하를 나타내는 시라 함.
5 부이(芣苢) : 『시경』「주남(周南)」의 편명. 나물을 뜯는 내용으로 사랑을 노래한 시라 함.
6 행로(行露) : 『시경』「소남(召南)」의 편명. 남녀의 애정갈등이 법정으로 비화한 시, 혹은 여인이 결혼을 거절한 시 등 여러 가지의 해석이 있음.
7 백주(柏舟) : ①『시경』「패풍(邶風)」의 편명. 험한 세태를 나타낸 시, 혹은 남편에게 버림받은 여인의 노래 등 다양한 해석이 있음. ②『시경』「용풍(鄘風)」의 편명. 어머니로부터 재혼을 강요당한 여인이 결사적으로 거절하는 내용의 시.
8 유향(劉向, B.C 77~6) : 한대(漢代) 패현(沛縣) 사람. 자(字) 자정(子政). 한 고조(漢 高祖)의 동생 초 원왕(楚 元王) 유교(劉交)의 4대 후손. 한 성제(漢 成帝) 시기 광록대부(光祿大夫) 역임. 저서에 『열녀전(列女傳)』, 『신서(新序)』, 『설원(說苑)』, 『홍범오행(洪範五行)』, 그리고 중국 최초의 분류목록인 『별록(別錄)』 등이 있음.
9 열녀전(列女傳) : 유향의 저서. 모의전(母儀傳), 현명전(賢明傳), 인지전(仁智傳), 정순전(貞順傳), 절의전(節義傳), 변통전(辯通傳), 얼폐전(孼嬖傳) 등 모두 7권(卷)으로 구성되어 있고 그 안에 모두 105명의 여성에 대한 행적이 기술되어 있음.
10 범엽(范曄, 398~445) : 남조(南朝) 시대 송(宋)의 순양(順陽) 사람. 자(字) 울종(蔚宗). 상서이부랑(尙書吏部郞)을 역임하였으나 선성태수(宣城太守)로 좌천된 후 뜻을 얻지 못한 채 역모 혐의를 받고 처형됨. 문장과 예서(隸書)에 능하고

음률에 정통했음. 저서에 『후한서(後漢書)』가 있음.
11 절렬(節烈) : 본문에서 절(節)은 여성이 정조를 지키거나 남편이 죽은 후 개가하지 않는 행위, 열(烈)은 여성으로서 정조를 지키기 위해 죽거나 남편이 죽은 후 따라서 죽는 행위를 말함.
12 위(魏) : 조조(曹操)의 아들 조비(曹丕)가 건립한 왕조의 이름. 존속 기간 220~265년.
13 수(隋) : 북주(北周) 승상 양견(楊堅)이 건립한 왕조의 이름. 존속 기간 581~618년.
14 지승(志乘) : 지방의 역사, 제도, 문물, 인물, 풍속 등을 기록한 책. 지서(志書)라고도 함.
15 명(明) : 1368년 주원장(朱元璋)이 건립한 왕조의 이름. 처음의 수도는 남경(南京)이었으나 명 성조(成祖) 시기 북경으로 천도함. 1644년 만주족이 건립한 청(淸)에 의해 멸망. 모두 17명의 황제가 재위함.
16 명은 건국 직후 절렬 여성에 대해 "무릇 30세 이전 남편이 사망한 후 50세 이후까지 수절한 사람에게는 일률적으로 정표(旌表)를 나타내고 본가의 차역(差役)을 면제 한다"(『명회전(明會典)』,「정표(旌表)」)라는 규정을 정함.
17 순방(巡方) : 황제가 각 지역에 대신을 파견하여 순찰하게 하는 것. 명대에는 13도감찰어사(十三道監察禦史)를 각 성(省)에 파견하여 지방의 제반 사항을 감찰하게 하였는데 이를 순안(巡按)이라 함. 보통 경사(京師) 2명, 남경(南京) 3명, 선대(宣大) 1명, 요동(遼東) 1명, 감숙(甘肅) 1명, 그리고 13개 성(省)에 각 1명씩을 파견함. 감찰어사의 품계는 정7품.
18 독학(督學) : 제독학정(提督學政)의 간칭. 각 성(省)에 파견되어 교육행정 및 고시 등을 감독하고 지도하는 관원. 학정(學政), 대종사(大宗師), 학도(學道), 학대(學臺), 문종(文宗), 제학(提學)이라고도 함.
19 패방(牌坊) : 인물을 표창하거나 기념하기 위해 혹은 미관을 나타내기 위해 세운 건축물.
20 오두작계(烏頭綽楔) : 문 앞에 효(孝)나 의(義) 등을 표창하기 위해 나무로 세워만든 대문.
21 실록(實錄) : 정부에서 편년체의 형식으로 편찬한 역사책의 일종. 일반적으로 황제가 사망하게 되면 그 황제 재임 시의 기거주(起居注), 일록(日錄), 시정기(時政記) 등과 함께 조령(詔令), 장주(章奏) 등을 취합하여 연대순으로 정리하여 편찬함.
22 군읍지(郡邑志) : 지방 행정 단위인 부(府)와 현(縣)의 상황을 기술한 책. 부지(府志), 주지(州志), 현지(縣志) 등이 있음. 방지(方志)라고도 함.
23 장정옥(張廷玉, 1672~1755) : 청대 동성(桐城) 사람. 강희(康熙) 39년(1700) 진사. 이후 강희(康熙), 옹정(雍正), 건륭(乾隆) 삼조(三朝)에 걸쳐 이부시랑(吏部侍郎), 보화전대학사(保和殿大學士), 군기대신(軍機大臣), 태자태보(太子太保), 명사관(明史館) 총재(總裁) 등 역임.

차 례

저자서문 / 3
차례 / 9
열녀(列女) 1 / 13

제1화 월아(月娥) / 15
제2화 유효부(劉孝婦) / 18
제3화 견씨(甄氏) / 20
제4화 제아(諸娥) / 21
제5화 정씨(丁氏) / 23
제6화 석씨(石氏) / 25
제7화 양씨(楊氏) / 26
제8화 장씨 등(張氏 等) / 28
제9화 정녀한씨(貞女韓氏) / 30
제10화 황선총(黃善聰) / 32
제11화 요효녀(姚孝女) / 34
제12화 채효녀(蔡孝女) / 35
제13화 초원효녀(招遠孝女) / 36
제14화 노가낭(盧佳娘) / 37
제15화 시씨(施氏) / 38
제16화 오씨(吳氏) / 39
제17화 필씨(畢氏) / 41
제18화 석효녀(石孝女) / 42
제19화 탕혜신(湯慧信) / 44
제20화 의비묘총(義婢妙聰) / 46
제21화 서효녀(徐孝女) / 48
제22화 고씨(高氏) / 49
제23화 손의부(孫義婦) / 51
제24화 양씨(梁氏) / 53
제25화 마씨(馬氏) / 54
제26화 의고만씨(義姑萬氏) / 55
제27화 진씨(陳氏) / 57
제28화 곽씨(郭氏) / 59

제29화 유계녀(幼溪女) / 60
제30화 정씨(程氏) / 61
제31화 왕묘봉(王妙鳳) / 63
제32화 당귀매(唐貴梅) / 64
제33화 장씨(張氏) / 66
제34화 양태노(楊泰奴) / 68
제35화 장씨(張氏) / 69
제36화 진씨(陳氏) / 70
제37화 수수장씨(秀水張氏) / 72
제38화 구양금정(歐陽金貞) / 73
제39화 장씨(莊氏) / 75
제40화 당씨(唐氏) / 77
제41화 왕씨(王氏) / 79
제42화 역씨(易氏) / 81
제43화 종씨사절부(鍾氏四節婦) / 83
제44화 선씨(宣氏)·손씨(孫氏) / 85
제45화 서씨(徐氏) / 86
제46화 의첩장씨(義妾張氏) / 88
제47화 공열부(龔烈婦) / 90
제48화 강씨(江氏) / 91
제49화 범씨이녀(范氏二女) / 92
제50화 정미음(丁美音) / 93
제51화 성씨(成氏) / 94
제52화 흥안이여자(興安二女子) / 96
제53화 장은아(章銀兒) / 98
제54화 모씨(茅氏) / 100
제55화 초낭맹(招囊猛) / 101
제56화 능씨(淩氏) / 103

10 명사 열녀전

제57화 두씨(杜氏) / 105
제58화 의부양씨(義婦楊氏) / 106
제59화 사씨(史氏) / 107
제60화 임단낭(林端娘) / 109
제61화 왕열부(汪烈婦) / 111
제62화 두묘선(竇妙善) / 112
제63화 석문개부(石門丐婦) / 115
제64화 가씨(賈氏) / 117
제65화 호씨(胡氏) / 118
제66화 진종구처사씨(陳宗球妻史氏) / 119
제67화 엽씨(葉氏) / 120
제68화 호귀정(胡貴貞) / 122
제69화 손씨(孫氏) / 124
제70화 강씨(江氏) / 126
제71화 엄씨(嚴氏) / 127

열녀(列女) 2 / 129

제72화 구양씨(歐陽氏) / 131
제73화 서씨(徐氏) / 132
제74화 풍씨(馮氏) / 133
제75화 방씨(方氏) / 135
제76화 엽씨(葉氏) / 136
제77화 반씨(潘氏) / 137
제78화 양씨(楊氏) / 139
제79화 장열부(張烈婦) / 140
제80화 채씨(蔡氏) / 141
제81화 정씨(鄭氏) / 142
제82화 왕열부(王烈婦) / 144
제83화 허열부(許烈婦) / 146
제84화 오씨(吳氏) / 148
제85화 심씨육절부(沈氏六節婦) / 149
제86화 황씨(黃氏) / 151
제87화 장씨(張氏) / 152
제88화 장씨(張氏) / 154
제89화 엽씨(葉氏) / 155
제90화 범씨(范氏) / 157
제91화 유씨이녀(劉氏二女) / 158
제92화 손열녀(孫烈女) / 160
제93화 채열녀(蔡烈女) / 162
제94화 진간처이씨(陳諫妻李氏) / 163
제95화 호씨(胡氏) / 164
제96화 대씨(戴氏) / 166
제97화 호씨(胡氏) / 168
제98화 허원침처호씨(許元忱妻胡氏) / 169
제99화 합양이씨(郃陽李氏) / 171
제100화 오절부(吳節婦) / 173
제101화 양씨(楊氏) / 174
제102화 서아장(徐亞長) / 175
제103화 장열부(蔣烈婦) / 177
제104화 양옥영(楊玉英) / 180
제105화 장선운(張蟬雲) / 182
제106화 예씨(倪氏) / 183
제107화 팽씨(彭氏) / 184
제108화 유씨(劉氏) / 186
제109화 유씨이효녀(劉氏二孝女) / 188
제110화 황씨(黃氏) / 190
제111화 소씨비(邵氏婢) / 192
제112화 양정부(楊貞婦) / 195
제113화 예씨(倪氏) / 196
제114화 양씨(楊氏) / 197
제115화 정씨(丁氏) / 198
제116화 우씨(尤氏) / 199
제117화 이씨(李氏) / 201
제118화 손씨(孫氏) / 202
제119화 방효녀(方孝女) / 204
제120화 해효녀(解孝女) / 206
제121화 이씨(李氏) / 207
제122화 항정녀(項貞女) / 208
제123화 수창이씨(壽昌李氏) / 210
제124화 옥정현군(玉亭縣君) / 212
제125화 마씨(馬氏) / 214
제126화 왕씨(王氏) / 216
제127화 유씨(劉氏)・양씨(楊氏) / 218

차례 11

제128화 담씨(譚氏) / 219
제129화 장씨(張氏) / 221
제130화 이열부(李烈婦) / 222
제131화 황열부(黃烈婦) / 224
제132화 수열부(須烈婦) / 226
제133화 진절부(陳節婦) / 228
제134화 마씨(馬氏) / 229
제135화 사열부(謝烈婦) / 230
제136화 장씨(張氏) / 232

제137화 왕씨(王氏) / 233
제138화 척가부(戚家婦) / 234
제139화 김씨(金氏) / 235
제140화 양씨(楊氏) / 236
제141화 왕씨(王氏) / 237
제142화 이효부(李孝婦) / 238
제143화 홍씨(洪氏) / 240
제144화 예씨(倪氏) / 241
제145화 유씨(劉氏) / 242

열녀(列女) 3 / 245

제146화 서정녀(徐貞女) / 247
제147화 유씨(劉氏) / 249
제148화 여씨(余氏) / 250
제149화 우봉낭(虞鳳娘) / 251
제150화 임정녀(林貞女) / 252
제151화 왕정녀(王貞女) / 254
제152화 예미옥(倪美玉) / 256
제153화 유열녀(劉烈女) / 258
제154화 상해모씨(上海某氏) / 260
제155화 곡씨(谷氏) / 261
제156화 백씨(白氏) / 263
제157화 고열부(高烈婦) / 264
제158화 우씨(于氏) / 265
제159화 대씨(臺氏) / 266
제160화 호씨(胡氏) / 268
제161화 왕씨(王氏) / 270
제162화 유효녀(劉孝女) / 271
제163화 최씨(崔氏) / 272
제164화 고릉이씨(高陵李氏) / 273
제165화 열부시씨(烈婦柴氏) / 274
제166화 주씨(周氏) / 275
제167화 왕씨(王氏) / 277
제168화 형왜(荊娲) / 278
제169화 송씨(宋氏) / 280
제170화 이씨(李氏)·진씨(陳氏) / 281
제171화 기수이씨(蘄水李氏) / 282
제172화 비아래(婢阿來) / 283

제173화 만씨(萬氏) / 284
제174화 왕씨오열부(王氏五烈婦) / 286
제175화 명륜당녀(明倫堂女) / 287
제176화 진씨(陳氏) / 288
제177화 계택이이씨(雞澤二李氏) / 290
제178화 강씨(姜氏) / 292
제179화 육안녀(六安女) / 293
제180화 석씨녀(石氏女) / 294
제181화 사씨(謝氏) / 296
제182화 장씨(莊氏) / 297
제183화 풍씨(馮氏) / 298
제184화 당열처진씨(唐烈妻陳氏) / 300
제185화 유씨(劉氏) / 302
제186화 당씨(唐氏) / 304
제187화 안씨(顏氏) / 305
제188화 노씨(盧氏) / 306
제189화 우씨(于氏) / 308
제190화 소씨(蕭氏) / 309
제191화 양씨(楊氏) / 310
제192화 중씨녀(仲氏女) / 311
제193화 하씨(何氏) / 312
제194화 조씨(趙氏) / 313
제195화 예씨(倪氏) / 315
제196화 왕씨(王氏)·한씨(韓氏) / 316
제197화 소씨(邵氏)·이씨(李氏) / 317
제198화 강씨(江氏) / 319
제199화 양씨(楊氏) / 320

제200화 장씨(張氏) / 321
제201화 석씨왕씨 등(石氏王氏 等) / 322
제202화 곽씨(郭氏) / 324
제203화 요씨(姚氏) / 325
제204화 주씨서씨녀(朱氏徐氏女) / 327
제205화 정주이씨(定州李氏) / 328
제206화 호경처요씨(胡敬妻姚氏) / 330
제207화 웅씨(熊氏) / 331
제208화 구씨(丘氏) / 333
제209화 건씨(乾氏) / 334
제210화 황씨(黃氏) / 335
제211화 세마판부(洗馬販婦) / 337
제212화 향씨(向氏) / 338
제213화 뇌씨(雷氏) / 339
제214화 상주소씨(商州邵氏) / 341
제215화 여씨(呂氏) / 343
제216화 곡주소씨(曲周邵氏) / 345
제217화 왕씨(王氏) / 346

제218화 오지서처장씨(吳之瑞妻張氏) / 347
제219화 한정윤처유씨(韓鼎允妻劉氏) / 349
제220화 강도정씨육렬(江都程氏六烈) / 350
제221화 강도장씨(江都張氏) / 352
제222화 난씨 등(蘭氏 等) / 353
제223화 설씨(薛氏) / 355
제224화 장병순처유씨(張秉純妻劉氏) / 356
제225화 도씨(陶氏) / 357
제226화 전씨(田氏) / 359
제227화 화주왕씨(和州王氏) / 360
제228화 방씨(方氏) / 362
제229화 육씨도홍처(陸氏道弘妻) / 364
제230화 우씨(于氏) / 365
제231화 항숙미(項淑美) / 366
제232화 왕씨(王氏) / 368
제233화 용상사열부(甬上四烈婦) / 369
제234화 하씨(夏氏) / 371

역자후기 / 375

列女傳
열녀 1

출전 : 溥心畬, <紈扇仕女> 『群芳譜 : 女性的形象與才藝』, 國立故宮博物院(臺灣), 2003, p.68.

일하는 여성들 : 명(明) 가정(嘉靖) 10년(1531)에 발행된 판화로 농가의 여성들이 집안에서 부지런히 길쌈하는 모습이 묘사되어 있다. 중국 전통시대 길쌈은 여성들이 해야 할 가장 중요한 일 중의 하나이다.

출전 : <일하는 여성들> : 『中國民間美術全集』, 裝飾編 『年畵』, 山東教育出版社, 山東友誼出版社, 1995, p.144.

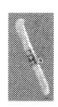 제1화 ▌**월아(月娥)**

　월아(月娥)는 서역(西域)¹사람으로 원(元)² 시대 무창현(武昌縣)³의 달로화적(達魯花赤)⁴을 역임한 직마록정(職馬祿丁)⁵의 딸이다. 월아는 어려서 매우 총명하여 자신의 오빠들이 경서와 역사책을 암송하고 담론하는 것을 듣고 그 뜻을 모두 이해했다. 그녀는 커서 무호(蕪湖)⁶사람 갈통보(葛通甫)에게 시집갔는데 위로 윗사람을 섬기고 아래로 자녀를 키움에 있어서 예법에 어긋나는 일이 하나도 없었다. 월아의 큰 동서는 여씨(廬氏)인데 집안의 부녀를 모두 거느리고 월아로부터 가르침을 받았다. 태조(太祖)⁷가 장강(長江)⁸을 건넌 후 6년, 위한(僞漢)⁹의 군대가 상류로부터 아래로 공격했다. 여씨가 "태평(太平)¹⁰에는 성이 있고 또한 군사들이 엄하게 방비하고 있으니 의지할 수 있을 것이다."라며 월아로 하여금 여러 부녀들을 데리고 가서 피하라고 했다. 얼마 되지 않아 적이 이르러 성이 함락되었다. 월아는 탄식하며 "나는 사대부 집안에서 자랐다. 적에게 정절을 잃을 수 있겠는가!"라고 말한 후 어린 딸을 품에 안은 채 물속으로 뛰어들어 죽었다. 월아를 따라서 물에 뛰어들어 죽은 여인이 9명이었다. 때는 바야흐로 한 여름이었는데, 시신이 7일이 지났음에도 불구하고 떠오르지 않았고 안색이 살아있는 사람과 같았다. 마을 사람들이 월아가 살았던 거주지의 남쪽에 큰 구덩이를 파고 그들을 함께 묻은 후 '10녀 묘'라고 이름을

붙였다. 월아의 남동생 정학년(丁鶴年)은 어려서부터 경서와 역사서에 통했는데 그것은 모두 월아로부터 구두로 전수받은 것이었다. 후일 갈통보와 여씨 모두 적에게 살해되었다.

月娥, 西域人, 元武昌尹職馬祿丁女也. 少聰慧, 聽諸兄誦說 經史, 輒通大義. 長適蕪湖葛通甫, 事上撫下, 一秉禮法. 長姒盧率諸婦女, 悉受其教. 太祖渡江之六年, 偽漢兵自上游而下, 盧曰:「太平有城郭, 且嚴兵守, 可恃.」使月娥挾諸婦 女往避之. 未幾, 寇至, 城陷, 娥歎曰:「吾生詩禮家, 可失節於賊邪!」抱幼女赴水死. 諸婦女相從投水者九人, 方盛暑, 屍七日不浮, 顔色如生. 鄉人為巨穴合葬之故居之南, 題曰十女墓. 娥弟丁鶴年, 幼通經史, 皆娥口授也. 後通甫與盧皆死於寇.

열녀 1. 17

---

1 서역(西域) : 중국의 전통시대 옥문관(玉門關), 양관(陽關) 서쪽의 여러 국가와 지역에 대한 지칭. 지금의 중국 신강(新疆) 대부분 지역과 중앙아시아 부분 지역.
2 원(元) : 징기스칸의 아들 홀필렬(忽必烈)이 건립한 왕조 이름. 존속 기간 1271~1368년.
3 무창(武昌) : 원대 호광행중서성(湖廣行中書省) 무창로(武昌路) 소속의 현(縣) 이름. 지금의 중국 호북성(湖北省) 무한시(武漢市).
4 달로화적(達魯花赤) : 관직명. 원대(元代) 지방 각 부서의 최고 장관. 원래의 의미는 몽고어로 관인을 장악, 혹은 그 사람을 뜻함.
5 직마록정(職馬祿丁) : 원말 서역 사람. 조부 아노정(阿老丁)과 그 동생 오마아(烏馬兒)는 모두 거상(巨商)으로 원세조(元世祖)가 서역을 정벌할 때 군량을 공급하여 오마아(烏馬兒)의 관직이 감숙행성좌승(甘肅行省左丞)까지 오름. 세음(世廕)으로 무창현(武昌縣)의 달로화적(達魯花赤)이 됨.
6 무호(蕪湖) : 명대 남경(南京) 태평부(太平府) 소속의 현(縣) 이름. 지금의 중국 안휘성(安徽省) 무호시(蕪湖市) 관할의 당도현(當塗縣).
7 태조(太祖) : 명 태조 주원장(朱元璋, 1328~1398)을 가리킴. 주원장은 조실부모하고 집안이 가난하여 젊은 시절 절에 들어가 중이 됨. 1352년 홍건군에 참여한 후 점차 군사력을 키워 진우량(陳友諒), 장사성(張士誠) 등 세력을 격파하고 1368년 명조(明朝)를 건립함. 수도 남경(南京), 연호 홍무(洪武). 황제 즉위 후 반년 만에 원을 멸망시키고 전 중국을 통일함. 31년간 황제 재위 후 1398년 사망.
8 장강(長江) : 중국의 청해성(青海省) 당고랍(唐古拉) 산맥에서 발원하여 상해(上海)에 이르는 강 이름. 중국의 청해(青海), 서강(西康), 운남(雲南), 사천(四川), 호북(湖北), 호남(湖南), 강서(江西), 안휘(安徽), 강소(江蘇) 등 9개의 성(省)을 통과하며 총 길이 6,403Km. 대강(大江) 또는 양자강(揚子江)이라고도 부름.
9 위한(僞漢) : 원말 진우량(陳友諒, 1320~1363)이 건립한 한(漢)을 지칭함. 진우량은 명대 호북성(湖北省) 면양(沔陽) 출신의 어부. 원 순제(順帝) 때 서수휘(徐壽輝)가 기병하자 그의 휘하에 들어갔다가 1359년 지금의 구강(九江)에서 자립하여 한왕(漢王)이 되고 1360년 황제로 즉위함. 국호 대한(大漢), 연호 대의(大義). 1363년 진우량은 파양호(鄱陽湖)에서 주원장과의 전쟁 중 화살에 맞아 전사하고 그가 세운 나라도 곧 멸망함. 전통시대 중국의 역사서는 습관적으로 진우량이 세운 한(漢)을 위한(僞漢)이라 칭함.
10 태평(太平) : 명대 남경(南京) 영국부(寧國府) 소속의 현(縣) 이름. 지금의 중국 안휘성(安徽省) 황산시(黃山市) 관할의 태평시(太平市).

제2화  유효부(劉孝婦)

효부 유씨(劉氏)는 신락(新樂)[11] 사람 한태초(韓太初)의 처이다. 한태초는 원나라 때 지인(知印)[12] 벼슬을 하였는데 홍무(洪武)[13] 초의 규정에 따라 화주(和州)[14]로 이주하면서 모든 가족을 데리고 떠났다. 유씨는 시어머니 섬기기를 매우 공손하게 했는데 가는 도중 시어머니가 병이 났다. 유씨는 자신의 몸을 베어 피를 낸 후 그것을 약과 함께 시어머니에게 복용시켰다. 화주에 도착한 후 남편이 죽자 유씨는 채소를 심어 시어머니를 공양하였다. 2년이 지난 후 시어머니가 중풍이 들어 일어나지 못하게 되었다. 유씨는 밤낮으로 약을 달여서 시어머니를 공양했다. 그리고 파리와 모기를 쫓으며 잠시도 시어머니의 곁을 떠나지 않았다. 부패한 시어머니의 몸에 구더기가 생기자 유씨는 구더기를 입으로 깨물어 죽였다. 그런 후로 구더기가 다시 생기지 않았다. 유씨는 시어머니의 병이 위독하게 되자 자기의 살을 베어 먹이었다. 곧 시어머니가 다소 소생하는 기미가 있었으나 한 달이 지난 후 시어머니가 죽자 유씨는 관을 집 옆에 두었다. 유씨는 시어머니의 관을 고향으로 옮겨서 시아버지 묘에다 합장하려고 했으나 장사를 지낼 여력이 없었다. 유씨는 슬프게 울기를 5년 동안 하였다. 태조(太祖)가 듣고 중사(中使)[15]를 파견하여 의복 한 벌과 초(鈔)[16] 20정(錠)[17]을 보내고 관원으로 하여금

관을 고향에 보내 장사지내게 하였다. 그리고 마을 입구에 정문(旌門)[18]
을 세워 표창하고 요역을 면제케 하였다.

劉孝婦, 新樂韓太初妻. 太初, 元時為知印. 洪武初, 例徙和州, 挈
家行. 劉事姑謹, 姑道病, 刺血和藥以進. 抵和州, 夫卒, 劉種蔬給
姑食. 越二年, 姑患風疾不能起, 晝夜奉湯藥, 驅蚊蠅不離側. 姑體
腐, 蛆生席間, 為齧蛆, 蛆不復生. 及姑疾篤, 刲肉食之, 少甦, 踰月
而卒, 殯之舍側. 欲還葬舅塚, 力不能舉喪, 哀號五載. 太祖聞之,
遣中使賜衣一襲, 鈔二十錠. 命有司還其喪, 旌門閭, 復徭役.

---

11 신락(新樂) : 명대 경사(京師) 진정부(眞定府) 소속의 현(縣) 이름. 현재 중국 하북성(河北省) 석가장시(石家庄市) 관할의 신락시(新樂市).
12 지인(知印) : 관직명. 원대 추밀원(樞密院) 등 부서에 소속된 관리. 종7품~종8품.
13 홍무(洪武) : 명의 제1대 황제 명 태조(太祖) 연호. 태조 재위기간 1368~1398년.
14 화주(和州) : 명대 남경(南京)에 위치한 주(州) 이름. 경사(京師)에 소속됨. 지금의 중국 안휘성(安徽省) 함산시(含山市) 지역.
15 중사(中使) : 중사사(中使司)의 관원. 공주부(公主府)의 사무를 담당하며 환관(宦官)이 그 직책을 담당함.
16 초(鈔) : 지폐 혹은 금전.
17 정(錠) : 덩어리 형태의 물건을 계산하는 단위.
18 정문(旌門) : 충(忠), 효(孝), 절(節), 의(義)를 실천한 사람들을 표창하기 위해 나라에서 패방(牌坊)을 세우거나 혹은 편액(匾額)을 하사하여 문에 걸어놓게 하였는데 이 편액을 걸어놓는 문이나 패방을 정문이라 함.

제3화 견씨(甄氏)

같은 시기에 견씨(甄氏)가 있었는데 난성(欒城)[19] 사람 이대(李大)의 부인이다. 견씨는 시어머니 섬기기를 극진히 하였다. 견씨는 시어머니가 91세에 죽자 묘를 3년간 지키며 아침저녁으로 슬피 울었다. 역시 표창이 내려졌다.

同時甄氏, 欒城李大妻, 事姑孝. 姑壽九十一卒, 甄廬墓三年, 旦暮悲號, 亦被旌.

---

19 난성(欒城) : 명대 경사(京師) 진정부(眞定府) 소속의 현(縣) 이름. 지금의 중국 하북성(河北省) 석가장시(石家庄市) 난성현(欒城縣).

 제4화 ■ **제아(諸娥)**

효녀 제아(諸娥)는 산음(山陰)[20] 사람이다. 그녀의 아버지 제사길(諸士吉)은 홍무(洪武) 초 양장(糧長)[21]이었다. 그곳에 세금을 체납한 교활한 사람이 있었는데 그가 관청에 제사길을 모함하였다. 제사길은 이로 인해 사형을 언도받았다. 제사길의 두 아들 제병(諸炳)과 제환(諸煥) 역시 함께 죄에 연루되었다. 당시 제아는 8살이었다. 제아는 밤낮으로 통곡하며 외삼촌 도산장(陶山長)과 함께 경사(京師)[22]에 가서 원통함을 호소했다. 당시의 법령에 원통함을 호소하려는 사람은 쇠못 판에 누워야만 조사를 받을 수 있었다. 제아는 쇠못 판 위를 굴러서 거의 죽을 지경에 이르러 일이 비로소 위에 알려지게 되었다. 조사 후 그녀의 오빠 한 명만을 변방의 군대에 보내는 것으로 일이 마무리되었다. 그러나 제아는 그로 인해 중상을 입고 죽었다. 마을 사람들이 슬퍼하여 제아의 초상을 그려 조아묘(曹娥廟)[23]에 배향했다.

孝女諸娥, 山陰人. 父士吉, 洪武初為糧長. 有黜而逋賦者, 誣士吉
於官, 論死, 二子炳, 煥亦罹罪. 娥方八歲, 晝夜號哭, 與舅陶山長
走京師訴冤. 時有令, 冤者非臥釘板, 勿與勘問. 娥輾轉其上, 幾
斃, 事乃聞, 勘之, 僅戍一兄而止. 娥重傷卒, 里人哀之, 肖像配曹
娥廟.

---

20 산음(山陰) : 명대 절강성(浙江省) 소흥부(紹興府) 소속의 현(縣) 이름. 지금의
   절강성(浙江省) 소흥시(紹興市) 산음현(山陰縣).
21 양장(糧長) : 직책 명. 전량(田糧) 징수를 독려하거나 운반하기 위해 관청에서
   파견된 반 관료의 신분을 지닌 사람. 보통 부호들이 담당하고 대대로 세습함.
22 경사(京師) : ① 명대의 수도. 지금의 중국 북경시(北京市). ② 명대의 북직예성
   (北直隸省). 지금의 중국 하북성(河北省).
23 조아묘(曹娥廟) : 조아(曹娥, 130~143)의 사당. 조아는 한나라 때 상우(上虞)
   사람. 조아의 아버지가 강에 빠져 죽었는데 시신을 찾지 못하자 당시 14세였던
   조아가 17일 간 밤낮으로 강가에서 호곡한 후 강에 투신자살함. 5일이 지난
   후 조아의 시신이 떠올랐는데 자기 아버지의 시신을 끌어안고 떠올랐음. 그
   후 세상에서 효녀 조아를 기리는 사당을 건립함. 조아가 투신한 강은 중국 절강
   성(浙江省) 소흥현(紹興縣) 동쪽 상류의 섬계(剡溪)와 하류의 순강(舜江)이 삼강
   구(三江口)에 이르러 바다로 들어가는 강으로 조아강 또는 효녀강이라 함.

 제5화 정씨(丁氏)

　　당방(唐方)의 처는 절강성(浙江省)[24] 신창(新昌)[25] 사람 정씨(丁氏)의 딸로 이름이 금노(錦弩)이다. 홍무(洪武) 시기 당방이 산동첨사(山東僉事)[26]가 되었으나 법에 저촉되어 사형 당했다. 법에 따라 그의 처자식은 관청의 노비가 되었다. 관원이 호적을 보고 사람을 뽑았는데 감호자(監護者)[27]가 금노의 미모를 보고 금노의 머리빗을 뺏어 그녀의 머리를 빗겼다. 금노는 머리빗을 땅에 내던졌다. 그 사람은 머리빗을 주어서 금노에게 주었다. 금노는 욕하며 받지 않고 집안사람에게 말하길 "이 자는 무례하여 반드시 나를 욕보일 것이다. 죽지 않으면 정절을 온전히 할 수 없을 것이다."라 했다. 금노가 작은 가마를 타고 음택(陰澤)을 지났는데 벼랑이 가파르고 수심이 깊었다. 그녀는 가마에서 물로 뛰어 들었으나 의복이 두터워 가라앉지를 않았다. 금노가 편안한 얼굴을 한 채 손으로 치마를 걷어 올리니 곧 물을 따라 흐르다 가라앉았다. 그녀의 나이 28세였다. 당시 금노가 투신자살한 곳을 부인담(夫人潭)이라 하였다.

唐方妻, 浙新昌丁氏女, 名錦翠. 洪武中, 方為山東僉事, 坐法死, 妻子當沒為官婢. 有司按籍取之, 監護者見丁色美, 借梳掠髮, 丁以梳擲地, 其人取掠之, 持還丁. 丁罵不受, 謂家人曰:「此輩無禮, 必辱我, 非死無以全節.」肩輿過陰澤, 崖峭水深, 躍出赴水, 衣厚不能沈, 從容以手斂裙, 隨流而沒, 年二十八, 時稱其處為夫人潭.

---

24 절강성(浙江省): 명대 절강성(浙江省). 지금의 중국 절강성(浙江省) 지역.
25 신창(新昌): 명대 절강성(浙江省) 소흥부(紹興府) 소속의 현(縣) 이름. 지금의 중국 절강성(浙江省) 소흥시(紹興市) 신창현(新昌縣).
26 산동첨사(山東僉事): 관직명. 산동의 첨사. 첨사는 주로 관사(官事)의 판단을 담당. 도지휘사사(都指揮使司), 안찰사(按察司), 선위사(宣慰司), 선무사(宣撫司), 안무사(安撫司) 등의 관청에 첨사를 둠. 정5품~정7품.
27 감호자(監護者): 미성년자 및 금치산자(禁治産者)를 감독하고 보호하는 사람.

열녀 1. 25

 제6화 ■ 석씨(石氏)

정심(鄭燖)의 처는 석씨(石氏)이다. 정심은 포강(浦江)[28] 사람 정영(鄭泳)의 손자이다. 홍무(洪武) 초기 이문충(李文忠)[29]이 정심을 조정에 추천해서 장고(藏庫)[30] 담당의 제점(提點)[31]까지 승진했으나 법에 저촉되어 처형되었다. 석씨는 다른 사람에게 시집갈 때 울면서 "나는 의가 있는 집안의 부녀이다. 어찌 몸을 욕되게 하여 가문을 욕되게 할 수 있겠는가?"라 말한 후 먹지 않고 죽었다.

鄭燖妻石氏. 燖, 浦江鄭泳孫也. 洪武初, 李文忠薦諸朝, 屢遷藏庫提點, 坐法死. 石當遣配, 泣曰:「我義門婦也, 可辱身以辱門乎!」不食死.

---

28 포강(浦江) : 중국 절강성(浙江省) 금화부(金華府) 소속의 현(縣) 이름. 지금의 중국 절강성(浙江省) 금화시(金華市) 포강현(浦江縣).
29 이문충(李文忠, 1339~1384): 명의 개국공신. 주원장(朱元璋)의 외조카로 19세부터 군대에 참전하여 몽고군과의 여러 전투에서 혁혁한 전공을 세움. 사람됨이 충직하고 직간을 잘함. 사후 기양왕(岐陽王)으로 추봉되고 시호는 무정(武靖)임.
30 장고(藏庫) : 물건을 보관하는 창고.
31 제점(提點) : 관직명. 장고(藏庫) 담당의 관리. 정6품.

제7화 양씨(楊氏)

　양씨(楊氏)는 자계(慈谿)32 사람으로 같은 현의 정자래(鄭子琜)와 혼인을 약속하였다. 홍무(洪武) 시기 정자래의 부친 정중휘(鄭仲徽)가 운남(雲南)33으로 군대에 나갔다. 명나라 제도에는 성년이 된 아들은 아버지를 따라서 군대에 나가게 되어 있었다. 그래서 정자래 역시 군대에 나가게 되었다. 양씨는 당시 나이가 16세였는데 정자래의 모친이 늙고 동생이 어리다는 것을 듣고 정씨의 집에 가서 정자래의 어머니를 공양하면서 정자래가 돌아오기를 기다리겠다고 자기 부모에게 요청하였다. 그러나 정자래는 군대 복무 중 그곳에서 죽었다. 양씨는 그녀의 시어머니와 함께 여러 시동생을 길러 자립시키고 남편의 조카 정공무(鄭孔武)를 후사로 삼았다. 양씨는 50여 년 동안 고통스럽게 수절하였다.

楊氏, 慈谿人, 字同邑鄭子珙. 洪武中, 子珙父仲徽戍雲南. 明制, 子成丁者隨遣, 子珙亦在戍中. 楊年甫十六, 聞子珙母老弟幼, 請於父母, 適鄭養姑, 以待子珙之返. 子珙竟卒戍所, 楊與姑撫諸叔成立, 以夫從子孔武為嗣, 苦節五十餘年.

---

32 자계(慈谿) : 명대 절강성(浙江省) 영파부(寧波府) 소속의 현(縣) 이름. 지금의 중국 절강성(浙江省) 여요시(餘姚市) 자계현(慈谿縣).
33 운남(雲南) : 명대 운남성(雲南省). 지금의 중국 운남성(雲南省). 간칭 진(滇), 성도 곤명(昆明).

제8화  장씨 등(張氏 等)

그 후 정환(鄭煥)의 처 장씨(張氏)가 있었다. 시집간 지 열흘이 안 되어 남편이 죽었다. 정태연(鄭泰然)의 처는 엄씨(嚴氏)인데 아들 일란(一蘭)을 낳고 그 아이가 아직 아기였을 때 그녀의 남편이 죽었다. 정식(鄭栻)의 처는 왕씨(王氏)인데 남편이 경련을 일으키는 병을 앓아 한 번 발작하면 사람을 알아보지 못했다. 왕씨는 8년 동안 조금도 게을리 함이 없이 남편을 시중하였다. 이 세 사람의 남편은 모두 양씨의 남편과 일족으로 서로 앞서거니 뒤서거니 죽었다. 그래서 그들 모두가 과부가 되었는데 정절로 소문이 났다. 만력(萬曆)34 시기 지부(知府)35 추희현(鄒希賢)이 그 집을 '정씨절문(鄭氏節門)'이라 이름 지으면서 포강(浦江)의 '정씨의문(鄭氏義門)'과 나란히 하게 되었다.

其後, 鄭煥妻張氏, 嫁未旬日：泰然妻嚴氏生子一蘭, 方孩抱：栻妻王氏事夫癇病, 狂不省人事, 服勤八年弗怠：三人皆楊氏夫族, 先後早寡, 皆以節聞. 萬曆中, 知府鄒希賢題曰鄭氏節門, 以比浦江鄭氏義門云.

---

34 만력(萬曆) : 명의 제 14대 황제 명 신종(神宗)의 연호. 신종 재위기간 1573～1619년.
35 지부(知府) : 관직명. 부(府)의 장관. 정4품. 부에는 상부(上府), 중부(中府), 하부(下府) 3종류가 있음. 상부는 양곡 20만석 이상, 중부는 양곡 20만석 이하, 하부는 양곡10만석 이하가 해당됨. 명대 전국에 총 159개의 부가 설치됨(시대에 따라 다소 차이가 있음).

제9화 정녀한씨(貞女韓氏)

정녀 한씨(韓氏)는 보녕(保寧)36 사람이다. 원대(元代) 말기 명옥진(明玉珍)37이 촉(蜀)38에 웅거하자 노략 당할 것을 염려한 한씨는 남자 복장으로 위장 한 채 민간에 섞여 살았다. 얼마 후 한씨는 군대에 징집되었다. 그 후 7년 동안 여러 곳을 옮겨 다녔으나 사람들은 한씨가 처녀라는 것을 알지 못했다. 나중에 한씨는 명옥진을 따라 운남을 격파하고 사천으로 돌아갔다. 그곳에서 그녀는 자신의 숙부를 만나 돈을 주고 풀려나 성도(成都)39로 돌아간 후 한씨는 비로소 의복을 바꾸어 입었다. 한씨와 함께 군대 생활을 하였던 사람들이 놀라지 않는 사람이 없었다. 홍무(洪武) 4년(1371) 결혼하여 윤씨(尹氏)의 부인이 되었다. 성도 사람들이 한씨를 한정녀(韓貞女)라 불렀다.

貞女韓氏, 保寧人. 元末明玉珍據蜀, 貞女慮見掠, 僞爲男子服, 混迹民間. 旣而被驅入伍, 轉戰七年, 人莫知其處女也. 後從玉珍破雲南還, 遇其叔父贖歸成都, 始改裝而行, 同時從軍者莫不驚異. 洪武四年嫁爲尹氏婦. 成都人以韓貞女稱.

---

36 보녕(保寧) : 명대 사천성(四川省) 소속의 부(府) 이름. 지금의 중국 사천성(四川省) 낭중시(閬中市).
37 명옥진(明玉珍, 1331~1366) : 원말 호광성(湖廣省) 수현(隨縣) 사람. 농민출신으로 1353년 서수휘(徐壽輝)가 이끄는 홍건군(紅巾軍)에 참가하여 통군원수(統軍元帥)가 됨. 1360년 진우량(陳友諒)이 황제로 즉위 하자 진우량과 결별한 후 자립하여 촉왕(蜀王)이 됨. 그 후 1362년 중경(重慶)에서 황제로 즉위하고 국호를 대하(大夏) 연호를 천통(天統)이라 함. 1366년 병사한 후 그의 아들이 황위를 계승하였으나 곧 명에 의해 나라가 멸망함.
38 촉(蜀) : 사천성(四川省) 지역을 지칭. 사천성을 간략히 천(川) 혹은 촉(蜀)이라 함.
39 성도(成都) : 명대 사천성(四川省)의 성도(省都). 지금의 중국 사천성(四川省) 성도시(成都市).

제10화 **황선총(黃善聰)**

　　황선총(黃善聰)은 남경(南京)⁴⁰사람이다. 선총의 어머니는 선총이 13세 때 죽었고 선총의 아버지는 여주(廬州)⁴¹와 봉양(鳳陽)⁴² 일대에서 향을 판매하였다. 선총의 아버지는 선총을 남장시키어 함께 여러 해 동안 떠돌아다녔다. 선총은 자신의 아버지가 사망하자 향 판매업을 익히고 장승(張勝)이라 성명을 바꾸었다. 이영(李英)이라는 사람이 있었는데 그 역시 향을 판매하였다. 그는 선총과 1년 여 동안 함께 동행 하였으나 선총이 여자라는 것을 알지 못했다. 나중에 선총은 이영과 함께 남경으로 가서 자신의 언니를 방문했다. 처음에 선총의 언니는 선총을 알아보지 못했다. 그러나 선총의 언니는 그 까닭을 물어서 알고 "남녀가 난잡히 어울렸으니 나를 심히 욕되게 하는 것이다"라고 노하여 꾸짖으며 들여놓기를 거절하였다. 선총은 맹세코 자신의 결백을 주장했다. 이에 이웃 노파를 불러다 선총을 조사해보니 과연 처녀였다. 자매는 서로 붙들고 통곡한 후 곧 선총에게 의복을 갈아입혔다. 다음날 이영이 와서 선총이 여자라는 것을 알고 잃어버린 듯이 우울하게 집에 돌아가서 자기 어머니에게 선총과 결혼하겠다고 했다. 선총은 따르지 않고 "만약 이영에게 시집간다면 과거의 혐의를 어떻게 설명할 수 있을 것인가?"라고 하였다. 이웃 사람들이 와서 열심히 권했으나 선총의 고집은 더욱 강하였다. 관원이 이를 알고 결혼 예물을 도와줌과 동시에 두 사람을 부부라고 판결했다.

其後有黃善聰者, 南京人. 年十三失母, 父販香廬, 鳳間, 令善聰爲男子裝從遊數年. 父死, 善聰習其業, 變姓名曰張勝. 有李英者, 亦販香, 與爲伴侶者踰年, 不知其爲女也. 後偕返南京省其姉. 姉初不之識, 詰知其故, 怒罵曰:「男女亂羣, 辱我甚矣.」拒不納. 善聰以死自誓. 乃呼鄰嫗察之, 果處子也. 相持痛哭, 立爲改裝. 明日, 英來, 知爲女, 怏怏如失, 歸告母求婚. 善聰不從, 曰:「若歸英, 如瓜李何?」鄰里交勸, 執益堅. 有司聞之, 助以聘, 判爲夫婦.

---

40 남경(南京) : ① 명대 남직예성((南直隸省). 지금의 중국 강소성(江蘇省)과 안휘성(安徽省) 지역. ② 명대 남직예성의 성도(省都). 지금의 중국 강소성(江蘇省) 남경시(南京市). 남직예성의 성도로써 남경은 명초 명나라 수도였으나 영락제 때 수도를 북경으로 옮기면서 줄곧 명나라 제2의 수도였음. '영(寧)' 또는 '금릉(金陵)'이라고도 부름.
41 여주(廬州) : 명대 남경(南京) 소속의 부(府)의 이름. 지금의 중국 안휘성(安徽省) 합비시(合肥市).
42 봉양(鳳陽) : 명대 남경(南京) 봉양부(鳳陽府) 소속의 현(縣) 이름. 지금의 중국 안휘성(安徽省) 방부시(蚌埠市) 관할의 봉양시(鳳陽市).

제11화 요효녀(姚孝女)

효녀 요씨(姚氏)는 여요(餘姚)⁴³ 사람으로 오씨(吳氏)에게 시집갔다. 효녀의 어머니가 물 길러 집을 나섰는데 호랑이가 그녀의 어머니를 물어 갔다. 효녀가 뒤쫓아 가서 호랑이 꼬리를 잡고 저지했다. 호랑이가 앞으로 나가려 하자 효녀는 더욱 힘을 주어 끌었다. 이로 인해 호랑이의 꼬리가 빠졌다. 호랑이는 고통스러워하며 도망쳤다. 효녀는 자기 어머니를 업고 집에 돌아간 후 약을 지어 치료했다. 20년 동안 자기 어머니를 봉양하였다.

姚孝女, 餘姚人, 適吳氏. 母出汲, 虎銜之去, 女追挈虎尾, 虎欲前, 女挈益力, 尾遂脫, 虎負痛躍去. 負母還, 藥之獲愈, 奉其母二十年.

---

43 여요(餘姚) : 명대 절강성(浙江省) 소흥부(紹興府) 소속의 현(縣) 이름. 지금의 중국 절강성(浙江省) 영파시(寧波市) 관할의 여요시(餘姚市).

 제12화 ■ 채 효녀(蔡孝女)

　　성화(成化)[44] 시기 무강(武康)[45]에 효녀 채씨(蔡氏)가 있었다. 채씨는 어머니를 따라 산에 가서 약을 채집했다. 호랑이가 채씨의 어머니를 움켜잡자 채씨는 나무 가지를 꺾어 호랑이와 300여 합을 싸웠다. 호랑이가 채씨의 어머니를 놓아주고 채씨를 물었다. 피가 3m 이상 멀리 뿜어 대나무 잎이 모두 빨갛게 물들었다. 채씨 역시 생명을 보존했다.

　　後成化間, 武康有蔡孝女, 隨母入山採藥. 虎攫其母, 女折樹枝格鬪三百餘步. 虎舍其母, 傷女, 血歕丈許, 竹葉為赤, 女亦獲全.

---

[44] 성화(成化) : 명의 제 9대 황제 명 헌종(憲宗)의 연호. 헌종 재위기간 1465~1487년.
[45] 무강(武康) : 명대 절강성(浙江省) 호주부(湖州府) 소속의 현(縣) 이름. 지금의 중국 절강성(浙江省) 호주시(湖州市) 덕청현(德清縣) 무강진(武康鎮).

제13화 초원효녀(招遠孝女)

후일 초원(招遠)[46]에 성씨를 알 수 없는 효녀가 있었다. 그 효녀의 아버지가 남산에서 돌을 채집하다 큰 뱀에게 잡아먹혔다. 효녀는 곡하면서 자신의 아버지 시신을 본 후 함께 죽겠다고 기원하였다. 그러자 잠시 후 큰 번개가 쳐서 뱀을 효녀 앞에 떨어트렸다. 효녀는 뱀의 배를 갈라 자기 아버지의 시체를 꺼낸 후 흙을 덮어 매장하였다. 그리고 자신은 돌에 부딪혀 죽었다.

後招遠有孝女, 不知其姓. 父採石南山, 爲蟒所吞. 女哭之, 願見父屍同死. 俄頃大雷電擊蟒墮女前, 腹裂見父屍. 女負土掩埋, 觸石而死.

---

46 초원(招遠) : 명대 산동성(山東省) 등주부(登州府) 소속의 현(縣) 이름. 지금의 중국 산동성(山東省) 연대시(烟臺市) 관할의 초원시(招遠市).

 제14화 ■ 노가낭(盧佳娘)

　　노가낭(盧佳娘)은 복청(福淸)[47] 사람 이광(李廣)의 처이다. 결혼한 지 10개월 만에 이광이 갑자기 죽었다. 노씨는 비통해서 혼절했다가 깨어난 후 남편의 입과 코에 흐르는 검은 피를 다 핥아먹었다. 노씨는 남편의 염을 끝낸 후 통곡하고 혼절했다. 5, 6일이 지난 후 노씨는 집안사람들이 방심하는 사이 몰래 침실에 들어가 목을 매고 죽었다. 후일 같은 현(縣)에 예씨(倪氏)가 있었는데 유정(游政)의 처이다. 그녀 역시 남편이 죽은 후 따라서 죽었다.

　盧佳娘, 福淸李廣妻. 婚甫十月, 廣暴卒, 盧慟絶復甦, 見廣口鼻出惡血, 悉餂食之. 既殮, 哭輒僵仆, 六日, 家人防懈, 潛入寢室自經. 後其縣有游政妻倪氏殉夫, 亦然.

47　복청(福淸) : 명대 복건성(福建省) 복주부(福州府) 소속의 현(縣) 이름. 지금의 중국 복건성(福建省) 복주시(福州市) 관할의 복청시(福淸市).

제15화 시씨(施氏)

또 시씨(施氏)가 있었는데 저주(滁州)[48] 사람 팽화(彭禾)의 처이다. 정덕(正德)[49] 원년(1506) 팽화가 병을 얻어 일어나지 못하게 되었다. 그는 시씨의 손을 잡고 작별하며 "이미 병이 심하여 반드시 죽을 것이다. 당신은 아들이 없으니 다른 남자를 선택해 시집가시오. 괜히 수절하여 고생하지 마시오."라고 말했다. 시씨는 울면서 "당신은 나를 모르시오? 당신보다 먼저 죽겠소."라 했다. 팽화가 적극 만류하자 시씨는 팽화가 토한 피를 다 삼키어 자신의 뜻을 나타내었다. 시씨는 팽화가 죽자 곧 목을 매고 죽었다.

> 又有施氏, 滁州彭禾妻. 正德元年, 禾得疾不起, 握手訣曰:「疾憊甚, 知必死. 汝無子, 擇壻而嫁, 毋守死, 徒自苦也.」施泣曰:「君尚不知妾乎! 願先君死.」 禾固止之, 因取禾所嘔血盡吞之, 以見志. 及禾歿, 卽自經.

---

48 저주(滁州) : 명대 남경(南京)에 위치한 주(州) 이름. 경사(京師)에 소속. 지금의 중국 안휘성(安徽省) 저주시(滁州市).
49 정덕(正德) : 명의 제11대 황제 명 무종(武宗)의 연호. 무종 재위기간 1506∼1521년.

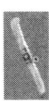 제16화 ■ 오씨(吳氏)

　　오씨(吳氏)는 노주(潞州)⁵⁰ 사람 늠생(廩生)⁵¹ 노청(盧淸)의 처이다. 시부모가 임명(臨洺)⁵²에서 사망하자 그곳에 임시로 매장하였다. 노청은 서당선생으로 생활을 하였다. 후에 노청은 늠생 자격을 상실하고 개봉(開封)⁵³에서 아전노릇을 하게 되자 억울하고 수치스러움에 미쳐서 죽었다. 오씨는 부음을 듣고 비통하여 혼절한 뒤 통곡하며 "내 시부모의 유골이 아직 북방에 있는데 남편이 죽었다. 어찌 그들을 영원히 돌아오지 않게 할 수 있겠는가!"라고 했다. 그녀는 어린 아들을 언니에게 맡기고 작은 딸을 팔아 비용을 마련한 후 홀로 임명으로 갔다. 오씨는 시부모를 매장한 장소를 찾지 못하자 들판에서 통곡하였다. 갑자기 한 남자가 이르렀는데 바로 노청이 가르친 학생이었다. 그가 장소를 알려 주어 오씨는 두 구의 유해를 수습하여 고향으로 돌아갔다. 이어서 오씨는 또 무더위를 무릅쓰고 개봉으로 가서 남편의 유골을 찾아가지고 돌아갔다. 오씨는 세 사람의 상을 다 마친 후 배고픔을 참으면서 다시 결혼할 뜻을 갖지 않았다. 학정(學正)⁵⁴ 유숭(劉崧)이 이 사실을 지주(知州)⁵⁵ 마돈(馬暾)에게 알렸다. 마돈이 재물을 주고 오씨의 딸을 다시 되찾아서 후하게 대접했다. 오씨는 75세에 죽었다.

吳氏, 潞州廩生盧淸妻. 舅姑歿於臨洺, 寄瘞旅次. 淸授徒自給, 後失廩, 充掾於汴, 憤恥發狂死. 吳聞訃, 痛絕, 哭曰:「吾舅姑委骨於北, 良人死, 忍令終不返乎!」乃寄幼孤於姊兄, 鬻次女爲資, 獨抵臨洺, 覓舅姑瘞處不得, 號泣中野. 忽一丈夫至, 則淸所授徒也, 爲指示, 收二骸以歸. 復冒暑之汴, 負夫骨還. 三喪畢擧, 忍餓無他志. 學正劉崧言於知州馬暾, 贖其女, 厚恤之. 年七十五乃卒.

---

50 노주(潞州) : 명대 산서성(山西省) 노안부(潞安府) 소속의 위(衛) 이름. 지금의 중국 산서성(山西省) 장치시(長治市).
51 늠생(廩生) : 명대 일반 가정에서 은(銀)이나 양식을 주고 된 생원(生員).
52 임명(臨洺) : 명대 경사(京師) 광평부(廣平府) 소속의 진(鎭) 이름. 지금의 중국 하북성(河北省) 한단시(邯鄲市) 영년현(永年縣).
53 개봉(開封) : 명대 하남성(河南省) 소속의 부(府) 이름. 지금의 중국 하남성(河南省) 개봉시(開封市). 간칭 변(汴).
54 학정(學正) : 관직명. 주(州)의 생원(生員) 교육을 담당. 보통 30명의 생원 교육을 담당. 종9품.
55 지주(知州) : 관직명. 주(州)의 장관. 종5품. 주에는 속주(屬州)와 직예주(直隷州) 두 종류가 있음. 속주는 현(縣)에 해당하고 직예주는 부(府)에 해당함. 명대 전국적으로 총 234개의 주가 설치되었음(시대별 다소 차이가 있음).

 제17화 **필씨(畢氏)**

나중에 필씨(畢氏)가 있었는데 하간(河間)[56] 사람 등절(鄧節)의 처이다. 당시 기근이 들자 필씨는 전 가족과 함께 경주(景州)[57]로 삶을 찾아 떠났다. 필씨의 시부모가 연달아 죽고 남편 역시 얼마 후 죽게 되자 필씨는 그들을 모두 함께 경주에다 볏짚으로 매장하였다. 당시 필씨는 33세였고 자녀가 없었다. 필씨는 홀로 고향으로 돌아가 배고픔과 추위를 참으며 주야로 방직하였다. 여러 해가 지난 후 필씨는 성 북쪽의 팔리장(八里莊)에 땅을 샀다. 그리고 혼자 경주로 가서 시부모와 남편의 유골을 가져다가 매장하였다.

> 後有畢氏, 河間鄧節妻. 年饑, 攜家景州就食, 舅姑相繼亡, 節亦尋歿, 俱藁葬景州. 氏年三十三, 無子女, 獨歸里中, 忍饑凍, 晝夜紡織, 積數年, 市地城北八里莊, 獨之景州, 負舅姑及夫骨還葬.

---

56 하간(河間): 명대 경사(京師) 하간부(河間府) 소속의 현(縣) 이름. 지금의 중국 하북성(河北省) 창주시(滄州市) 관할의 하간시(河間市).
57 경주(景州): 명대 경사(京師) 하간부(河間府) 소속의 주(州) 이름. 지금의 중국 하북성(河北省) 창주시(滄州市) 관할의 경현(景縣).

제18화 **석효녀(石孝女)**

효녀 석씨(石氏)는 신창(新昌) 사람이다. 효녀의 아버지는 석잠(石潛)인데 그녀가 어렸을 때 범죄를 저질러 가산이 몰수되고 북경의 감옥에 갇히었다. 효녀의 어머니는 오씨(吳氏)로 호적에 이름이 빠졌기 때문에 화를 면하여 그의 오빠들에 의탁해 생활했다. 어느 날 석잠이 탈옥하여 오씨 집에 숨었다. 오씨 형제들은 죄에 연루될 것을 두려워하여 석잠을 살해하고 그 시체를 땅 속의 광에 두었다. 효녀의 어머니는 감히 말을 하지 못했다. 효녀가 자란 후 그녀의 어머니에게 "나는 어찌 아버지가 없습니까?"라고 물었다. 효녀의 어머니가 그 까닭을 말해주자 효녀는 크게 슬퍼하고 분노했다. 영락(永樂)[58] 초기 효녀의 나이 16세가 되자 효녀의 외가가 그녀를 그들의 일족에게 혼인시키려고 나섰다. 효녀는 자기 어머니에게 "나의 아버지를 살해한 것은 오씨 집안입니다. 내 어찌 아버지 원수 집안의 며느리가 될 수 있겠습니까?"라고 했다. 효녀의 어머니가 "이 일은 내가 주관하는 것이 아니니 어찌 하겠는가?"라 하자 효녀는 고개를 끄덕이고 대답하지 않았다. 효녀는 시집가는 날 손님을 맞이하고 있을 때 방에서 목을 매고 자결하였다. 효녀의 어머니는 하늘을 우러러 통곡하며 "내 딸이 죽은 것은 원수 집안의 며느리가 되고 싶지 않아서이다"라고 했다. 효녀의 어머니 역시 여러 날 슬프게 통곡하다 죽었다. 관원이 이 사실을 알고 석잠을 살해한 자를 치죄했다.

石孝女, 新昌人. 襁褓時, 父潛坐事籍沒, 繫京獄. 母吳以漏籍獲免, 依兄弟為生. 一日, 父脫歸, 匿吳家. 吳兄弟懼連坐, 殺置大窖中, 母不敢言. 及女長, 問母曰:「我無父族何也?」母告之故, 女大悲憤. 永樂初, 年十六, 舅氏主婚配族子. 女白母曰:「殺我父者, 吳也. 奈何為父讐婦?」母曰:「事非我主, 奈何?」女頷而不答. 嫁之日, 方禮賓, 女自經室中. 母仰天哭曰:「吾女之死, 不欲為讐人婦也.」號慟數日亦死. 有司聞之, 治殺潛者罪.

---

58 영락(永樂): 명의 제 3대 황제 명 성조(成祖)의 연호. 성조 재위기간 1403~1424년

제19화 **탕혜신(湯慧信)**

　　탕혜신(湯慧信)은 상해(上海)[59] 사람이다. 그녀는 『효경(孝經)』[60]과 『열녀전(列女傳)』[61]에 통하였고 화정(華亭)[62] 사람 등림(鄧林)과 결혼하였다. 등림이 죽었을 때 탕씨의 나이는 25세로 7살짜리 딸 하나가 있었다. 탕씨의 주택에 욕심이 있는 등씨의 일족이 탕씨에게 친정집으로 돌아가라고 핍박하였다. 탕씨는 "나는 등씨 집안의 며느리이다. 왜 돌아가겠는가?"라고 했다. 등씨 일족은 탕씨의 결심을 바꿀 수 없음을 알고 부잣집 사람에게 탕씨의 주택을 팔려고 하였다. 탕씨는 울면서 "나는 남편의 유골이 이곳에 묻혀 있기 때문에 이 집과 생사를 함께 할 터인데 어찌 버릴 수 있겠는가?"라며 자살하려 하였다. 부잣집 사람은 탕씨가 의롭다고 생각하고 가버렸다. 탕씨는 스스로 "일족은 나의 재산을 탐하는 것뿐이다"라고 생각하고 곧 집안의 재산을 모두 일족 사람들에게 준 후 자신은 방직을 하며 생활하였다. 어느 해 홍수가 났는데 탕씨는 들판의 습지 가운데 살고 있었다. 결혼하여 출가한 탕씨의 딸이 배를 타고 탕씨를 마중하러 왔으나 탕씨는 허락하지 않았다. 탕씨에게 잠시 배에서 휴식할 것을 청했으나 그 역시 거절하였다. 탕씨는 말하길 "나는 60년 동안 이곳을 지키며 살았다. 홍수로 인해 너의 아버지를 따라 죽는 것이 내가 바라는 바다. 다시 어디로 가겠는가?"라 했다. 모녀가 서로 잡고 미처 떨어지지 않았는

이 이 사실을 알고 석잠을 살해한 자를 치죄했다.

石孝女, 新昌人. 襁褓時, 父潛坐事籍沒, 繫京獄. 母吳以漏籍獲免, 依兄弟爲生. 一日, 父脫歸, 匿吳家. 吳兄弟懼連坐, 殺置大窖中, 母不敢言. 及女長, 問母曰 : 「我無父族何也?」 母告之故, 女大悲憤. 永樂初, 年十六, 舅氏主婚配族子. 女白母曰 : 「殺我父者, 吳也. 奈何爲父讐婦?」 母曰 : 「事非我主, 奈何?」 女頷而不答. 嫁之日, 方禮賓, 女自經室中. 母仰天哭曰 : 「吾女之死, 不欲爲讐人婦也.」 號慟數日亦死. 有司聞之, 治殺潛者罪.

---

58 영락(永樂) : 명의 제3대 황제 명 성조(成祖)의 연호 성조 재위기간 1403~1424년.

제19화 탕혜신(湯慧信)

탕혜신(湯慧信)은 상해(上海)[59] 사람이다. 그녀는 『효경(孝經)』[60]과 『열녀전(列女傳)』[61]에 통하였고 화정(華亭)[62] 사람 등림(鄧林)과 결혼하였다. 등림이 죽었을 때 탕씨의 나이는 25세로 7살짜리 딸 하나가 있었다. 탕씨의 주택에 욕심이 있는 등씨의 일족이 탕씨에게 친정집으로 돌아가라고 핍박하였다. 탕씨는 "나는 등씨 집안의 며느리이다. 왜 돌아가겠는가?"라고 했다. 등씨 일족은 탕씨의 결심을 바꿀 수 없음을 알고 부잣집 사람에게 탕씨의 주택을 팔려고 하였다. 탕씨는 울면서 "나는 남편의 유골이 이곳에 묻혀 있기 때문에 이 집과 생사를 함께 할 터인데 어찌 버릴 수 있겠는가?"라며 자살하려 하였다. 부잣집 사람은 탕씨가 의롭다고 생각하고 가버렸다. 탕씨는 스스로 "일족은 나의 재산을 탐하는 것뿐이다"라고 생각하고 곧 집안의 재산을 모두 일족 사람들에게 준 후 자신은 방직을 하며 생활하였다. 어느 해 홍수가 났는데 탕씨는 들판의 습지 가운데 살고 있었다. 결혼하여 출가한 탕씨의 딸이 배를 타고 탕씨를 마중하러 왔으나 탕씨는 허락하지 않았다. 탕씨에게 잠시 배에서 휴식할 것을 청했으나 그 역시 거절하였다. 탕씨는 말하길 "나는 60년 동안 이곳을 지키며 살았다. 홍수로 인해 너의 아버지를 따라 죽는 것이 내가 바라는 바다. 다시 어디로 가겠는가!"라 했다. 모녀가 서로 잡고 미처 떨어지지 않았는데 물이 밀려와 탕씨는 결국 물에 빠져 죽었다.

湯慧信, 上海人. 通孝經, 列女傳, 嫁華亭鄧林. 林卒, 婦年二十五, 一女七歲. 鄧族利其居, 迫使歸家, 婦曰:「我鄧家婦, 何歸乎?」族知不可奪, 貿其居於巨室. 婦泣曰:「我收夫骨於玆土, 與同存亡, 奈何棄之.」欲自盡, 巨室義而去之. 婦尋自計曰:「族利我財耳.」乃出家資, 盡畀族人, 躬績維以給. 歲大水, 居荒野沮洳中. 其女適人者, 操舟來迎, 不許. 請暫憩舟中, 亦不許, 曰:「我守此六十年, 因巨浸以從汝父, 所甘心焉, 復何往!」母女方相牽未捨, 水至, 湯竟溺死.

---

59 상해(上海) : 명대 남경(南京) 송강부(松江府) 소속의 현(縣) 이름. 지금의 중국 상해시(上海市). 간칭 호(滬), 별칭 신(申).
60 효경(孝經) : 증자(曾子)의 제자들이 편찬하였다고 하는 책. 모두 18장으로 구성되어 있고 주로 유가의 효도사상을 천명하고 있음. 정현(鄭玄)이 주석한 금문본과 공안국(孔安國)이 주석한 고문본, 그리고 당나라 현종이 주석한 당현종본 등이 전해지고 있음.
61 열녀전(列女傳) : 유향(劉向) 저술의 열녀전을 말함.
62 화정(華亭) : 명대 섬서성(陝西省) 평량부(平凉府) 소속의 현(縣) 이름. 지금의 중국 감숙성(甘肅省) 평량시(平凉市) 화정현(華亭縣).

제20화  의비묘총(義婢妙聰)

　의로운 노비 묘총(妙聰)은 보안우위지휘(保安右衛指揮)[63] 장맹철(張孟喆) 집안의 비녀이다. 영락(永樂) 시기 선부(宣府)[64]에서 군대를 동원하자 장맹철이 군대를 이끌고 갔다. 북방의 적이 국경을 침략하자 장맹철의 처 이씨(李氏)가 시누이에게 "나는 관료의 아내이며 그대들도 모두 관료 집안의 여자이다. 의리상 욕을 당할 수 없다"고 말한 후 손을 끌어 당겨 함께 우물로 뛰어들었다. 묘총 역시 따라서 우물로 뛰어들었다. 묘총은 두 사람이 아직 죽지 않았고 또 임신하고 있는 이씨가 찬물에 해를 입을까 두려워하여 그녀를 등에다 업었다. 적이 퇴각한 후 장맹철의 동생 중철(仲喆)이 우물 속에서 세 사람을 구하기 위해 끈으로 자신의 형수와 여동생을 건져냈으나 비녀는 죽어 있었다.

義婢妙聰, 保安右衛指揮張孟喆家婢也. 永樂中, 調兵操宣府, 孟喆在行. 北寇入掠, 妻李謂夫妹曰:「我命婦, 與若皆宦門女, 義不可辱.」相挈投井中, 妙聰亦隨入, 見二人俱未死, 以李有娠, 恐水冷有所害, 遂負之於背. 賊退, 孟喆弟仲喆求三人井中, 以索引嫂妹出, 而婢則死矣.

---

63 보안우위지휘(保安右衛指揮) : 보안우위(保安右衛)의 지휘(指揮)를 말함. 명대 보안우위는 경사(京師) 선부(宣府) 소속의 위(衛) 이름. 지금의 중국 하북성(河北省) 장가구시(張家口市) 회안현(懷安縣).
64 선부(宣府) : 명대 경사(京師) 소속의 위(衛) 이름. 지금의 중국 하북성(河北省) 장가구시(張家口市) 만전현(萬全縣).

제21화 서효녀(徐孝女)

효녀 서씨(徐氏)는 가선(嘉善)65 사람 서원(徐遠)의 딸이다. 6세 때 효녀의 어머니가 정강이에 종양을 앓았다. 효녀가 어떻게 하면 나을 수 있는지 묻자 그녀의 어머니는 "아이가 입으로 빨면 날 수 있다"라며 속여서 말했다. 곧 효녀가 빨기를 청하자 그녀의 어머니가 난색을 표했다. 효녀가 슬피 울기를 그치지 않자 그녀의 어머니는 할 수 없이 허락했다. 며칠 동안 빨자 정말로 병이 다 나았다.

徐孝女, 嘉善徐遠女也. 年六歲, 母患臁瘡. 女問母何以得愈, 母謾曰:「兒吮之迺愈.」女遂請吮, 母難之. 女悲啼不已, 母不得已聽之, 吮數日, 果愈.

---

65 가선(嘉善) : 명대 절강성(浙江省) 가흥부(嘉興府) 소속의 현(縣) 이름. 지금의 중국 절강성(浙江省) 가흥시(嘉興市) 가선현(嘉善縣).

 제22화 ▌고씨(高氏)

　　고씨(高氏)는 무읍(武邑)⁶⁶사람으로 제생(諸生)⁶⁷ 진화(陳和)에게 시집
갔다. 진화가 일찍 죽자 고씨는 홀로 가정을 지탱하며 매우 효성스럽게
시부모를 공양했다. 선덕(宣德)⁶⁸ 시기에 이르러 시부모가 모두 사망하자
고씨는 의례에 따라 염을 한 후 장례를 지냈다. 당시 고씨의 나이는 이미
50세였다. 고씨는 울면서 아들 진강(陳剛)에게 말하길 "나의 아버지는
홍무(洪武) 시기 가족을 이끌고 하남(河南)⁶⁹의 우성(虞城)⁷⁰에 머물렀다.
아버지가 죽자 내 어머니가 시신을 성 북쪽에 매장하고 대추나무로 만든
작은 수레바퀴로 표시를 했다. 고향에 돌아온 후 내 어머니 역시 죽었다.
내 남동생은 무능하여 스스로 아무 것도 하지 못한다. 나는 30년 동안
이 사실을 감히 말할 수 없었는데 그것은 너의 할아버지와 할머니가 살아
계시어 조석으로 봉양해야만 했기 때문이다. 지금 큰일을 다 마쳤으니
나는 나의 아버지의 유해를 모셔다가 어머니와 합장하려 한다"라고 했다.
진강은 연신 네네 대답하고는 자기 어머니를 따라 우성에 가서 매장한
곳에 이르렀으나 무덤이 즐비하여 분별할 수가 없었다. 고씨는 머리카락
으로 말안장을 묶고 뒤로 가기를 아침부터 저녁까지 하여 조그만 한 무덤
에 이르니 말안장이 무거워 더 나갈 수 없었다. 곧 무덤을 파니 표시한
수레바퀴가 그대로 있었다. 사방에서 보러 온 사람들이 보고 모두 놀라워

하며 고씨의 귀향을 도와주었다. 고씨는 자신의 어머니 무덤을 판 후 합장하였다.

> 高氏女, 武邑人, 適諸生陳和. 和早卒, 高獨持門戶, 奉翁姑 甚孝. 及宣德時, 翁姑並歿, 氏以禮殯葬, 時年五十矣. 泣謂子剛曰:「我父, 洪武間擧家客河南虞城. 父死, 旅葬城北, 母以棗木小車輞識之. 比還家, 母亦死, 弟懦不能自振. 吾三十年不敢言者, 以汝王母在堂, 當朝夕侍養也. 今大事已畢, 欲舁吾父遺骸歸合葬.」剛唯唯, 隨母至虞城, 抵葬所, 塚纍纍不能辨. 氏以髮繫馬鞍逆行, 自朝及夕, 至一小塚, 鞍重不能前, 即開其塚, 所識車輞宛然. 遠近觀者咸驚異, 助之歸, 啟母窆同葬.

---

66 무읍(武邑) : 명대 경사(京師) 진정부(眞定府) 소속의 현(縣) 이름. 지금의 중국 하북성(河北省) 형수시(衡水市) 무읍현(武邑縣).
67 제생(諸生) : 부(府), 주(州), 현(縣)에 설치된 학교의 학생에 대한 일반적인 호칭. 생원(生員)이라고도 함. 보통 학생 수는 부학 40명, 주학 30명, 현학 30명으로 정해져 있음.
68 선덕(宣德) : 명의 제 5대 황제 명 선종(宣宗)의 연호 선종 재위기간 1426~1435년.
69 하남(河南) : 명대 하남성(河南省). 지금의 중국 하남성(河南省). 성도 정주(鄭州). 간칭 예(豫). 별칭 중주(中州) 또는 중원(中原).
70 우성(虞城) : 명대 하남성(河南省) 귀덕부(歸德府) 소속의 현(縣) 이름. 지금의 중국 하남성(河南省) 상구시(商丘市) 우성현(虞城縣).

제23화 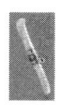 손의부(孫義婦)

의로운 여성 손씨(孫氏)는 자계(慈谿) 사람이다. 정해(定海)[71] 사람 황의소(黃誼昭)와 결혼하여 아들 황서(黃湑)를 낳았다. 얼마 후 남편이 죽자 손씨는 홀로 아들 황서를 키웠다. 나중에 황서가 장성하자 자기 오빠의 딸과 결혼시키었다. 황서는 3년 만에 두 아들을 낳고 역시 죽었다. 당시 전부(田賦)[72]는 모두 백성 스스로 운송해서 납부해야 했다. 손씨는 며느리와 함께 어린 손자를 이끈 채 남경(南京)에 이르러 전부(田賦)를 납부했다. 손씨는 상서(尙書)[73] 건의(蹇義)[74]에게 "정해현은 조수의 재해를 받아 10년에 아홉 번은 황폐하니 바다에 제방을 쌓아 방지하기를 바랍니다."라고 호소했다. 건의는 손씨가 홀로 고생하는 것을 보고 "어째서 개가하지 않느냐?"고 물었다. 손씨는 "굶어 죽는 일은 작은 일이나 정절을 잃는 일은 큰일입니다"고 대답했다. 건의는 오랫동안 감탄하고 다음날 상소를 하니 황제가 관원을 파견해 지방관과 함께 제방 건축을 조사케 하여 용산(龍山)으로부터 관해(觀海)에 이르기까지 영원히 조수의 재해가 없게 하도록 했다. 자계 사람들이 제방 위에 사당을 지어 손씨의 제사를 지냈다.

孫義婦, 慈谿人. 歸定海黃誼昭, 生子湝. 未幾夫卒, 孫育之成立, 求兄女為配. 甫三年, 生二子, 湝亦卒. 時田賦皆令民自輸, 孫姑婦相率攜幼子輸賦南京, 訴尚書蹇義, 言：「縣苦潮患, 十年九荒, 乞築海塘障之.」義見其孤苦, 詰曰：「何為不嫁?」對曰：「餓死事極小, 失節事極大.」義嗟歎久之, 次日即為奏請, 遣官偕有司相度成之, 起自龍山, 迄於觀海, 永免潮患. 慈谿人廟祀之塘上.

---

71 정해(定海) : 명대 절강성(浙江省) 영파부(寧波府) 소속의 현(縣) 이름. 지금의 절강성(浙江省) 영파시(寧波市) 관할의 진해시(鎭海市).
72 전부(田賦) : 정부가 농지에 부과하는 세금.
73 상서(尙書) : 관직명. 명대 이(吏), 예(禮), 병(兵), 호(戶), 형(刑), 공(工) 등 6부(部)의 최고장관. 정2품.
74 건의(蹇義) : 명대 사천성 파(巴) 사람. 자(字) 의지(宜之). 1385년 진사(進士). 이부상서(吏部尙書), 소사(小師) 등 역임. 명 선종(宣宗, 1426~1434) 시기 73세 졸. 사후 태사(太師) 추증. 시호 충정(忠定).

제24화  양씨(梁氏)

양씨(梁氏)는 대성(大城)75 사람 윤지로(尹之路)의 처이다. 결혼한 지 1년 여 만에 먹고 살 수 없게 되자 윤지로가 집을 떠나 산해관(山海關)76으로 가서 숙식(熟食)77을 파는 것으로 생활하였다. 그리고 거기에서 윤씨는 마씨(馬氏) 여성을 얻어 두 아들을 낳은 채 10여 년 간 연락이 없었다. 양씨는 시부모를 섬기며 온갖 고생을 하였지만 조금도 원망하는 말이 없었다. 남편이 타향에서 객사하자 양씨는 걸식을 하며 남편의 시체를 거두기 위해 도보로 2천리를 왕복했다. 양씨가 결국 남편의 관과 남편의 후처, 후처의 두 아들을 데리고 돌아오니 마을사람들이 모두 경탄했다.

> 梁氏, 大城尹之路妻. 嫁歲餘, 夫乏食出遊山海關, 賣熟食爲生. 又娶馬氏, 生子二, 十餘年不通問. 氏事翁姑, 艱苦無怨言. 夫客死, 氏徒步行乞, 迎夫喪, 往返二千里, 迄扶柩攜後妻二子以歸, 人歎異.

---

75 대성(大城): 명대 경사(京師) 순천부(順天府) 소속의 현(縣) 이름. 지금의 하북성(河北省) 낭방시(廊坊市) 대성현(大城縣).
76 산해관(山海關): 명대 경사(京師) 영평부(永平府) 산해위(山海衛) 소속의 관문. 오늘날 만리장성의 동쪽에 위치하며 천하제일관(天下第一關)이라 칭함.
77 숙식(熟食): 삶아서 만든 식품.

제25화 마씨(馬氏)

여포(余佈)의 처 마씨(馬氏)는 오현(吳縣)[78] 사람이다. 결혼한 지 5년 후 마씨의 남편이 사망했다. 마씨는 아들이 없었고 집 또한 매우 가난했다. 시어머니가 마씨를 개가시키려고 밭 2 무(畝)[79] 반에서 수확한 양식을 마씨에게 주지 않았다. 그러나 마씨는 전혀 동요하지 않았다. 마씨의 시어머니가 몰래 다른 사람의 결혼예물을 받았다. 어느 날 저녁, 신부를 맞이할 고락대가 문 앞에 이르러 마씨에게 몸치장을 재촉했다. 마씨는 침실에 들어가 목을 매고 자살하였다. 밥상의 밥그릇에는 쌀겨가 그대로 있었다.

余佈妻馬氏, 吳縣人. 歸五年, 夫死無子, 家酷貧. 姑欲奪其志, 有田二畝半, 得粟不以與婦, 馬不為動. 姑潛納他人聘, 一夕鼓吹臨門, 趣治妝, 馬入臥室自經死, 几上食器, 糠粃尚存.

---

78 오현(吳縣) : 명대 남경(南京) 소주부(蘇州府) 소속의 현(縣) 이름. 지금의 중국 강소성(江蘇省) 소주시(蘇州市).
79 무(畝) : 면적을 계산하는 단위. 1 공무(公畝)는 100평방m이고, 1 시무(市畝)는 6천평방m임. 고대에는 가로 세로 5척(尺)을 방보(方步)라 하고 240 방보(方步)를 무(畝)라 함.

 제26화 ■ 의고만씨(義姑萬氏)

　의로운 여성 만씨(萬氏)의 이름은 의전(義顓)이고 자(字)는 조심(祖心)으로 은현(鄞縣)[80]사람이다. 영파위(寧波衛)[81] 지휘첨사(指揮僉事)[82] 만종(萬鍾)의 딸이다. 만씨는 어려서부터 정숙하고 조용하였으며 독서를 좋아했다. 만문(萬文)과 만무(萬武)라는 만씨의 두 오빠가 관직을 세습하였는데 모두 전사하였고 주변에는 다른 가까운 친척이 없었다. 만씨의 계모 조씨(曹氏)와 올케 진씨(陳氏), 오씨(吳氏)는 모두 젊은 나이에 과부가 되었다. 오씨는 임신한 지 겨우 6개월이었다. 만씨는 조석으로 하늘을 향해 호곡하며 "만씨의 혈통이 끊어지려 합니다. 남자 아이를 낳게 하여 충신의 후사를 잇게 해준다면 맹세코 나는 결혼하지 않고 함께 그 아이를 기를 것입니다."라고 기도했다. 그 후 오씨는 과연 남자 아이를 낳았는데 이름을 만전(萬全)이라 했다. 만씨는 기뻐하며 "만씨가 대를 잇게 되었다."라고 했다. 이에 만씨는 다른 과부들과 함께 수절하며 명문자제들의 청혼을 모두 사절하였다. 만씨는 만전이 어른이 될 때까지 그의 독서를 지도했다. 만전이 관직을 세습하고 다시 그의 아들 만희(萬禧)와 손자 만춘(萬椿)에게 전하였다. 그들 모두 매우 공손히 만씨를 받들어 모시었다. 만씨는 70여세에 사망했다. 만씨의 조부 만빈(萬斌)과 아버지 오빠 모두 나라를 위해 죽었고, 그녀의 어머니와 두 올케는 수십 년 동안 수절하

였으며, 만씨는 다시 절의로써 드러났다. 마을 사람들이 그들을 매우 존중하여 4충(忠) 3절(節) 1의(義)의 집안이라고 불렀다.

義姑萬氏, 名義頵, 字祖心, 鄞人, 寧波衛指揮僉事鍾女也. 幼貞靜, 善讀書. 兩兄文, 武, 皆襲世職, 戰死, 旁無期功之親. 繼母曹氏, 兩嫂陳氏, 吳氏, 皆盛年孀居. 吳遺腹僅六月, 姑旦暮拜天哭告曰:「萬氏絶矣, 願天賜一男, 續忠臣後. 我矢不嫁, 共撫之.」已果生男, 名之曰全. 姑喜曰:「萬氏有後矣.」乃與諸嫠共守, 名閥來聘, 皆謝絶之, 訓全讀書, 迄底成立. 全嗣職, 傳子禧, 孫椿, 皆奉姑訓惟謹. 姑年七十餘卒. 姑之祖斌及父兄並死王事, 母及二嫂守貞數十年, 姑更以義著. 鄉人重之, 稱為四忠三節一義之門.

---

80 은현(鄞縣) : 명대 절강성(浙江省) 영파부(寧波府) 소속의 현(縣) 이름. 지금의 중국 절강성(浙江省) 영파시(寧波市) 은주구(鄞州區).
81 영파위(寧波衛) : 명대 절강성(浙江省) 영파부(寧波府) 지역에 설치된 위(衛). 명대 영파부는 지금의 중국 절강성(浙江省) 영파시(寧波市) 지역.
82 지휘첨사(指揮僉事) : 관직명. 도지휘사사(都指揮使司)에 소속된 관리. 정4품.

 제27화 ■ **진씨(陳氏)**

후에 의로운 여성 진씨(陳氏)가 있었는데 사현(沙縣)[83] 사람 진수(陳穗)의 딸이다. 18세 때 부모가 잇따라 사망하였다. 진씨에게는 남동생 둘이 있었는데 큰 동생은 7살이고 작은 동생은 5살이었다. 진씨의 친척들이 그녀의 재산을 욕심내어 하루 종일 주변에서 엿보았다. 진씨는 자기 동생들을 키울 것을 맹세하고 집에 늘 수십 자루의 빗자루를 준비해두었다. 친족 형제들이 한밤중에 와서 문을 두드리자 진씨는 빗자루를 태워 환하게 비춘 후 얼른 문을 열고 술과 안주를 준비하여 환대하였다. 문을 두드린 사람이 진씨에게 "우리는 밤길을 가는데 불이 꺼져 등불을 구하러 온 것이다"라 하였다. 이로부터 그들은 몰래 엿보는 일을 포기하였다. 진씨는 자신의 두 남동생이 결혼한 후 비로소 결혼을 하였다. 당시 나이가 45세였다. 끝내 아들이 없었다. 진씨의 두 남동생이 진씨를 집으로 맞아들여 어머니처럼 받들었다.

後有陳義姑者, 沙縣陳穗女. 年十八, 父母相繼卒, 遺二男, 七歲, 次五歲. 親族利其有, 日眈眈於旁. 姑矢志撫弟, 居常置帚數十. 族兄弟暮夜叩門, 姑燃帚照之, 亟啟戶具酒食款. 叩者告曰 :「吾輩夜行滅火, 就求燭耳.」自此窺伺者絕意. 及二弟畢婚, 年四十五乃嫁, 終無子. 二弟迎歸, 母事之.

---

83 사현(沙縣) : 명대 복건성(福建省) 연평부(延平府) 소속의 현(縣) 이름. 지금의 중국 복건성(福建省) 삼명시(三明市) 사현(沙縣).

제28화  곽씨(郭氏)

곽씨(郭氏)는 대전(大田)[84]사람이다. 등무칠(鄧茂七)[85]이 반란을 일으켰을 때 마을사람들이 동암(東巖)에다 산채를 쌓고 지켰다. 산채가 격파되자 곽씨는 어린아이를 업고 달아났으나 마침 임신하고 있어서 적병에게 쫓기게 되었다. 곽씨는 분연히 적을 꾸짖고 아이와 함께 30여 미터의 절벽 아래로 뛰어내려 돌 사이에 떨어졌다. 몸이 다 부서져 터져 나온 태아와 내장으로 절벽 아래가 낭자하였다. 높은데서 내려다본 적병들이 감탄하여 말하길 "정말로 열부이다!"라고 했다. 그들은 곽씨를 묻어주고 떠났다.

郭氏, 大田人. 鄧茂七之亂, 鄕人結寨東巖. 寨破, 郭褓幼兒走, 且有身, 爲賊所驅. 郭奮罵, 投百尺巖下, 與兒俱碎亂石間, 胎及腸胃迸出, 狼籍巖下. 賊據高瞰之, 皆歎曰:「眞烈婦也!」瘞之去.

---

84 대전(大田) : 명대 복건성(福建省) 연평부(延平府) 소속의 현(縣) 이름. 지금의 중국 복건성(福建省) 삼명시(三明市) 대전현(大田縣).
85 등무칠(鄧茂七, ?~1449) : 명대 강서성(江西省) 사람. 1448년 중국 복건성(福建省)의 사현(沙縣)에서 반란을 일으키고 산평왕(鏟平王)이라 자칭한 후 20여 현(縣)을 연파하여 일시적으로 남방의 3개 성(省)을 위협하였으나 1449년 명군(明軍)에 의해 패배하고 전사함.

제29화 ■ 유계녀(幼溪女)

같은 때에 유계(幼溪)에 성명을 알 수 없는 여인이 있었다. 등무칠(鄧茂七)이 사현(沙縣)을 격파하자 이 여인은 풀 더미에 숨어 있다가 두 명의 적병에게 사로잡혔다. 계곡의 다리를 지날 때 이 여인은 적에게 "나를 부축하여 다리를 건네주면 나는 그대들 가운데 한 사람에게 시집갈 것이오"라고 말했다. 두 명의 적병은 서로 여인을 부축하려고 밀고 당기며 다투었다. 다리의 중간에 이르렀을 때 여인은 계곡의 물이 급히 흐르는 것을 보고 두 명의 적병을 끌고 물속으로 뛰어 들었다. 모두 익사했다.

同時有幼溪女, 失其姓名. 茂七破沙縣, 匿草間, 為二賊所獲. 遇溪橋, 貞女曰:「扶我過, 當從一人而終.」二賊爭趨挽, 至橋半, 女視溪流湍急, 拽二賊投水中, 俱溺死.

 제30화 ▍ 정 씨(程氏)

    정씨(程氏)는 양주(揚州)[86] 사람 호상경(胡尚絅)의 처이다. 호상경이 중병을 앓게 되자 정씨는 자신의 팔뚝 살을 베어 먹였다. 그러나 호상경은 그것을 넘기지 못하고 죽었다. 정씨는 애통해 하며 2일 동안 먹지 않았다. 당시 정씨는 임신 4개월이었다. 어떤 사람이 "득남하면 남편의 후사를 이을 수가 있다. 헛되이 죽으면 무슨 소용이 있는가?"라고 했다. 정씨는 "나 역시 그것을 알고 있다. 만약 딸을 난다면 나는 구차히 몇 개월을 살 뿐이다."라고 대답했다. 그리고 다시 먹기 시작했다. 몇 개월이 지나 정씨는 과연 아들을 낳았다. 그러나 다음해 아들이 죽자 정씨는 시부모에게 "이제 봉양할 수 없게 되었습니다. 그러나 동서들이 있으니 슬퍼하지 마십시오"라고 말하고 다시 식음을 전폐하였다. 이틀이 지나 정씨의 시어머니가 "너의 친정집은 2백리 안에 있다. 결별하기 전에 만나보아야 하지 않겠는가?"라고 위로의 말을 하자, 정씨는 "빨리 불러주십시오!"라고 대답한 후 하루에 미음 한 숟가락만을 먹은 채 기다렸다. 12일이 지난 후 정씨의 부모가 그녀의 어린 남동생을 보내왔다. 정씨는 말하길 "동생이 나의 뜻을 부모에게 전할 것이다."라고 하였다. 이로부터 정씨는 입에 물 한 방울을 대지 않고 천천히 상자 안의 비녀와 귀고리 등을 정리하여 용도에 따라 후사를 정리하고 나머지 물건들은 집안사람과 일찍이 서로

왕래하였던 이웃의 부녀에게 나누어주었다. 그리고 정씨는 스스로 점쳐서 말하길 "18, 19일은 좋은 날이다. 나는 이때 죽을 것이다. 이전에 일찍이 팔뚝 살을 베어 남편을 구하려고 하였으나 구하지 못했다. 석회와 살을 침상 머리에 두었으니 나의 왼쪽 팔에 붙이어 몸이 온전하게 지하로 간다는 것을 나타나게 해주시오." 하고는 죽었다.

程氏, 揚州胡尚綱妻. 尚綱嬰危疾, 婦刲腕肉噉之, 不能咽而卒. 婦號慟不食二日. 懷孕四月矣, 或曰 :「得男可延夫嗣, 徒死何為?」答曰 :「吾亦知之, 倘生女, 徒苟活數月耳.」因復食, 彌月果生男. 明年殤, 前語翁姑曰 :「媳不能常侍奉, 有娣姒在, 無悲也.」復絕食, 越二日其姑撫之曰 :「爾父母家二百里內, 若不俟面訣乎?」婦曰 :「可急迎之.」日飲米瀋 一匙以待. 逾十有二日, 父母遣幼弟至, 婦曰 :「是可白吾志.」自是滴水不入口, 徐簡奩中簪珥, 令辦後事, 以其餘散家人幷鄰嫗嘗通問者, 復自卜曰 :「十八, 九日皆良, 吾當逝. 向曾刲肉救夫, 夫不可救, 以灰和之置牀頭, 附吾左腕, 以示全歸.」遂卒.

---

86 양주(揚州) : 명대 남경(南京) 소속의 부(府) 이름. 지금의 중국 강소성(江蘇省) 양주시(揚州市) 지역.

 제31화 ▌ **왕묘봉(王妙鳳)**

　　왕묘봉(王妙鳳)은 오현(吳縣)사람으로 오규(吳奎)와 결혼했다. 묘봉의 시어머니는 음탕했다. 정통(正統)[87] 시기 오규가 장사하러 외부로 떠났다. 그녀의 시어머니가 정부와 술을 마시며 묘봉을 욕보일 생각으로 그녀에게 술을 가져오게 하였다. 묘봉이 술병을 들고 방으로 들어가려 하지 않았다. 그러나 그들이 반복하여 재촉하므로 그녀는 할 수 없이 방으로 들어갔다. 시어머니의 정부가 묘봉의 팔을 끌어안고 희롱했다. 묘봉은 분노하여 칼을 뽑아 자신의 팔을 내려쳤으나 끊어지지 않자 재차 내려치니 마침내 잘렸다. 묘봉의 부모가 관청에 소송하려고 하니까 묘봉은 "죽으면 그뿐이다. 어찌 며느리가 시어머니를 고발하는 이치가 있겠는가?"라고 말했다. 묘봉은 그로부터 10일이 지난 후 죽었다.

　　王妙鳳, 吳縣人. 適吳奎. 姑有淫行. 正統中, 奎商於外. 姑與所私飲, 并欲污之, 命妙鳳取酒, 挈瓶不進. 頻促之, 不得已而入. 姑所私戱紾其臂. 妙鳳憤, 拔刀斫臂不殊, 再斫乃絶. 父母欲訟之官, 妙鳳曰 :「死則死耳, 豈有婦訟姑理邪?」逾旬卒.

---

[87] 정통(正統) : 명의 제 6대 황제 명 영종(英宗)의 연호 영종 재위기간 1436~1449년.

제32화  당귀매(唐貴梅)

당귀매(唐貴梅)는 귀지(貴池)88 사람으로 같은 마을의 주씨(朱氏)에게 시집갔다. 당씨의 시어머니는 부유한 상인과 몰래 정을 통하고 있었다. 그 부유한 상인이 귀매를 보고 매우 기뻐한 채 돈과 비단으로 그녀의 시어머니를 매수한 후 여러 방법으로 귀매에게 음탕한 행위를 하도록 유인했다. 하지만 당씨는 전혀 듣지 않았다. 채찍으로 때려도 듣지를 않자 단근질을 하였다. 그러나 당씨가 끝까지 따르지 않자 당씨의 시어머니는 불효라는 명목으로 당씨를 관청에 고발했다. 상인의 뇌물을 받은 통판(通判)89이 거의 죽을 정도로 여러 차례 당씨를 고문하였다. 부유한 상인은 당씨가 뜻을 바꿀 것을 기대하고 다시 당씨의 시어머니로 하여금 보증을 서게 하여서 당씨를 풀려나게 하였다. 친척이 당씨에게 사실대로 밝힐 것을 권고하자 당씨는 말하길 "사실대로 말한다면 나의 명예는 다행히 온전할 것이다. 그러나 시어머니의 악행이 전해진다면 또 어떻게 하겠는가?"라고 했다. 당씨는 밤중에 옷을 갈아입고 집 뒤 정원의 매화나무 아래에서 목을 매고 자결하였다. 날이 밝은 후 당씨의 시어머니가 일어나서 또 당씨를 때리려고 정원에 이르러서야 당씨가 이미 죽은 것을 알게 되었다. 당씨의 시신은 3일 동안 나무에 매달려 있으나 얼굴이 살아있는 사람 같았다.

唐貴梅者, 貴池人. 適同里朱姓. 姑與富商私, 見貴梅悅之, 以金帛賄其姑, 誨婦淫者百端勿聽, 加箠楚勿聽, 繼以炮烙, 終不聽. 乃以不孝訟於官. 通判某受商賂, 拷之幾死者數矣. 商冀其改節, 復令姑保出之. 親黨勸婦首實, 婦曰:「若爾, 妾之名幸全, 如播姑之惡何?」夜易服, 自經後園梅樹下. 及旦姑起, 且將撻之. 至園中乃知其死, 尸懸樹三日, 顏如生.

---

88 귀지(貴池) : 명대 남경(南京) 지주부(池州府) 소속의 현(縣) 이름. 지금의 중국 안휘성(安徽省) 지주시(池州市) 귀지구(貴池區).
89 통판(通判) : 관직명. 부(府)의 소속 관리. 동지(同知)와 함께 부의 치안, 숙정, 재판 등 행정을 담당. 정원이없으며 정6품.

제33화 ■ 장씨(張氏)

 그 후 가정(嘉靖)90 23년(1544) 가정(嘉定)91에 장씨(張氏)가 있었는데 왕객(汪客)의 아들에게 시집갔다. 장씨의 시어머니는 많은 사람과 몰래 정을 통하고 있었다. 그들 여러 건달 중에 호암(胡巖)이란 자가 있었는데 가장 사납고 교활하여 그들 무리가 모두 그의 지시를 따랐다. 호암은 장씨의 시어머니와 모의를 한 후 장씨의 남편을 현(縣)에 보내어 관청의 심부름꾼이 되게 하였다. 그리고 호암 등은 밤낮으로 마음대로 술을 마셨다. 어느 날 호암이 장씨를 불러 자리에 함께 하기를 하였으나 장씨는 응하지 않았다. 호암이 뒤에서 장씨의 머리빗을 움켜잡자 장씨는 빗을 부러뜨려 땅에 집어 던졌다. 잠시 후 호암은 다시 방으로 들어가서 강제로 장씨를 범하려 하였다. 장씨는 사람 죽인다고 크게 소리치며 방망이로 호암을 쳤다. 호암은 화가 나서 뛰어 나갔다. 장씨는 땅에 주저앉아서 밤새도록 통곡하다 겨우 다시 기운을 차렸다. 다음 날 아침 호암과 장씨의 시어머니는 일이 누설될까 두려워 장씨를 침상 다리에 묶어 놓고 감시했다. 그리고 다음날 여러 무뢰배들을 불러 모아 놓고 마음껏 술을 마셨다. 한밤중이 되자 그들은 여럿이 함께 장씨를 포박하고 도끼자루로 마구 때렸다. 고통을 이기지 못한 장씨가 몸부림치며 "어찌 날카로운 칼로 나를 찌르지 않는가?"라고 말하였다. 그러자 한 무뢰배가 앞으로 나아가 장씨의 목을 찔렀고 다른 무뢰배는 장씨의 겨드랑이와 장씨의 음부를 찌르고 때렸다. 그들은 장씨의 시신을 끌어다 태우려고 하였으나 시체가 무거워 움직일 수 없게 되자 불을 질러 방을 태웠다. 불을 끄려고 온 이웃사람이 문을 밟고 들어서다 무섭게 죽어 있는 사람을 보고 깜짝 놀라 관청에 신고했다. 관청에서 어린 시녀와 여러 무뢰배를 체포한 후 취조하여 모든 사실을 알게 되었다. 정황에 따라 모두 차례대로 형을 내렸다. 장씨가 죽을 때의 나이는 19세였다. 그 현에는 원래 열부(烈婦) 사당이 있었는데 장씨가 죽기 3일 전 사당 옆에 있던 사람이 공중에서 북소리가 울리는 소리를 들었고 사당의 기둥에서 불이 타오르는 것을 보았다고 하였다. 사람들은 이것을 정부(貞婦)가 죽을 징조였다고 말했다.

其後, 嘉靖二十三年, 有嘉定張氏者, 嫁汪客之子. 其姑多與人私, 諸惡少中有胡巖者, 最桀黠, 羣黨皆聽其指使. 於是與姑謀, 遣其子 入縣爲卒, 而巖等日夕縱飮. 一日, 呼婦共坐, 不應. 巖從後攫其梳, 婦折梳擲地. 頃之, 巖徑入犯婦. 婦大呼殺人, 以杵擊巖. 巖怒走出, 婦自投於地, 哭終夜不絶, 氣息僅屬. 詰旦, 巖與姑恐事洩, 繫諸牀足守之. 明日召諸惡少酣飮. 二鼓共縛婦, 槌斧交下. 婦痛苦宛轉曰 :「何不以利刃 刺我.」一人乃前刺其頸, 一人刺其脅, 又椓其陰. 擧尸欲焚之, 尸重不可擧, 乃火其室. 鄰里救火者蹋門入, 見嚇然死人, 驚聞於官. 官逮小女奴及諸惡少鞠之, 具得其實, 皆以次受刑. 婦死時年十九. 邑故有烈婦祠, 婦死前三日, 祠旁人聞空中鼓樂聲, 火炎炎從祠柱中出, 人以爲貞婦死事之徵云.

---

90 가정(嘉靖) : 명의 제 12대 황제 명 세종(世宗)의 연호. 세종 재위기간 1522～1566년.
91 가정(嘉定) : 명대 남경(南京) 소주부(蘇州府) 소속의 현(縣) 이름. 지금의 중국 상해시(上海市) 가정구(嘉定區).

제34화 **양태노(楊泰奴)**

양태노(楊泰奴)는 인화(仁和)[92] 사람 양득안(楊得安)의 딸이다. 태노는 이미 어떤 사람과 혼인을 약속하였으나 아직 시집을 가지 않았다. 천순(天順)[93] 4년(1460) 양씨의 어머니가 전염병을 앓았는데 낫지를 않았다. 태노는 세 차례 자신의 가슴살을 베어 자기 어머니에게 먹였으나 효과가 없었다. 어느 날 저녁 태노는 자신의 가슴을 갈라서 간 한 조각을 꺼내다 오랜 시간 땅에 혼절하였다. 그녀는 다시 깨어나자 옷으로 상처를 싸맨 채 자신이 직접 간으로 죽을 끓여 자신의 어머니에게 먹였다. 마침내 그녀의 어머니의 병이 나았다. 태노의 어머니는 자면서 무릎이 오그라지는 병이 있었는데 그 병 역시 나았다.

> 楊泰奴, 仁和楊得安女. 許嫁未行. 天順四年, 母疫病不愈. 泰奴三割胸肉食母, 不效. 一日薄暮, 剖胸取肝一片, 昏仆良久. 及甦, 以衣裹創, 手和粥以進, 母遂愈. 母宿有膝攣疾, 亦愈.

---

92 인화(仁和) : 명대 절강성(浙江省) 항주부(杭州府) 소속의 현(縣) 이름. 지금의 중국 절강성(浙江省) 항주시(杭州市).
93 천순(天順) : 명의 제8대 황제 명 영종(英宗)의 연호 영종 재위기간 1457~1464년.

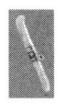 제35화 ▌ 장씨(張氏)

후일 장씨(張氏)가 있었는데 의진(儀眞)[94] 사람 주상(周祥)의 처이다. 장씨의 시어머니가 병이 들어 백방으로 치료를 했으나 효과가 없었다. 방사(方士)[95] 한 사람이 장씨의 집에 와서 "사람의 간이면 치료할 수 있다."라고 하였다. 장씨는 자신의 왼쪽 겨드랑이 밑을 가른 후 솜처럼 부드러운 막이 보이자 팔이 다 들어갈 때까지 손을 집어넣어 2촌 정도의 간을 꺼냈으나 조금의 통증도 없었다. 장씨는 자신의 간으로 끓인 국을 자신의 시어머니에게 먹이자 시어머니의 병이 다 나았다.

後有張氏, 儀眞周祥妻. 姑病, 醫百方不效. 一方士至其門曰 : 「人肝可療.」張割左脅下, 得膜如絮, 以手探之沒腕, 取肝二寸許, 無少痛, 作羹以進姑, 病遂瘳.

---

94 의진(儀眞) : 명대 남경(南京) 양주부(揚州府) 소속의 현(縣) 이름. 지금의 중국 강소성(江蘇省) 양주시(揚州市) 관할의 의정시(儀征市).
95 방사(方士) : 신선, 도술 등에 종사하는 사람. 술사 혹은 법술가라고도 함.

 제36화 ▎진씨(陳氏)

　　진씨(陳氏)는 상부(祥符)⁹⁶사람이다. 양선(楊瑄)과 혼약을 맺었으나 아직 시집가기도 전에 양선이 죽었다. 진씨는 죽기를 청했으나 그녀의 부모가 허락하지 않았다. 진씨가 가서 곡을 하려고 했으나 그 역시 허락하지 않았다. 진씨는 자신의 머리칼을 잘라서 양선의 가슴에 두도록 매파에게 부탁하였다. 개봉(開封)의 풍속에 여자가 정혼할 때 금가루로 여인의 생년월일을 적어서 남자의 집에 보냈는데 정혼첩(定婚帖)이라고 불렀다. 양선의 모친은 정혼첩에 진씨의 머리칼을 싸서는 양선의 가슴에 얹어 놓고 장례 지냈다. 진씨는 이로부터 소복만을 입고 지냈다. 얼마 후 진씨의 부모가 진씨를 다른 사람에게 시집보내려 하였다. 진씨는 목을 매고 자결했다. 53년이 지난 후 정덕(正德) 시기에 이르러 양선의 조카 양영강(楊永康)이 양선의 무덤을 고칠 때 진씨의 유골을 찾아다 합장시켰다. 두 사람의 시체는 이미 모두 썩었으나 두발과 정혼첩은 여전히 선명한 채 원래 모습 그대로였다. 합장하고 나서 3년이 지난 후 무덤 위에 기곡(岐穀)⁹⁷과 아과(丫瓜)⁹⁸가 자라났다.

陳氏, 祥符人. 字楊瑄, 未嫁而瑄卒. 女請死, 父母不許, 欲往 哭, 又不許. 私剪髮, 屬媒氏置瑄懷. 汴俗聘女, 以金書生年月日畀男家, 號定婚帖. 瑄母乃以帖裹其髮, 置瑄懷以葬. 女遂素服以居. 亡何, 父母謀改聘, 女縊死. 後五十三年, 至正德中, 瑄姪永康改葬瑄, 求陳骨合焉. 二骨朽矣, 髮及定婚帖 鮮完如故. 葬三年, 岐穀, 丫瓜産墓上.

---

96 상부(祥符) : 명대 하남성(河南省) 개봉부(開封府) 소속의 현(縣) 이름. 지금의 중국 하남성(河南省) 개봉시(開封市).
97 기곡(岐穀) : 식물의 이름. 조의 일종으로 한 가닥 줄기에 많은 열매의 이삭이 달림.
98 아과(丫瓜) : 식물의 이름. 끝이 갈라진 오이의 일종.

제37화  수수장씨(秀水張氏)

장씨(張氏)는 수수(秀水)⁹⁹사람이다. 14세 때 같은 현(縣)의 제생(諸生) 유백춘(劉伯春)과 혼약을 맺었다. 유백춘은 재주가 있어 이름이 있었는데 반드시 과거에 합격한 후 결혼하려고 하였다. 그러나 얼마 후 유백춘이 죽었다. 장씨는 통곡하며 자신의 머리칼을 자르고 스스로 시를 지어 제사 지냈다. 장씨는 3년 동안의 복상기간 동안 집밖을 나가지 않았고 매운 것을 먹지 않았다. 장씨는 복상기간이 끝나자마자 먹지도 않고 마시지도 않았다. 장씨의 부모가 먹을 것을 강하게 타일렀으나 그녀는 끝내 먹지 않았다. 마침내 10일이 지난 후 장씨는 죽었다. 나이 20세였다. 시부모가 관을 보내어 장씨를 맞이한 후 합장시켰다.

張氏, 秀水人. 年十四, 受同邑諸生劉伯春聘. 伯春負才名, 必欲舉於鄕而後娶. 未幾卒, 女號泣絶髮, 自爲詩祭之. 持服三年, 不踰閫, 不茹葷. 服闋, 卽絶飮食, 父母强諭之, 終不食, 旬日而卒. 年二十, 舅姑迎柩合葬焉.

---

99 수수(秀水) : 명대 절강성(浙江省) 가흥부(嘉興府) 소속의 현(縣) 이름. 지금의 중국 절강성(浙江省) 가흥시(嘉興市).

 제38화 **구양금정(歐陽金貞)**

　　강하(江夏)¹⁰⁰ 지역에 구양금정(歐陽金貞)이 있었는데 아버지는 구양오(歐陽梧)이다. 금정은 아버지로부터 『효경』과 『열녀전』을 배웠다. 다소 자란 후에 나흠앙(羅欽仰)과 혼약을 맺었다. 나흠앙은 구양오를 따라 자성(柘城)¹⁰¹에 이르러 관료가 되었다. 구양오가 상을 당하여 고향으로 돌아가는 도중 배가 의진(儀眞)에 머물렀을 때 나흠앙이 물에 빠져 죽었다. 당시 금정의 나이 겨우 14세였다. 금정은 놀라서 울며 물에 뛰어들어 죽으려 하였다. 그녀의 부모가 붙들고 말리자 다시 목을 매고 자결하려 하였다. 그녀의 부모가 "너는 아직 시집가지 않았는데 어찌 이러하냐?"라고 묻자 금정은 "저는 살아야 할 도리가 없습니다. 만약 부모님의 말을 따라야 한다면 평생 동안 미망인이 되겠습니다"라고 대답한 후 대성통곡하기를 그치지 않았다. 금정은 염할 때에 자신의 머리칼을 잘라 약혼자의 오른 팔에 붙들어 맨 후 매장하게 하였다. 금정은 집에 돌아가 자신의 부모에게 "며느리가 있는 것은 시어머니를 받들어 섬기기 위해서 입니다. 시어머니가 이미 아들을 잃었는데 또 며느리마저 없어야 합니까? 원컨대 나씨 집안에 가서 저의 책임을 다하도록 해주십시오."라고 했다. 그녀의 부모가 허락하였다. 나중에 금정의 아버지가 광원(廣元)¹⁰²의 지현(知縣)¹⁰³이 되었고 그녀의 시어머니가 병으로 죽었다. 이에 금정은 친정집으

로 돌아갔다. 어떤 사람이 그녀에게 "시어머니 섬기기를 다했는데 무엇을 더 기다릴 것인가?"라며 은근히 개가의 뜻을 비쳤다. 금정은 말하길 "나는 옛날 낭군을 염할 때 그의 손에 나의 머리카락 한 다발을 묶었다. 누가 묘를 파고 관을 열어서 머리카락을 나에게 갖다 준다면 나는 나의 뜻을 바꾸겠다."라고 하였다. 그래서 결혼에 대한 말은 여기에서 그쳤다. 금정은 평생 홀로 한 누각에 거주하였고 60여세에 죽었다.

又有江夏歐陽金貞者, 父梧, 受孝經, 列女傳. 稍長, 字羅欽仰, 從梧之官柘城. 梧艱歸, 舟次儀真, 欽仰墜水死. 金貞年甫十四, 驚哭欲赴水從之, 父母持不許. 又欲自縊, 父母曰:「汝未嫁, 何得爾?」對曰:「女自分無活理, 即如父母言, 願終身稱未亡人.」大聲哀號不止. 及殮, 剪髮繫夫右臂以殉. 抵家, 告父母曰:「有婦, 以事姑也. 姑既失子, 可幷令無婦乎? 願歸羅, 以畢所事.」父母從之. 後父知廣元縣, 姑病卒, 女乃歸寧. 有諷他適者, 曰:「事姑畢矣, 更何待?」女曰:「我昔殮 羅郎時, 有一束髮纏其手, 誰能掘塚開棺, 取髮還我, 則易志矣.」遂止. 生平獨臥一樓, 年六十餘卒.

---

100 강하(江夏) : 명대 호광성(湖廣省) 무창부(武昌府) 소속의 현(縣) 이름. 지금의 중국 호북성(湖北省) 무한시(武漢市) 강하구(江夏區).
101 자성(柘城) : 명대 하남성(河南省) 귀덕부(歸德府) 소속의 현(縣) 이름. 지금의 중국 하남성(河南省) 상구시(商丘市) 자성현(柘城縣).
102 광원(廣元) : 명대 사천성(四川省) 보녕부(保寧府) 소속의 현(縣) 이름. 지금의 중국 사천성(四川省) 광원시(廣元市).
103 지현(知縣) : 관직명. 현(縣)의 장관. 정7품. 명대 현에는 상현(上縣), 중현(中縣), 하현(下縣) 등 3등급이 있음. 상현은 양곡 10만 석(石) 이하이고 지현은 종6품, 중현은 양곡 6만석 이하이며 지현은 정7품, 하현은 양곡 3만석 이하로 지현은 종7품임. 명대 전국적으로 총 1,171개의 현이 설치되었음(시대별 다소 차이가 있음).

 제39화 ■ **장씨(莊氏)**

　장씨(莊氏)는 해강(海康)[104] 사람 오금동(吳金童)의 처이다. 성화(成化) 초기 광서(廣西)[105]의 유구(流寇)[106]가 마을을 약탈하였다. 장씨는 남편을 따라 신회(新會)[107]로 피신하여 유명(劉銘)의 집에서 일을 했다. 유명은 장씨가 미인인 것을 보고 범하려고 여러 차례 유혹했으나 장씨가 따르지 않았다. 이에 유명은 일당 양구(梁狗)로 하여금 오금동과 함께 바다에 나가 고기를 잡게 한 후 오금동을 물에 빠트려 죽였다. 장씨는 3일이 지나도록 남편이 집으로 돌아오지 않자 해변으로 나가 찾으니 시체가 해안가에 떠있었다. 시체의 손과 발은 묶여 있었고 살가죽은 부패하고 부풀어 올라 알아 볼 수 없었다. 그러나 장씨는 옷을 보고 그 시신이 자신의 남편임을 알았다. 장씨는 집에 돌아가 어린 딸을 데리고 가서 물에 뛰어 든 후 남편 시신을 끌어안은 채 물에 빠져 죽었다. 다음날 세구의 시신이 물결을 따라 유명의 문 앞에 이르러 이리저리 표류했다. 마을사람들이 이상하게 생각하고 시신을 매장한 후 제사지냈다. 그러나 유명이 죽였는지는 알지 못했다. 나중에 양구가 누설하게 되어 관청에서 그들을 체포하여 심문한 후 극형에 처했다.

莊氏, 海康吳金童妻. 成化初, 廣西流寇掠鄉邑, 莊隨夫避新會, 傭劉銘家. 銘見莊美, 欲犯之, 屢誘不從. 乃令黨梁狗同金童入海捕魚, 沒水死. 越三日不還, 莊求之海濱, 屍浮岸側, 手足被縛, 腫腐莫可辨. 莊以衣識之, 歸攜女赴水, 抱夫屍而沒. 翼日, 三屍隨流逸銘門, 去而復還. 土人感異殯祭之, 然莫知銘殺也, 後梁狗漏言, 有司並捕考, 處以極刑.

---

104 해강(海康) : 명대 광동성(廣東省) 뇌주부(雷州府) 소속의 현(縣) 이름. 지금의 중국 광동성(廣東省) 담강시(湛江市) 관할의 뇌주시(雷州市).
105 광서(廣西) : 명대 광서성(廣西省) 지역. 지금의 중국 광서장족자치구(廣西壯族自治區) 지역.
106 유구(流寇) : 사방 곳곳을 떠돌아다니는 도적. 유적(流賊)이라고도 함.
107 신회(新會) : 명대 광동성(廣東省) 광주부(廣州府) 소속의 현(縣) 이름. 지금의 중국 광동성(廣東省) 강문시(江門市) 관할의 신회시(新會市).

 제40화 ■ 당씨(唐氏)

　　당씨(唐氏)는 여양(汝陽)108 사람 진왕(陳旺)의 처이다. 당씨는 남편을 따라서 각지를 돌아다니며 노래와 춤으로 생활했다. 정덕(正德) 3년(1508) 가을 진왕은 자신의 처 및 딸 환아(環兒), 조카 성아(成兒)를 데리고 강하(江夏)의 구봉산(九峰山)109에 이르렀다. 이름이 사총(史聰)이란 사람이 있었는데 역시 꼭두각시 업에 종사하였다. 사총이 보니 당씨와 그의 딸은 매우 아름다운데 비해 진왕은 늙어 있었다. 그래서 사총은 진왕을 속여 청산(靑山)에 데려간 후 밤에 그를 살해했다. 다음날 사총은 혼자 돌아와서 당씨와 딸 환아, 어린 조카 성아를 무창산(武昌山) 오왕사(吳王祠)110로 데려갔다. 그리고 그는 날카로운 칼로 당씨를 위협하였다. 당씨가 말하길 "너는 내 남편을 죽였다. 너를 죽여 복수하지도 못하는데 너를 따라 불륜하겠는가?"라고 했다. 이로 인해 당씨는 살해 당했다. 사총은 거적자리로 시체를 싸서 가시나무 덩굴 속에 두었다. 다음날 사총은 시체를 사의원(簑衣園)으로 옮긴 후 또 환아에게 칼을 들이대고 위협하였다. 환아는 울면서 욕을 하며 숲속으로 달아났는데 소리가 숲 속에 울려 퍼졌다. 사총은 환아 역시 살해한 후 거름더미 속에 묻고 떠났다. 그해 동지, 사총이 술에 취했을 때 성아가 몰래 달아나 관청에 고발했다. 갈점(葛店)의 거리에서 사총을 체포하여 법에 따라 처형하였다.

唐氏, 汝陽陳旺妻, 隨其夫以歌舞逐食四方. 正德三年秋, 旺攜妻及女環兒, 姪成兒至江夏九峰山. 有史聰者, 亦以傀儡為業. 見婦, 女皆豔麗, 而旺且老, 因紿旺至青山, 夜殺之. 明日, 聰獨返, 攜其婦, 女, 幼姪入武昌山吳王祠, 持利刃脅唐. 唐曰 :「汝殺吾夫, 吾不能殺汝以復讐, 忍從汝亂邪?」遂遇害. 賊裹以蓆, 置荊棘中. 明日, 徙蓑衣園, 賊又迫環兒, 臨以刃. 環兒哭且罵, 聲振林木, 賊亦殺之, 瘞糞壤中而去. 其 年冬至, 賊被酒, 成兒潛出告官, 擒於葛店市, 伏誅.

---

108 여양(汝陽) : 명대 하남성(河南省) 여녕부(汝寧府) 소속의 현(縣) 이름. 지금의 중국 하남성(河南省) 낙양시(洛陽市) 여양현(汝陽縣).
109 구봉산(九峰山) : 지금의 중국 호북성(湖北省) 무한시(武漢市) 무창(武昌) 동쪽에 위치한 산.
110 오왕사(吳王祠) : 삼국시대 오왕(吳王) 손권(孫權)을 기리는 사당. 지금의 중국 호북성(湖北省) 가어현(嘉魚縣) 육계진(陸溪鎭)에 위치함.

 제41화 ▌ 왕씨(王氏)

　　왕씨(王氏)는 자계(慈谿) 사람이다. 진가(陳佳)와 혼인을 약속하였는데 진가가 병이 들었다. 진가의 부모가 왕씨를 처로 맞이하여 진가를 위로케 하였다. 왕씨는 진씨 집에 도착하자 곧 방에 들어가 탕약을 올리며 시중했다. 그러나 얼마 되지 않아 진가가 죽었다. 당시 왕씨의 나이는 겨우 17세였는데 그녀는 다시 결혼하지 않을 것을 결심했다. 시어머니 장씨(張氏)가 "아직 혼례를 올리지 않았는데 수절하는 것은 명분이 없다"라고 했다. 왕씨는 "이미 진씨 문중에 들어와 남편을 섬겼는데 어찌 명분이 없다고 할 수 있겠는가?"라고 했다. 시어머니는 자신의 두 딸을 시켜 왕씨를 차근히 설득시켰으나 왕씨는 상관하지 않고 자신의 머리카락을 자르고 얼굴을 훼손했다. 시어머니는 강제로 왕씨를 개가시키려고 온갖 방법으로 능욕했다. 두 딸은 노비처럼 왕씨를 능멸하여 조금이라도 순종하지 않으면 손톱으로 그녀의 얼굴을 할퀴었고 시어머니 역시 채찍으로 그녀를 때렸다. 왕씨는 조금도 원망함이 없이 말하길 "나에게 결혼만 강요하지 않는다면 노비라도 원하는 바이다."라고 했다. 왕씨는 밤에 작은 딸의 침상 아래에서 잠을 잤는데 습기로 인해 등이 굽게 되었다. 왕씨는 스스로 다행스럽게 여기며 "나는 면하게 될 줄 알았다."라고 했다. 사촌의 아들 진매(陳梅)를 양자로 삼아서 기르고 가르쳤다. 성화(成化) 초년 진매가 향시

(鄕試)[111]에 합격하여 마침내 그 집을 번성케 했다.

王氏, 慈谿人. 聘於陳, 而夫佳病, 其父母娶婦以慰之. 及門, 卽入侍湯藥. 未幾, 佳卒, 王年甫十七, 矢志不嫁. 姑張氏曰:「未成禮而守, 無名.」女曰:「入陳氏門, 經事君子, 何謂無名?」姑乃使其二女從容諷之. 婦不答, 截髮毀容. 姑終欲强之, 窘辱萬狀. 二小姑陵之若婢, 稍不順卽爪其面, 姑聞復加箠楚. 女口不出怨言, 曰:「不逼嫁, 爲婢亦甘也.」夜寢處小姑牀下, 受濕得偏疾, 私自幸曰:「我知免矣.」鞠從子梅爲嗣, 教之. 成化初領鄕薦, 辛昌其家.

---

111 향시(鄕試) : 매 3년 1회 각 성(省)의 성도(省都)에서 거행한 시험. 각 성의 모든 제생(諸生)이 응시할 수 있으며 시험에 합격한 사람을 거인(擧人)이라 함. 거인은 그 다음해 수도에서 실시하는 회시(會試)에 참가할 수 있음.

제42화 **역씨(易氏)**

역씨(易氏)는 분의(分宜)[112] 사람이다. 안복(安福)[113] 사람 왕세창(王世昌)에게 시집갔다. 당시 왕세창은 이미 질병이 있어 거의 숨이 넘어갈 상태로 10 여 개월이 되었다. 역씨는 남편의 시중을 드느라 잘 때도 옷을 벗지 않았다. 왕세창이 죽자 역씨는 상례기간이 끝날 때까지 계속 상복을 입었다. 시어머니가 가련히 여기어 역씨에게 말하길 "너는 아직 처녀인데 어찌 종신토록 이것에 얽매어서야 되겠는가?"라고 하자 역씨는 무릎을 꿇고 울면서 말하길 "무슨 말씀입니까? 부모가 저를 왕씨 집안에 시집보냈으니 평생 왕씨 집안의 며느리입니다."라고 한 후 홀로 한 다락에 거주하며 40 여 년 동안 문밖을 엿보지 않았다. 역씨는 왕세창이 병을 앓을 때 토해낸 담혈을 모두 직접 베주머니에 담아 놓았었다. 왕세창이 죽은 후 역씨는 담혈을 담은 베주머니를 베개로 만들어 종신토록 베었다.

後有易氏, 分宜人, 嫁安福王世昌. 時世昌已遘疾, 奄奄十餘月, 易事之, 衣不解帶. 世昌死, 除喪猶縞素. 姑憐之, 謂:「汝猶處子, 可終累乎?」跪泣曰:「是何言哉? 父母許我王氏, 即終身王氏婦矣.」自是獨處一樓, 不窺外戶四十餘年. 方世昌疾, 所吐痰血, 輒手一布囊盛之. 卒後, 用所盛囊為枕, 枕之終身.

---

112 분의(分宜) : 명대 강서성(江西省) 원주부(袁州府) 소속의 현(縣) 이름. 지금의 중국 강서성(江西省) 신여시(新余市) 분의현(分宜縣).
113 안복(安福) : 명대 강서성(江西省) 길안부(吉安府) 소속의 현(縣) 이름. 지금의 중국 강서성(江西省) 길안시(吉安市) 안복현(安福縣).

 제43화 ■ 종씨 사절 부(鍾氏四節婦)

종씨(鍾氏)는 동성(桐城)114 사람 도용(陶鏞)의 처이다. 도용이 죄를 지어 군대에 나갔다가 외지에서 죽었다. 당시 종씨의 나이는 25세였고 그의 아들 도계(陶繼)는 아직 포대기에 쌓여 있었다. 종씨는 남편의 유해를 짊어지고 4천 여리를 걸어서 고향에 돌아가 장사지냈다. 그런 후 자신의 머리카락을 자르고 외부와 왕래하지 않은 채 82세의 나이로 죽을 때까지 수절하였다. 도계 역시 일찍 죽었다. 도계의 처 방씨(方氏)는 27세였고 그의 아들 도량(陶亮)은 단지 2살이었다. 방씨의 오빠가 방씨를 가련히 여겨 방씨의 뜻을 몰래 살펴보았으나 방씨는 수절할 것을 죽기로 맹세했다. 경태(景泰)115 시기 도량이 향시(鄕試)에 합격하여 태학(太學)116에 들어가 공부하다 죽었다. 그의 처 왕씨(王氏)는 28세였고 첩 오씨(吳氏)는 22세였다. 모두 아들이 없었다. 관을 고향으로 운송하여 장사지냈다. 집이 가난하여 살 수 없게 되자 친족들이 그들에게 개가할 것을 권고하였다. 두 사람은 통곡하며 말하길 "당신들은 우리가 수절녀의 며느리임을 모르는구나."라고 했다. 두 사람은 함께 방직을 하며 생활하였다. 26년이 지난 후 지현(知縣) 진면(陳勉)이 조정에 이 사실을 알리자 황제가 3대 절부를 표창하라는 조서를 내렸다. 사람들은 그녀들이 거주하던 지역을 '4절리(節里)'라고 불렀다.

鍾氏, 桐城陶鏞妻. 鏞以罪被戍, 卒於外. 鍾年二十五, 子繼甫在抱, 負鏞骨四千餘里歸葬. 乃斷髮杜門, 年八十二以節終. 繼亦早卒, 妻方氏年二十七, 子亮甫二歲. 其兄憐之, 微叩其意, 方以死誓. 景泰中, 亮舉鄉試, 業於太學, 卒. 妻王氏年二十八, 妾吳氏二十二, 皆無子, 扶櫬歸葬. 貧不能支, 所親勸之嫁, 兩人哭曰:「而不知我之為節婦婦乎!」乃共以紡績自給. 越二十六年, 縣令陳勉以聞, 詔旌三代. 人稱之曰四節里.

---

114 동성(桐城) : 명대 남경(南京) 안경부(安慶府) 소속의 현(縣) 이름. 지금의 중국 안휘성(安徽省) 안경시(安慶市) 관할의 동성시(桐城市).
115 경태(景泰) : 명의 제7대 황제 명 대종(代宗)의 연호. 대종 재위기간 1450~1456년
116 태학(太學) : 국자감(國子監)을 말함. 국학(國學)이라고도 함. 국가 최고 교육기관. 장관은 제주(祭酒).

제44화  선씨(宣氏)·손씨(孫氏)

　　선씨(宣氏)는 가정(嘉定) 사람 장수전(張樹田)의 처이다. 선씨의 남편은 평소에 매우 망나니짓을 하여 선씨와 관계가 좋지 않았다. 남편이 병이 들자 선씨는 아침저녁으로 시중을 들었다. 남편이 병으로 죽자 또 남편을 따라 죽을 것을 맹세했다. 당시 장수전의 친구 심사도(沈思道) 역시 죽었다. 그의 부인 손씨(孫氏)는 선씨와 함께 죽을 것을 약속하고 각각 비단 끈을 나누어 가졌다. 손씨가 목을 매고 죽었는데 어떤 사람이 선씨에게 권고하길 "손씨와 그녀의 남편은 서로 사이가 좋았기 때문에 죽음으로써 보답하는 것이다. 당신은 어찌 그를 본받으려고 하는가?"라고 했다. 선씨는 탄식하며 "나는 단지 부녀의 도리를 다 해야 한다는 것을 알 뿐이다. 어찌 남편의 어질고 어질지 못함을 따지겠는가?"라 말한 후 역시 목을 매고 죽었다.

　　宣氏, 嘉定張樹田妻. 夫素狂悖, 與宣不睦. 夫病, 宣晨夕奉事. 及死, 誓身殉. 時樹田友人沈思道亦死, 其婦孫與宣以死相要, 各分尺帛. 孫自經, 或勸宣曰 : 「彼與夫相得, 故以死報, 汝何為效之?」宣歎曰 : 「予知盡婦道而已, 安論夫之賢不賢.」卒縊死.

제45화 **서씨(徐氏)**

　　서씨(徐氏)는 자계(慈谿)사람이다. 정해(定海) 사람 김걸(金傑)의 처이다. 성화(成化) 시기 김걸의 형이 죄를 지고 체포되어 서울로 압송하게 되었는데 김걸이 앞에 나가 자기 형 대신 처벌받기를 요청했다. 김걸이 떠날 때 서씨는 이미 임신 중이었다. 김걸은 서씨에게 "내가 이번에 가면 생사를 알 수 없소. 만약 아들을 낳게 되면 잘 키워주시오. 그렇게 되면 아마도 김씨의 귀신들이 공양 받을 수 있게 될 것이오"라고 했다. 김걸은 곧 후회하고 말하길 "사실 내가 당신을 속였소 내가 이번에 가면 살아서 돌아올 수 없을 것이오 죽음이 있을 뿐인데 당신은 다른 사람을 잘 받드시오."라고 했다. 서씨는 울면서 "당신은 의를 위해 가는 길이니 임금께서 반드시 당신의 행위를 의롭게 생각할 것이오 그리하여 형제가 함께 돌아올 것이니 너무 괴로워하지 마시오. 설사 당신의 말처럼 된다고 하여도 나는 죽음이 있을 뿐이오. 어찌 감히 당신의 부탁을 잊겠습니까?"라고 했다. 그 후 서씨는 과연 아들을 낳았다. 얼마 지나지 않아 형은 살아서 돌아왔고 김걸은 옥중에서 병사했다. 서씨는 어린 아들을 끌어안고 통곡하며 말하길 "내가 너의 아버지를 따라 함께 죽어야만 하는데 김씨 집안을 어찌 할 것인가?"라고 했다. 서씨는 억지로 힘을 내 장례를 마쳤다. 상례 기간이 끝난 후 그녀의 부모가 서씨에게 다른 곳으로 시집갈 것을 권고하자 서씨는 머리카락과 손가락을 잘라 스스로 맹세한 채 채소만 먹으면서 고통스럽게 60 여 년 동안을 살았다. 서씨는 그의 손주들이 성인이 되는 것을 보고서야 죽었다.

徐氏, 慈谿人, 定海金傑妻也. 成化中, 傑兄以罪逮入京, 傑往請代. 瀕行, 徐已有身, 傑謂曰:「予去, 生死不可知, 若生男善撫之, 金氏鬼庶得食也.」已而悔曰:「我幾悞汝, 吾去無還理, 即死, 善事後人.」徐泣曰:「君以義往, 上必義君, 君兄弟當同歸, 無過苦也. 即如君言, 妾有死耳, 敢忘付託乎?」已果生男, 無何兄得還, 傑竟瘐死. 徐撫孤慟曰:「我本欲從汝父地下, 奈金氏何?」強營葬事. 服闋, 父母勸他適, 截髮斷指自誓, 食澹茹苦六十餘年, 視子孫再世成立, 乃卒.

제46화  **의첩 장씨(義妾張氏)**

　의로운 첩 장씨(張氏)는 남경(南京)사람이다. 송강(松江)[117] 사람 양옥산(楊玉山)이 남경에서 장사를 하였는데 장씨를 첩으로 맞아들였다. 1개월이 지난 후 본부인의 질투로 인해 장씨는 집으로 돌려보내졌다. 장씨는 스스로 문을 닫아걸고 수절하였다. 양옥산이 자주 왕래하면서 그녀에게 준 재물이 1천량이 넘었다. 20여년이 지난 후 양옥산이 요역에 연루되어 재산을 탕진하였고 그로 인해 실명을 했다. 장씨는 그 사실을 알고 직접 양씨의 집에 가서 본부인을 배알한 후 양옥산의 옷깃을 잡고 대성통곡했다. 장씨는 그전에 양씨가 주었던 모든 은량과 보석을 꺼내어 결혼예물을 준비한 후 양옥산의 두 딸을 출가시켰다. 아울러 그 두 아들을 결혼시키고 자신은 남아서 약을 달여 올리며 양옥산의 시중을 들었다. 1년 후 양옥산이 죽자 장씨는 관을 지키며 떠나려 하지 않았다. 장례가 끝난 후 부모가 강제로 장씨를 집에 데려가려 했으나 그녀는 따르지 않고 죽을 때까지 수절하며 평생 동안 다른 사람을 만나지 않았다.

義妾張氏, 南京人. 松江楊玉山商南京, 娶爲妾. 逾月以婦妒, 遣之歸. 張屛居自守, 楊亦數往來, 所贈千計. 後二十餘年, 役累, 罄其產, 怏怏失明. 張聞之, 直造楊廬, 拜主母, 捧楊袂大慟. 乃悉出向所贈金珠, 具裝, 嫁其二女, 幷爲二子娶婦, 留侍湯藥. 踰年楊死, 守其柩不去. 旣免喪, 父母强之歸, 不從, 矢志以殁, 終身不見一人.

---

117 송강(松江) : 명대 남경(南京) 소속의 부(府) 이름. 지금의 중국 상해시(上海市).

제47화 공열부(龔烈婦)

열부 공씨(龔氏)는 강음(江陰)[118] 사람이다. 17살 때 유옥(劉玉)에게 시집갔다. 집이 가난하였기 때문에 열심히 일하여 시어머니를 공양했다. 시어머니가 죽자 공씨는 남편을 도와 장례를 치렀다. 남편이 또 죽자 장례지낼 돈이 없었다. 그 마을에 공씨의 외모를 탐하는 사람이 있어 관을 주어 도와주려고 하였다. 공씨는 그의 의중을 파악하고 사양했다. 그가 다시 받기를 강요하자 공씨는 모면할 수 없음을 두려워하여 자신의 6살짜리 아들과 3살 된 딸을 친정집에 맡기었다. 그리고 그날 밤 공씨는 방에 보리짚단을 쌓아 놓고 불을 지른 후 남편 시체를 끌어안고 죽었다.

龔烈婦, 江陰人. 年十七嫁劉玉, 家貧, 力作養姑. 姑亡, 相夫營葬. 夫又亡, 無以為斂. 里有羨婦色者, 欲助以棺. 龔覺其意, 辭之. 既又強之, 龔恐無以自脫, 乃以所生六歲男, 三歲女寄食母家. 是夜, 積麥藁屋中, 舉火自焚, 抱夫屍死.

---

118 강음(江陰) : 명대 남경(南京) 상주부(常州府) 소속의 현(縣) 이름. 지금의 중국 강소성(江蘇省) 무석시(無錫市) 관할의 강음시(江陰市).

제48화 강씨(江氏)

 강씨(江氏)는 몽성(蒙城)[119] 사람 왕가도(王可道)의 처이다. 강씨의 남편은 가난하여 보따리 장사로 입에 풀칠을 하였다. 강씨는 남편이 죽은 후 염을 할 수가 없었다. 이웃의 제생(諸生) 이운섬(李雲蟾)이 돈을 모아서 염을 하고 장례 일정을 잡았다. 장례일이 되어 이운섬이 사람들을 데리고 강씨 집에 이르렀으나 집안이 고요한 채 아무소리가 없었다. 부엌에 등불이 희미하게 켜져 있었는데 가서 보니 관을 옮길 사람들을 대접하기 위한 음식이 다 갖추어져 있었다. 강씨는 이미 부엌 옆에서 목을 매고 죽어 있었다. 놀라고 탄식한 사람들이 또 다시 돈을 모아 그들 부부를 함께 매장하였다.

> 又江氏, 蒙城王可道妻. 夫貧, 負販餬口, 死不能斂. 比鄰諸生李雲蟾合錢斂之, 卜日以葬. 及期, 率衆至其家, 闃然無聲, 廚下燈微明, 趨視之飮食畢具, 蓋以待舁棺者, 婦已縊死竈旁矣. 衆驚歎, 復合錢幷葬之.

---

119 몽성(蒙城) : 명대 남경(南京) 봉양부(鳳陽府) 소속의 현(縣) 이름. 지금의 중국 안휘성(安徽省) 박주시(亳州市) 관할의 몽성현(蒙城縣).

제49화 범씨이녀(范氏二女)

회계(會稽)[120]의 범씨(范氏) 자매는 어려서부터 독서하기를 좋아하였고 아울러 『열녀전』에 통하였다. 큰 딸은 강씨(江氏)에게 시집갔는데 1개월 후 곧 과부가 되었다. 작은 딸은 부씨(傅氏)에게 시집가려고 했는데 남편 될 사람이 죽었다. 두 자매는 함께 수절하였다. 밭 10무의 둘레에 높은 담을 쌓고 그 안에 우물과 방 3칸짜리 집을 짓고 거주했다. 수확할 때에는 그들의 아버지가 인부들을 데리고 담의 작은 문을 열고 들어갔다. 그 밖의 날에는 문을 폐쇄하고 자매가 함께 물을 길어 밭에 물을 주었다. 이렇게 30년 동안 지냈다. 자매는 집 뒤에 직접 무덤을 만들었다. 성화(成化) 시기 죽어서 합장했다. 집안사람들이 그 밭에 사당을 세워 제사지냈다.

會稽范氏二女, 幼好讀書, 並通列女傳. 長適江, 一月寡. 次將歸傅, 而夫亡. 二女同守節, 築高垣, 圍田十畝, 穿井其中, 為屋三楹以居. 當種穫, 父啟主竇率傭以入, 餘日則塞其竇, 共汲井灌田. 如是者三十年. 自為塋於屋後, 成化中卒, 竟合葬焉. 族人即其田立祠以祀.

---

120 회계(會稽) : 명대 절강성(浙江省) 소흥부(紹興府) 소속의 현(縣) 이름. 지금의 절강성(浙江省) 소흥시(紹興市).

제50화 정미음(丁美音)

　　정미음(丁美音)은 서포(溆浦)[121] 사람 정정명(丁正明)의 딸이다. 어려서 하학정(夏學程)과 혼약을 정한 후 18세가 되어 시집가려할 때 하학정이 죽었다. 미음은 다시 결혼하지 않을 것을 맹세했다. 그녀의 부모가 말하길 "아직 결혼을 하지 않았는데 수절하는 것은 예법에 없는 것이다. 이 어찌 고통을 자처하려 하는가?"라고 했다. 미음은 손가락을 깨물어 피를 땅에 뿌리며 개가 하지 않을 것을 하늘에 맹세했다. 관청에서 그녀를 표창하고 백은 약 1백 냥을 보냈다. 미음은 집을 지어 혼자 거주하며 밭농사를 지어 자신의 생활을 유지하면서 시부모를 섬기고 부모를 공양했다. 마을 사람들이 그녀의 밭을 정녀전(貞女田)이라 불렀다.

又有丁美音, 溆浦丁正明女. 幼受夏學程聘, 年十八將嫁, 學程死, 美音誓不再嫁. 父母曰:「未嫁守節, 非禮也. 何自苦如此?」美音齧指滴血, 籲天自矢. 當道旌之, 賚以銀幣約百金, 乃構室獨居, 鬻田自贍, 事舅姑, 養父母. 鄕人名其田爲貞女田.

---

121 서포(溆浦): 명대 호광성(湖廣省) 진주부(辰州府) 소속의 현(縣) 이름. 지금의 중국 호남성(湖南省) 회화시(懷化市) 서포현(溆浦縣).

제51화  성씨(成氏)

성씨(成氏)는 무석(無錫)[122]사람이다. 정도(定陶)[123]의 교유(敎諭)[124] 성증(成繒)의 딸이며 등봉(登封)[125]의 훈도(訓導)[126] 우보(尤輔)의 처이다. 성씨는 우보가 정강(靖江)[127]으로 공부하러 갈 때 따라갔다. 밤중에 강물이 범람해 창졸간에 집안사람들이 지붕 위로 올라갔다. 성씨는 의복을 잘 차려입고 위로 올라가려다 "너희들은 옷을 입었는가?"라고 물었다. 사람들이 그러할 겨를이 없었음을 사과하자 성씨는 "어찌 남녀가 벌거벗은 채로 함께 있을 수 있겠는가? 나는 혼자 여기 남아서 죽겠다."라고 말했다. 사람들이 통곡하며 말렸으나 그녀는 듣지 않았다. 날이 밝은 뒤 물이 빠져 나간 곳을 보니 성씨가 침상위에 앉은 채로 죽어 있었다.

成氏, 無錫人, 定陶敎諭繒女, 登封訓導尤輔妻也. 游學靖江, 從焉. 江水夜溢, 家人倉卒升屋, 成整衣欲上, 問:「爾等衣邪?」衆謝不暇. 成曰:「安有男女裸, 而尚可俱生邪? 我獨留死耳.」衆號哭請, 不應. 厥明, 水退, 坐死榻上.

---

122 무석(無錫) : 명대 남경(南京) 상주부(常州府) 소속의 현(縣) 이름. 지금의 중국 강소성(江蘇省) 무석시(無錫市).

123 정도(定陶) : 명대 산동성(山東省) 곤주부(袞州府) 소속의 현(縣) 이름. 지금의 중국 산동성(山東省) 하택시(菏澤市) 정도현(定陶縣).

124 교유(敎諭) : 관직명. 현(縣)의 생원(生員) 교육을 담당. 현의 생원은 보통 20명. 종9품.

125 등봉(登封) : 명대 하남성(河南省) 하남부(河南府) 소속의 현(縣) 이름. 지금의 중국 하남성(河南省) 정주시(鄭州市) 관할의 등봉시(登封市).

126 훈도(訓導) : 관직명. 부(府)의 교수(敎授), 주(州)의 학정(學正), 현(縣)의 교유(敎諭)를 보좌하는 교육담당 관리. 부에는 4명, 주에는 3명, 현에는 2명의 훈도가 있음.

127 정강(靖江) : 명대 남경(南京) 상주부(常州府) 소속의 현(縣) 이름. 지금의 중국 강소성(江蘇省) 태주시(泰州市) 관할의 정강시(靖江市).

제52화 ▎흥안이여자(興安二女子)

　　숭정(崇禎)¹²⁸ 시기 흥안(興安)¹²⁹에 홍수가 나서 여사(廬舍)¹³⁰가 떠내려갔다. 어떤 사람이 뗏목을 엮어 이웃의 많은 사람들을 구조해 거기에 태웠다. 두 여자가 썩은 나무에 매달려서 부침을 하고 있었다. 뗏목을 끌고 가서 그녀들을 구조했다. 그들의 나이는 16세나 17세가량이었다. 성씨를 물었으나 그녀들은 대답하지 않았다. 두 여자는 뗏목 위에 옷 벗은 남자를 보고 탄식하며 "우 자매가 나무에 매달려 죽지 않은 것은 좋은 지역에 이르러 살고자 하는 바램이었다. 그런데 지금 이와 같으니 산들 무슨 소용이 있겠는가?"라고 말한 후 손을 놓은 채 파도 속으로 뛰어들어 죽었다.

後崇禎中, 興安大水, 漂沒廬舍. 有結筏自救者, 鄰里多附之. 二女子附一朽木, 倐沈倐浮, 引筏救之, 年皆十六七, 問其姓氏不答. 二女見筏上男子有裸者, 歎曰 :「吾姉妹倚木不死, 冀有善地可存也, 今若此, 何用生爲!」攜手躍入波中死.

---

128 숭정(崇禎) : 명의 제 17대 황제 명 사종(思宗)의 연호. 사종 재위기간 1628～1644년.
129 홍안(興安) : 명대 광서성(廣西省) 계림부(桂林府) 소속의 현(縣) 이름. 지금의 중국 광서장족자치구(廣西壯族自治區) 계림시(桂林市) 홍안현(興安縣).
130 여사(廬舍) : 나그네의 편의를 제공하기 위해 적당한 거리마다에 세운 건물. 또는 오두막집.

제53화 ■ 장은아(章銀兒)

장은아(章銀兒)는 난계(蘭谿)[131]사람이다. 어려서 아버지를 잃고 홀로 어머니와 살았다. 마을에 화재가 자주 발생하여 집이 모두 타버렸다. 은아는 초가집을 지어 어머니를 거처하게 하였다. 은아의 어머니가 막 병이 들었는데 이웃집에 또 화재가 났다. 은아가 문을 나서서 둘러보니 사람들이 그녀보고 빨리 피하라고 소리쳤다. 은아는 "어머니가 병이 들어 움직일 수가 없는데 내 어찌 혼자 피할 수 있겠는가?" 하고는 얼른 다시 집안으로 들어가 어머니를 부축하여 나오려 했다. 화염이 갑자기 그 집을 덮어버려 사람들이 그녀를 구할 수가 없었다. 불길 속에 아련히 은아가 그녀의 어머니를 감싸고 있는 것이 보였다. 모녀가 함께 불에 타 죽었으니 때는 홍치(弘治)[132] 원년(1488) 3월이었다.

章銀兒, 蘭谿人. 幼喪父, 獨與母居. 邑多火災, 室盡燬, 結茅以棲母. 母方疾, 鄰居又火, 銀兒出視, 衆呼令疾避. 銀兒曰:「母疾不能動, 何可獨避.」亟返入廬, 欲扶母出, 烈焰忽覆其廬, 衆莫能救. 火光中, 遙見銀兒抱其母, 宛轉同焚死, 時弘治元年三月也.

---

131 난계(蘭谿) : 명대 절강성(浙江省) 금화부(金華府) 소속의 현(縣) 이름. 지금의 중국 절강성(浙江省) 금화시(金華市) 관할의 난계시(蘭溪市).
132 홍치(弘治) : 명의 제 10대 황제 명 효종(孝宗)의 연호. 효종 재위기간 1488~1505년.

제54화  모씨(茅氏)

의로운 여성 모씨(茅氏)는 자계(慈谿)사람이다. 모씨는 14살 때 그녀의 부모가 죽어 홀로 자기 오빠, 올케와 함께 살았다. 그녀의 오빠는 앉은뱅이 병을 앓아 침상에 누워 있었다. 왜구가 마을에 침략해오자 그녀의 올케가 도망치면서 모씨 보고 함께 가자고 소리쳤다. 모씨는 "나는 결혼하지 않은 여자이다. 어디로 갈 것인가. 또 모두 다 가버린다면 누가 오빠를 부축하겠는가?"라고 말했다. 적이 마을에 이르러 여기저기 불을 질렀다. 모씨는 힘써 그녀의 오빠를 부축하여 빈 집으로 피신시켰으나 결국 함께 불에 타 죽었다.

義妹茅氏, 慈谿人. 年十四, 父母亡, 獨與兄嫂居. 其兄病痿臥. 值倭入縣, 嫂出奔, 呼與偕行. 女曰:「我室女, 將安之! 且俱去, 誰扶吾兄者!」賊至, 縱火, 女力扶其兄避於空室, 竟被燔灼並死.

제55화 ■ 초낭맹(招囊猛)

초낭맹(招囊猛)은 운남맹련장관사(雲南孟璉長官司)[133] 토관(土官)[134]의 사인(舍人)[135] 조파라(刁波羅)의 처이다. 25살 때 남편이 죽자 초씨는 28년 동안 수절하였다. 홍치(弘治) 6년(1493) 9월 운남도지휘사(雲南都指揮使)[136]가 조정에 그녀의 행적을 보고하였다. 황제가 말하였다. "짐은 마침 천하를 집으로 하여 명교(名敎)[137]로서 오랑캐의 습속을 바꿀 것을 장려할 생각이었다. 지금 오랑캐 중에 적극적으로 예의를 받드는 자가 있으니 어찌 장려하지 않을 수 있겠는가! 초낭맹의 정절은 장려할 만하니 즉시 관원으로 하여금 그 집 문에 편액을 달아 표창하여서 멀리 있는 오랑캐들로 하여금 교화를 알게 하도록 하고 다른 보고를 기다리지 말라!"

招囊猛, 雲南孟璉長官司土官舍人刁派羅妻也. 年二十五, 夫死, 守節二十八年. 弘治六年九月, 雲南都指揮使奏其事. 帝曰:「朕以天下爲家, 方思勵名敎以變夷俗. 其有趨於禮義者, 烏可不亟加獎勵. 招囊猛貞節可嘉, 其卽令有司顯其門閭, 使遠夷益知向化, 無俟彀報.」

---

133 운남맹련장관사(雲南孟璉長官司) : 명대 운남성(雲南省) 맹련(孟璉 : 지금의 중국 운남성 맹련)의 장관사(長官司). 장관사는 소수민족 지역에 설치한 군기관. 장관사의 최고 장관은 장관(長官)으로 정6품.

134 토관(土官) : 호광(湖廣), 사천(四川), 운남(雲南), 귀주(貴州), 감숙(甘肅) 등 지역의 소수민족의 관원에 대한 통칭. 지역민이 담당하고 세습함. 문관에는 지부(知府), 지주(知州), 지현(知縣) 등이 있고 무관에는 선위사(宣慰使, 종3품), 선무사(宣撫使, 종4품), 안무사(安撫使, 종5품), 초토사(招討使, 종5품), 장관(長官, 정6품) 등이 있음. 문관은 이부(吏部)에 예속되고 무관은 병부(兵部)에 예속됨.

135 사인(舍人) : 한 집안의 잡무를 맡은 사람.

136 운남도지휘사(雲南都指揮使) : 관직명. 중국 운남성(雲南省)의 도지휘사(都指揮使). 정2품. 도지휘사는 도지휘사사(都指揮使司)의 장관으로 각 성(省)의 모든 위소(衛所)를 통솔함. 포정사(布政使), 안찰사(按察使)와 함께 군정과 민정, 형옥을 나누어 관장하였는데 합쳐서 3사(司)라 함.

137 명교(名敎) : 군위신강(君爲臣綱), 부위자강(父爲子綱), 부위처강(夫爲妻綱) 등 삼강(三綱)과 인(仁), 의(義), 예(禮), 지(智), 신(信) 등 오상(五常)을 핵심으로 하는 명분(名分)으로 천하를 교화하는 방식.

 제56화 ▌ 능씨(凌氏)

　　장유(張維)의 처 능씨(凌氏)는 자계(慈谿)사람이다. 홍치(弘治) 시기 장유가 향시(鄕試)에 합격했으나 사망하였다. 당시 능씨의 나이는 25세였다. 곧 이어 4살 난 아들 역시 죽었다. 능씨의 오빠가 다른 방도를 찾아보라고 하자 그녀는 통곡한 채 입술을 깨물어 피를 땅에 뿌리며 종신토록 친정집에 가지 않을 것을 맹세했다. 그녀의 시부모가 "불행히 후손도 끊기고 생계도 막연하다. 우리는 살날이 많지 않지만 너는 아직 젊은데 어떻게 살려고 하느냐?"라며 능씨를 위로했다. 능씨는 "치욕 받는 일은 중대한 일이니 저는 차라리 굶어 죽겠습니다."라고 대답했다. 능씨는 비녀와 귀고리 등 장식품을 꺼내서 시아버지를 위해 첩을 들이어 아들을 낳았다. 능씨는 기뻐하며 "장씨의 대를 잇게 되었고, 죽은 남편의 묘 앞에 제사음식을 올릴 수 있게 되었구나!"라고 했다. 나중에 시아버지가 미치고 시어머니가 장님이 되었다. 능씨는 방직을 하여 20년간 끊임없이 시부모를 공양했다.

張維妻淩氏, 慈谿人. 弘治中, 維舉於鄉, 卒. 婦年二十五, 子四歲亦卒. 其兄諷之改圖, 婦痛哭齧骨, 嗁血灑地, 終身不歸寧. 舅姑慰之曰:「不幸絕嗣, 日計無賴, 吾二人景逼矣, 爾年尚遠, 何以為活?」婦曰:「恥辱事重, 餓死甘之.」乃出簪珥為舅納妾, 果得子, 喜曰:「張氏不絕, 亡夫墓門且有寒食矣.」後舅病瘋, 姑雙目瞽, 婦紡績供養, 二十年不衰.

제57화  두씨(杜氏)

　나중에 두씨(杜氏)가 있었다. 두씨는 귀지(貴池) 사람 조계(曹桂)의 처이다. 24세 때 남편이 죽었고 유복녀가 한 명 있었다. 두씨는 매우 슬퍼하며 어찌할 바를 몰랐다. 매일 시어머니에게 시아버지를 위해 첩을 들일 것을 간청하여 과연 아들 하나를 낳았다. 그 첩은 아들을 낳고 죽었다. 두씨는 자신의 딸을 친척에게 맡기고 첩이 낳은 아들에게 자신의 젖을 먹였다. 1년 후 시아버지가 죽었다. 어떤 사람이 두씨에게 권고하길 "당신이 고생스럽게 고아를 키우지만 그 사람이 어찌 당신의 후사가 될 수 있겠는가?"라고 하였다. 두씨는 "시동생은 나의 시아버지의 후사이다. 그가 후일 두 아들을 낳게 되면 그 중 하나를 내 남편의 후사로 삼을 것이다. 그러면 나의 뜻이 달성되는 것이다."라고 했다. 나중에 과연 그녀의 말처럼 되었다.

　後有杜氏, 貴池曹桂妻. 年二十四, 夫亡, 遺腹生女, 悲苦無計. 日諷姑爲舅納妾, 果生一子. 産後, 妾死, 杜以己女託於族母, 而自乳其叔. 逾年翁喪, 勸者曰:「汝辛苦撫孤, 寧能以叔後汝乎?」杜曰:「叔後吾翁, 異日生二子, 即以一子後我夫, 吾志畢矣.」後卒如其言.

제58화 의부양씨(義婦楊氏)

의로운 여인 양씨(楊氏)는 왕세창(王世昌)의 처로 임장(臨漳)[138] 사람이다. 홍치(弘治) 시기 왕세창의 형이 죄를 지어 사형을 언도받았다. 왕세창은 형이 장남이기 때문에 대신 형벌 받기를 청했다. 당시 양씨는 아직 성년이 되지 않았는데 그녀의 부모 친척들과 상의하여 말하길 "남편이 형을 대신하여 죽으려 하니 의로운 사람입니다. 내 어찌 의로운 여자가 될 수 없겠습니까? 나는 남편 대신 죽기를 황제에게 호소하려고 합니다."라고 하였다. 마침내 경사(京師)로 올라가 진정했다. 황제가 법사(法司)[139]에 명령을 내려 논의케 한 후 부부를 함께 석방했다.

義婦楊氏, 王世昌妻, 臨漳人. 弘治中, 世昌兄坐事論死. 世昌念兄爲嫡子, 請代其刑. 時楊未笄, 謀於父母宗族曰:「彼代兄死爲義士, 我顧不能爲義婦邪? 願訴於上代夫死.」遂入京陳情, 敕法司議, 夫妻並得釋.

---

138 임장(臨漳) : 명대 경사(京師) 광평부(廣平府) 소속의 현(縣) 이름. 지금의 중국 하북성(河北省) 한단시(邯鄲市) 임장현(臨漳縣).
139 법사(法司) : 사법(司法)과 형옥(刑獄)을 관장하는 부서. 명대 형부(刑部)가 이에 해당함.

 제59화 ## 사씨(史氏)

　사씨(史氏)는 사현(祀縣)140사람이다. 공홍업(孔弘業)과 혼인약속을 하였는데 출가하기 전에 공씨가 죽었다. 사씨가 공씨 집에 가서 순절하려고 하였으나 그녀의 어머니가 허락하지 않았다. 사씨는 7일 동안 음식을 먹지 않았다. 사씨의 어머니가 차를 가져다 억지로 마시게 하려 할 때 마침 한 쌍의 나방이 잔에 떨어져 죽었다. 사씨는 그녀의 어머니에게 그것을 가리켜 보게 한 후 "벌레의 뜻도 오히려 나의 마음과 같은데 어찌 어머니 혼자만 이해하지 못합니까?"라고 했다. 사씨의 어머니가 사씨의 결심을 바꿀 수 없음을 알고 다음 날 흰 의상을 만든 후 그녀를 공씨 집으로 보냈다. 저녁이 되자 사씨는 시부모에게 하직 인사하고 옷을 다 갖추어 입은 후 목을 매고 죽었다. 흰 기운이 지붕 위를 맴돌다 날이 밝아서야 사라졌다.

史氏, 杞縣人. 字孔弘業, 未嫁而夫卒. 欲往殉之, 母不許. 女七日不食, 母持茗逼之飲, 雙蛾適墮杯中死, 女指示曰:「物意尚孚我心, 母獨不諒人邪!」母知不可奪, 翌日製素衣縞裳, 送之孔氏. 及暮, 辭舅姑, 整衣自經死. 白氣縷縷騰屋上, 達旦始消.

---

140 사현(杞縣) : 명대 하남성(河南省) 개봉부(開封府) 소속의 현(縣) 이름. 지금의 중국 하남성(河南省) 개봉시(開封市) 사현(杞縣).

 제60화 ■ **임단낭(林端娘)**

　　임단낭(林端娘)은 구녕(甌寧)[141] 사람인데 진정책(陳廷策)과 혼인약속을 하였다. 임씨는 진정책이 죽었다는 소식을 듣고 다른 사람에게 "염하지 말라. 내가 그곳에 가서 죽겠다"라는 말을 전하도록 했다. 그녀의 부친이 "네가 비록 약혼은 하였을지라도 아직 결혼예물을 받은 것은 아니다"라며 만류하자, 임씨는 "이미 약혼을 하였는데 무슨 결혼예물을 따지겠습니까?"라고 하였다. 임씨의 아버지는 그녀가 가지 못하도록 엄하게 방비하였다. 임씨가 "제가 어찌 죽을 수 없습니까? 남편 집에 가서 죽는 것이야말로 옳은 일입니다"라고 하자, 그녀의 아버지는 "사위집이 가난하여 너의 몸을 쌀 의복이 없을 것이다"라고 하였다. 임씨는 "나는 몸을 상관하지 않습니다."라고 하였다. 그녀의 아버지가 또 말하길 "사위집은 가난한데 누가 너의 이름을 알려 주겠는가?" 라고 하자 임씨는 "명성은 내가 추구하는 것이 아닙니다"라고 하였다. 마침내 임씨는 진씨 집에 가서 곡을 하고 제사를 마치었다. 그런 후 스스로 정한 죽을 날짜에 비단 끈으로 목을 맨 후 세 차례 손을 맞잡아 올려 예를 표하고 죽었다. 진씨 집은 원래 청양산(靑陽山) 아래에 있었는데 그 산 아래 주민이 말하길 임씨가 자결할 때 청양산이 삼일 동안 밤낮으로 울었다고 하였다.

又有林端娘者, 甌寧人, 字陳廷策. 聞廷策訃, 寄聲曰:「勿殮, 吾將就死.」父曰:「而雖許字, 未納幣也.」對曰:「旣許矣, 何幣之問?」父謹防之. 曰:「女奚所不可死, 顧死夫家躓耳.」父曰:「壻家貧, 無以周身.」曰:「身非所卹.」又曰:「壻家貧, 孰爲標名?」曰:「名非所求.」遂往哭奠畢, 自剋死期, 理帛自經, 三拱而絕. 陳故家青陽山下, 山下人言婦將盡時, 山鳴三晝夜.

---

141 구녕(甌寧) : 명대 복건성(福建省) 건녕부(建寧府) 소속의 현(縣) 이름. 지금의 중국 복건성(福建省) 남평시(南平市) 건구현(建甌縣).

제61화  왕열부(汪烈婦)

　　열부 왕씨(汪氏)는 진강(晉江)[142] 제생(諸生) 양희민(楊希閔)의 처이다. 23세 때 남편이 죽고 아들이 없었다. 왕씨는 목을 매고 죽으려 하였으나 식구들이 단단히 방비하여 기회가 없었다. 왕씨는 말리(茉莉)[143]가 독이 있어 사람을 죽일 수 있다는 것을 듣고 백방으로 그것을 구하였다. 식구들은 그 까닭을 알지 못하고 매일 수백 개의 꽃잎을 구해다 주었다. 1개월이 지난 후 식구들이 죽은 자를 위한 제사를 지낼 때 왕씨가 스스로 제문을 지었는데 문장이 매우 슬펐다. 왕씨는 한 밤중에 방비가 다소 해이해지자 모아놓았던 말리화를 꺼내어 달여 마셨다. 왕씨는 날이 밝을 무렵 죽었다.

> 汪烈婦, 晉江諸生楊希閔妻也. 年二十三, 夫死, 無子, 欲自經. 家人防之謹, 不得間. 氏聞茉莉有毒能殺人, 多方求之, 家人不知也, 日供數百朵. 踰月, 家人爲亡者齋祭, 婦自撰祭文, 辭甚悲. 夜五鼓, 防者稍懈, 取所積花煎飮之, 天明死.

---

142 진강(晉江) : 명대 복건성(福建省) 천주부(泉州府) 소속의 현(縣) 이름. 지금의 중국 복건성(福建省) 천주시(泉州市) 관할의 진강시(晉江市).
143 말리(茉莉) : 식물의 이름. 여름에 흰 꽃을 피우는데 말리화(茉莉花)라고 하며 향이 매우 맑아 차(茶) 또는 향수의 향료로 사용함.

제62화  두묘선(竇妙善)

두묘선(竇妙善)은 경사(京師)의 숭문방(崇文坊)¹⁴⁴ 사람이다. 15살 때 여요(餘姚) 사람 공부주사(工部主事)¹⁴⁵ 강영(姜瑩)의 첩이 되었다. 정덕(正德) 시기 강영은 서주(瑞州)¹⁴⁶ 통판(通判)으로서 지부(知府)의 직무를 대행하고 있었다. 화림적(華林賊)¹⁴⁷이 반란을 일으켜 서주를 공격하자 강영은 달아났다. 도적은 성에 들어가 강영의 처와 여러 명의 계집종을 붙잡은 후 강영의 소재를 심문하였다. 당시 묘선은 다른 방에 거주하고 있다가 급히 지부(知府)의 관인(官印)을 가져다 뒤 창문을 열고 연꽃이 있는 연못에 던졌다. 그리고 자신은 화려한 옷을 입고 앞으로 나아가 말하길 "태수(太守)¹⁴⁸가 원병 수천 명을 거느리고 동문(東門)을 나와 너희들을 체포할 것이다. 너희들은 조만간 머리가 달아날 텐데 어찌 나의 계집종들을 붙잡았는가?"라고 했다. 도적은 그녀가 강영의 부인이라 여기고 앞서 붙잡았던 사람들을 풀어주고 단지 묘선만을 가마에 태우고 성을 나갔다. 마침 도적에게 붙잡힌 포로 중에 성표(盛豹)라는 사람과 그의 아들이 있었다. 성표의 아들이 땅에 머리를 조아리며 자기 아버지를 놓아달라고 애걸하자 적이 받아들였다. 묘선이 말하길 "이 자는 힘이 있어 가마를 들기에 마땅한데 어찌 갑자기 놓아주려 하느냐?"라고 했다. 도적이 그녀의 말을 따랐다. 몇 리를 간 후 묘선은 앞뒤로 도적이 없는 것을 보자 성표에게 나지막한 소리로 말하길 "내가 너를 남겨둔 까닭은 태수가 관인이 있는 곳을 모르기 때문에 너로 하여금 그것을 알리도록 하려 한 것이다. 지금 너를 돌아가게 할 터이니 태수에게 꼭 말해주길 바란다. 여기서 앞으로 나아가면 우물이 나타날 텐데 나는 거기서 죽을 것이다."라고 했다. 그리고 묘선은 도적을 불러서 말하길 "이 사람은 가마를 들지 못한다. 이 자를 풀어주고 잘 들 수 있는 사람으로 바꾸라."고 했다. 도적이 또 그녀의 말을 따랐다. 화오(花塢)에 이르러 우물을 만나자 묘선은 "나는 갈증이 매우 심하다. 물을 길을 수 있도록 우물 옆에 서라. 나는 물을 마시겠다."라고 하였다. 도적은 그녀의 말대로 하였다. 묘선은 우물 옆에 이르러 우물 속으로 뛰어 들었다. 도적이 경황 중에 구하지 못하고 떠나갔다. 성표가 성에 들어가 강영에게 관인 있는 곳을 알려주어 관인을 되찾았다. 그리고 길을 안내해 화오에 이르러 우물을 찾으니 과연 묘선의 시체가 있었다. 7년이 지난 후 지방관이 황제에게 묘선의 행적을 상주하니 사당을 건립하게 하고 정렬(貞烈)의 편액을 하사했다.

竇妙善, 京師崇文坊人. 年十五, 爲工部主事餘姚姜榮妾. 正德中, 榮以瑞州通判攝府事. 華林賊起, 寇瑞, 榮出走. 賊入城, 執其妻及婢數人, 問榮所在. 時妙善居別室, 急取印, 開後牕投荷池. 衣鮮衣前曰:「太守統援兵數千, 出東門捕爾等, 旦夕授首, 安得執吾婢?」賊意其夫人也, 解前所執數人, 獨輿妙善出城. 適所驅隷中, 有盛豹者父子被掠, 其子叩頭乞縱父, 賊許之. 妙善曰:「是有力, 當以舁我, 何得遽縱.」賊從之. 行數里, 妙善視前後無賊, 低語豹曰:「我所以留汝者, 以太守不知印處, 欲藉汝告之. 今當令汝歸, 幸語太守, 自此前行遇井, 卽畢命矣.」呼賊曰:「是人不善舁, 可仍縱之, 易善舁者.」賊又從之. 行至花塢遇井, 妙善曰:「吾渴不可忍, 可汲水置井傍, 吾將飮.」賊如其言, 妙善至井傍, 跳身以入, 賊驚救不得而去. 豹入城告榮取印, 引至花塢, 覓井, 果得妙善屍. 越七年, 郡縣上其事, 詔建特祠, 賜額貞烈.

---

144 숭문방(崇文坊) : 지금의 중국 북경시(北京市) 숭문구(崇文區).
145 공부주사(工部主事) : 관직명. 명대 중앙 6부 중의 하나인 공부(工部)의 주사. 주로 문서와 전적 등의 기재를 담당. 종6품~종7품.
146 서주(瑞州) : 명대 강서성(江西省) 소속의 부(府) 이름. 지금의 중국 강서성(江西省) 의춘시(宜春市) 관할의 고안시(高安市) 지역.
147 화림적(華林賊) : 명대 화림산(華林山)에서 반란을 일으킨 나광권(羅光權), 진복일(陳福一) 등을 말함. 화림산의 반란은 1511년 2월에 발생한 후 1년만인 1512년 2월에 평정됨. 화림산은 명대 강서성(江西省) 서주부(瑞州府) 고안현(高安縣) 서북쪽과 강서성 남창부(南昌府) 봉신현(奉新縣) 서쪽에 위치함.
148 태수(太守) : 명대 지부(知府)의 별칭.

제63화 ■ 석문개부(石門丐婦)

석문(石門)에 성씨를 알 수 없는 거지 여인이 있었는데 호주(湖州)[149] 사람이다. 정덕(正德) 시기 호주에 대기근이 발생하자 이 여인은 남편과 시어머니를 따라 숭덕(崇德)[150]의 석문(石門)[151] 거리에서 걸식하였다. 세 사람은 우연히 서로 떨어졌다. 여인은 미모가 있었기 때문에 시정 사람들이 다투어 그녀에게 집적거렸다. 여인은 먹을 것을 주어도 거들떠보지 않았고 재물로 유혹해도 거들떠보지 않았다. 여인은 동고교(東高橋) 위에 거주하면서 이틀 간 다시는 걸식하지 않았다. 기다리는 남편과 시어머니는 오지 않았고 여인을 보려고 둘러싼 관중들은 갈수록 많아졌다. 여인은 다리 위에서 물로 뛰어들어 죽었다.

石門丐婦, 湖州人, 莫詳其姓氏. 正德中, 湖大飢, 婦隨其夫及姑走崇德石門市乞食. 三人偶相失. 婦有色, 市人爭挑之. 與之食不顧, 誘之財亦不顧. 寓東高橋上, 不復乞食者二日. 伺夫與姑皆不至, 聚觀者益衆, 婦乃從橋上躍入水中死.

---

149 호주(湖州) : 명대 절강성(浙江省) 소속의 부(府) 이름. 지금의 중국 절강성(浙江省) 호주시(湖州市) 지역.
150 숭덕(崇德) : 명대 절강성(浙江省) 가흥부(嘉興府) 소속의 현(縣) 이름. 지금의 중국 절강성(浙江省) 가흥시(嘉興市) 관할의 동향시(桐鄕市).
151 석문(石門) : 명대 절강성(浙江省) 가흥부(嘉興府) 숭덕현(崇德縣) 동북쪽에 위치한 진(鎭) 이름. 지금의 중국 절강성(浙江省) 가흥시(嘉興市) 관할의 동향시(桐鄕市).

 제64화 **가씨(賈氏)**

    가씨(賈氏)는 경운(慶雲)[152] 제생(諸生) 진유(陳俞)의 처이다. 정덕(正德) 6년(1511) 병란이 일어났을 때 마침 가씨의 시아버지가 병으로 사망하였다. 가족들이 피하라고 가씨를 잡아끌었으나 그녀는 통곡하며 "아직 시아버지를 입관시키지도 않았는데 어찌 며느리로써 한 몸 죽는 것이 아깝겠는가?"라 하고 상복을 입은 채 벗지 않았다. 병사들이 몰려와 불을 지르고 가씨에게 나오라고 하였다. 가씨는 끊임없이 욕을 하다 칼을 맞아 온 몸이 성한 곳이 하나도 없었다. 가씨는 그녀의 시아버지 시신과 함께 불타버렸다. 당시 나이 25세였다.

    賈氏, 慶雲諸生陳俞妻. 正德六年, 兵變, 值舅病卒, 家人挽之避, 痛哭曰:「舅尚未斂, 婦何惜一死.」身服斬衰不解. 兵至, 縱火迫之出, 罵不絶口, 刃及身無完膚, 與舅屍同爐. 年二十五.

---

152 경운(慶雲) : 명대 경사(京師) 하간부(河間府) 소속의 현(縣) 이름. 지금의 중국 산동성(山東省) 덕주시(德州市) 경운현(慶雲縣).

 제65화 ■ 호씨(胡氏)

　　은현(鄞縣)의 제생(諸生) 이가(李珂)의 처는 호씨(胡氏)이다. 18살 때 이가에게 시집갔다. 7년 후 이가가 사망했는데 아들 하나와 딸 하나를 두었다. 호씨는 문밖을 나가지 않을 것을 맹세했다. 이웃집에 불이 났다. 이가의 형 이패(李珮)가 호씨를 구하러 갔다. 호씨가 "동서가 오면 나가겠다"라고 했다. 이패는 자신의 처 진씨(陳氏)로 하여금 가게 했다. 호씨는 7살짜리 아들을 진씨에게 창문으로 넘겨주면서 "제발 나의 남편을 생각하여 이 아이를 잘 돌보아 주시오"라고 부탁했다. 진씨가 "동서는 어찌하려고 하는 것인가?"라고 하자 호씨는 "나는 약간의 머리 장신구를 가지고 나갈 것이오"라며 진씨를 속였다. 진씨가 떠나자 호씨는 즉각 옷상자를 방문에 쌓아 놓은 후 3살 된 딸을 안고 불속에 단정히 앉은 채 죽었다.

　　鄞縣諸生李珂妻胡氏, 年十八歸珂. 閱七年, 珂死, 遺男女各一, 胡誓不踰閾. 鄰火作, 珂兄珮往救之, 曰:「阿姆來, 吾乃出.」珮使妻陳往, 婦以七歲男自牖付之, 屬曰:「幸念吾夫, 善視之.」陳曰:「嬸將何如?」紿之曰:「取少首飾即出.」陳去, 胡即纍衣箱塞戶, 抱三歲女端坐火中死.

제66화 진종구처 사씨(陳宗球妻史氏)

진종구(陳宗球)의 처 사씨(史氏)는 남안(南安)[153] 사람이다. 사씨는 남편이 죽자 날을 택해 순절할 것을 약속한 채 계속 시어머니를 위해 술을 빚었다. 시어머니가 "네가 이미 죽기로 결심하여 살날이 얼마 남지 않았는데 어찌 이 고생을 하는 것인가?"라고 말하자 사씨는 "바로 살날이 얼마 남지 않았기 때문에 술을 빚어 어머니를 받들려고 하는 것입니다."라고 대답했다. 사씨는 죽을 때 시아버지에게 "저는 상복을 입고 있는 중이니 절대로 관에 칠을 하지 않기 바랍니다"라고 말한 후 스스로 목을 매고 죽었다.

陳宗球妻史氏, 南安人. 夫死將殉有期矣, 尚為姑釀酒. 姑曰 : 「婦已決死, 生存豈多日, 何辛苦為?」曰 : 「政為日短, 故釀而奉姑.」將死, 告舅曰 : 「婦有喪, 幸毋髹棺.」遂縊.

---

[153] 남안(南安) : 명대 복건성(福建省) 천주부(泉州府) 소속의 현(縣) 이름. 지금의 중국 복건성(福建省) 천주시(泉州市) 관할의 남안시(南安市).

제67화 ■ **엽씨(葉氏)**

　엽씨(葉氏)는 정해(定海) 사람이다. 자계(慈谿) 사람 옹씨(翁氏)에게 시집가기로 약속했는데 엽씨의 부모가 모두 사망하여 옹씨 집안에서 그녀를 양육하였다. 엽씨가 14살이 되었을 때 옹씨 집안의 가산이 날로 쇠락해 졌고 그 위에 시어머니가 죽자 시아버지가 엽씨를 노비처럼 대했다. 엽씨는 수없는 고생을 했으나 원망하는 기색이 전혀 없었다. 엽씨의 시아버지는 자신의 아들이 어리므로 엽씨를 성이 나씨(羅氏)인 사람에게 팔려고 하였다. 엽씨는 화를 내며 "나는 물건이 아닌데 어찌 샀다 팔았다 합니까?"라고 말한 후 눈물로 나날을 지샜다. 그러나 엽씨는 면할 수 없음을 알고 겉으로 짐짓 기쁜 기색을 보였다. 그러자 엽씨에 대한 시아버지의 감시도 느슨해졌다. 밤중에 달이 뜨자 엽씨는 시누이들에게 "달빛이 매우 아름답다. 잠깐 나가서 보지 않겠는가?"라고 속여서 말한 후 문밖에 나가 오래 동안 거닐었다. 시누이들이 엽씨에게 "밤이 이미 깊었으니 들어가서 자자"라고 권고한 후 모두 방에 들어갔다. 날이 밝은 후 엽씨를 찾아보니 그녀의 시신은 이미 하천에 표류하고 있었다. 시신을 꺼내서 보니 안색이 살아있는 사람과 같았다.

葉氏, 定海人. 許聘慈谿翁姓, 而父母俱歿, 遂育於翁. 年十四, 翁資產日落, 且失其姑, 舅待之如奴, 勞勤萬狀, 略無怨色. 舅以子幼, 欲鬻之羅姓者, 葉恚曰:「我非貨也, 何輾轉貿易為?」日哽咽垂涕. 既知不可免, 偽為喜色, 舅遂寬之. 夜月上, 紿諸姒曰:「月色甚佳, 盍少猶夷乎?」趨門外良久. 諸姒並勸曰:「夜既半矣, 盍就寢.」遂入, 及晨覓之, 則氏已浮屍於河矣, 起之色如生.

제68화  호귀정(胡貴貞)

　　호귀정(胡貴貞)은 낙평(樂平)[154] 사람이다. 태어났을 때 그녀의 부모가 키우려 하지 않았기 때문에 이웃집의 증씨(曾氏) 부인이 그녀를 데려다 자기 아들 천복(天福)과 함께 젖을 먹였다. 귀정이 성장하면 자신의 아들과 결혼시킬 생각이었다. 천복이 18세가 되었을 때 그의 부모가 잇따라 사망했고 집안이 매우 쇠락했다. 귀정의 아버지가 그녀를 빼앗아다 부잣집으로 시집보내려 하였다. 귀정은 말하길 "나는 증씨 집안에서 자랐고 증씨와 혼인 약속했다. 명분은 시어머니와 며느리이고 은정은 모녀와 같다. 어찌 춥고 배고프다고 그들을 버릴 수 있겠는가?"라고 하였다. 그리고 숙모 집에 가서 함께 거처하였다. 초가집이 비록 좁고 누추했으나 외부 사람 누구도 그녀의 얼굴을 보지 못했다. 귀정의 오빠가 천복이 아직 결혼하지 않은 틈을 타 그녀를 집으로 데려 가기 위해 결혼하려는 사람이 가져온 금은 장식품을 그녀에게 보였다. 귀정은 어쩔 수 없음을 알고 몰래 방으로 들어가 목을 매고 죽었다.

胡貴貞, 樂平人. 生時, 父母欲不舉, 其鄰曾媼救之歸, 與子天福同乳, 欲俟其長而配焉. 天福年十八, 父母繼亡, 家甚落. 貴貞父將奪以姻富家, 女曰:「我鞠於曾, 媍於曾, 分姑媳, 恩母子, 可以飢寒棄之邪?」乃依從姑以居, 華舍單淺, 外人未嘗識其面. 其兄乘天福未婚, 曳以歸, 出視求聘者金寶笄飾. 女知不免, 潛入房縊死.

---

154 낙평(樂平) : 명대 강서성(江西省) 요주부(饒州府) 소속의 현(縣) 이름. 지금의 중국 강서성(江西省) 경덕진시(景德鎮市) 관할의 낙평시(樂平市).

제69화 ■ 손씨(孫氏)

　손씨(孫氏)는 오현(吳縣) 사람 위정규(衛廷珪)의 처이다. 심양(潯陽)[155]의 작은 강 어구에 거주하며 남편과 함께 장사를 했다. 영왕(寧王)[156]이 구강(九江)[157]을 함락했을 때 마침 남편 위정규는 다른 곳에 가 있었다. 친척이 급히 와서 손씨에게 함께 도망치자고 했다. 손씨는 두 딸 금련(金蓮), 옥련(玉蓮)에게 말하길 "우리는 외지사람이다. 너의 아버지가 지금 이곳에 없는데 어디로 도망치겠는가? 지금 도적은 이미 이웃집을 약탈했다. 어찌 하겠는가?"라고 했다. 딸들이 말하길 "죽고 사는 것은 서로 떨어지는 것이 아닙니다. 아버지를 위해 반드시 이 몸을 온전히 할 뿐입니다."라고 했다. 이리하여 모녀 세 사람은 긴 줄로 함께 묶은 후 강물에 뛰어들어 죽었다.

孫氏, 吳縣衛廷珪妻. 隨夫商販, 寓潯陽小江口. 寧王陷九江, 廷珪
適他往, 所親急邀孫共逃. 孫謂兩女金蓮, 玉蓮曰 :「我輩異鄉人,
汝父不在, 逃將安之? 今賊已劫鄰家矣, 奈何?」女曰 :「生死不相
離, 要當為父全此身耳.」於是母子共一長繩自束, 赴河死.

---

155 심양(潯陽) : 구강(九江)의 다른 이름. 지금의 중국 강서성(江西省) 구강시(九江市).
156 영왕(寧王) : 주원장(朱元璋)의 제 16자(子) 주권(朱權)의 5세손 주신호(朱宸濠). 1519년 반란을 일으켜 구강(九江)을 점령하고 남경(南京)으로 진격했으나 35일 만에 왕수인(王守仁)의 군대에 의해 패한 후 처형당함.
157 구강(九江) : 명대 강서성(江西省) 소속의 부(府) 이름. 지금의 중국 강서성(江西省) 구강시(九江市).

제70화 강씨(江氏)

강씨(江氏)는 여간(餘干)[158] 사람 하박(夏璞)의 처이다. 정덕(正德) 시기 도적이 침략하자 강씨는 갓 돌이 된 남동생을 안고 달아났으나 도망치지 못했다. 도적이 강씨를 묶으려 하자 강씨는 "나는 진심으로 장군을 따르기를 원합니다. 다만 우리 아버지가 연로한데 오직 이 동생 하나뿐입니다. 그가 온전할 수 있길 바랍니다"라고 했다. 도적은 그 말을 믿고 강씨로 하여금 안고 있는 아이를 놓게 하였다. 강씨는 벗어나자 곧 큰 소리로 적에게 욕설을 퍼부은 후 다리 아래로 뛰어내려 죽었다.

江氏, 餘干夏璞妻. 正德間, 賊至, 抱方晬弟走, 不得脫. 賊將縛之, 曰:「誠願與將軍俱, 顧吾父年老, 惟一弟, 幸得全之.」賊以為信, 縱令置所抱兒, 出遂大聲罵賊, 投橋下死.

---

158 여간(餘干) : 명대 강서성(江西省) 요주부(饒州府) 소속의 현(縣) 이름. 지금의 중국 강서성(江西省) 상요시(上饒市) 여간현(餘干縣).

 제71화 **엄씨(嚴氏)**

융경(隆慶)[159] 시기 고명(高明)[160]에 엄씨(嚴氏)가 있었는데 도적이 그녀가 살고 있는 지역을 노략질했다. 엄씨는 자신의 오빠를 따라 도망치다 도적을 만났다. 도적이 칼로 엄씨의 오빠를 치려했다. 엄씨는 무릎을 꿇고 울면서 "아버지가 일찍 돌아가시고 과부인 어머니는 평생 수절하며 오직 이 오빠 하나만을 의지하고 있습니다. 그를 죽인다면 제사가 끊기는 것이니 대신 나를 죽여주십시오"라고 했다. 도적이 그녀를 가련히 여겨 칼을 거두었다. 얼마 후 또 도적이 엄씨를 범하려 하였다. 엄씨가 "나의 오빠를 풀어주면 당신에게 시집가겠습니다."라고 했다. 그녀의 오빠가 떠나가자 엄씨는 고집을 부리며 따르지 않았다. 결국 배를 베임 당하고 죽었다.

後隆慶中, 有高明嚴氏, 賊掠其境, 隨兄出避, 遇賊, 刃及其兄. 女跪泣曰:「父早喪, 孀母堅守, 恃此一兄, 殺之則祀殄矣, 請以身代.」賊憫然為納刃. 既而欲污之, 則曰:「請釋吾兄即配汝.」及兄去, 執不從, 竟剖腹而死.

---

159 융경(隆慶) : 명의 제 13대 황제 명 목종(穆宗)의 연호. 목종 재위기간 1567~1572년.
160 고명(高明) : 명대 광동성(廣東省) 조경부(肇慶府) 소속의 현(縣) 이름. 지금의 중국 광동성(廣東省) 불산시(佛山市) 고명구(高明區).

列女傳
열녀 2

출전 : 明人 <仕女圖> : 『群芳譜 : 女性的形象與才藝』, 國立故宮博物院(臺灣), 2003, p.49.

패방(牌坊) : 중국 안휘성(安徽省) 흡현(歙縣) 당월(棠樾)에 위치. 당월 마을의 패방은 중국 명청시대 포씨(鮑氏) 집안을 위해 건립된 것으로 현재 모두 7개가 전해지고 있다. 패방은 사진에 보이는 것과 같은 형태로 충(忠), 효(孝), 절(節), 의(義) 등을 실천한 사람들을 기리기 위해 집 앞이나 마을 입구에 건립하는 것을 말하는데, 당월 마을의 패방은 충, 효, 절, 의 모두를 포함하고 있다. 그중 정절과 관련된 패방으로는 앞에서 세 번째와 다섯 번째의 것으로 각각 청대 포문연(鮑文淵)의 후처 오씨(吳氏)와 포문령(鮑文齡)의 처 왕씨(汪氏)의 정절을 기리고 있다. 맨 앞에 보이는 패방은 명대 공부상서 포상현(鮑象賢)의 충을 기리기 위해 천계(天啓) 2년(1622)에 건립된 패방이다.

출전 : 『中國古鎭圖鑑』, 陝西師範大學出版社, 2003, p.208.

왕씨종사(王氏宗祠) : 중국 귀주성(貴州省) 금병현(錦屛縣) 융리향(隆里鄕)에 위치한 왕씨 집안의 종사(宗祠). 종사는 조상의 신주를 모시기 위해 개인집에서 설립한 사당으로 제사의례 뿐만 아니라 그 집안의 신앙의식, 가족회의 등 모든 단체 활동의 중심지 역할을 담당한다. 사묘(祠廟) 또는 가묘(家廟)라고도 함.

출전 : 『中國古鎭圖鑑』, 陝西師範大學出版社, 2003, p.364.

제72화  구양씨(歐陽氏)

　구양씨(歐陽氏)는 구강(九江) 사람이다. 팽택(彭澤)[1] 사람 왕가부(王佳傅)의 처로 시어머니를 극진히 섬겼다. 남편이 죽었을 때 구양씨의 나이는 18세였다. 그녀는 유복자를 키우며 방직으로 생활하였다. 그녀의 부모가 개가를 강요하자 구양씨는 바늘로 자신의 이마에 '수절할 것을 죽기로 맹세함'이라는 글자를 새기고 먹물로 그곳을 검게 물들여 묵색이 피부 깊숙이 들어가게 하였다. 마을 사람들이 그녀를 '흑두절부(黑頭節婦)'라고 불렀다.

　歐陽氏, 九江人, 彭澤王佳傅妻也. 事姑至孝. 夫亡, 氏年方十八, 撫遺腹子, 紡績爲生. 父母迫之嫁, 乃鍼刺其額, 爲誓死守節字, 墨涅之, 深入膚裏, 里人稱爲黑頭節婦.

---

[1] 팽택(彭澤) : 명대 강서성(江西省) 구강부(九江府) 소속의 현(縣) 이름. 지금의 중국 강서성(江西省) 구강시(九江市) 팽택현(彭澤縣).

제73화 서씨(徐氏)

　　서씨(徐氏)는 오정(烏程)² 사람으로 16살 때 반순(潘順)에게 시집갔다. 1년이 되지 않아 남편의 병이 위독하였다. 서씨 남편이 서씨를 돌아보며 "어머니는 늙고 당신은 젊으니 어찌할까?"라고 말했다. 서씨는 눈물을 흘리며 즉각 칼을 뽑아 왼손의 작은 손가락을 자른 후 죽을지라도 개가하지 않을 것을 맹세하였다. 남편이 죽자 서씨는 베옷을 입고 오래도록 심신을 깨끗이 하였다. 그녀는 78세에 죽었다. 서씨는 죽을 때 자른 손가락을 가져다 관 속에 넣어 달라고 하였다. 가족들이 자른 손가락을 가져다 보니 손톱에 물들인 붉은 색이 그대로 남아 있었다.

　　又徐氏, 烏程人. 年十六, 嫁潘順. 未期而夫病篤, 顧徐曰:「母老, 汝年少, 奈何?」徐泣下, 卽引刀斷左小指, 以死誓. 夫死, 布衣長齋. 年七十八卒. 遺命取斷指入棺中. 家人出其指, 所染爪紅色尙存.

---

2 오정(烏程): 명대 절강성(浙江省) 호주부(湖州府) 소속의 현(縣) 이름. 지금의 중국 절강성(浙江省) 호주시(湖州市) 오흥구(吳興區).

 제74화 ■ **풍씨(馮氏)**

　　풍씨(馮氏)는 선성(宣城)³ 사람 유경(劉慶)의 처이다. 19살 때 남편이 죽자 수절할 것을 맹세했다. 풍씨의 위아래 동서가 빗대어 말하길 "수절은 말처럼 쉬운 것이 아니다. 쇠못을 깨물어 절단시킬 수 없는 사람은 할 수 없는 것이다."라고 했다. 풍씨는 곧 소매를 걷어붙이고 일어나 벽의 못을 뽑아 이빨로 물어뜯으니 부서지는 소리와 함께 이빨 흔적이 남았다. 또 팔의 살을 도려내어 못으로 벽에 박고는 "만약 내가 다른 뜻을 갖게 된다면 이 살은 개돼지고기보다도 못할 것이다."라고 했다. 얼마 후 유복자가 태어나서 이름을 대현(大賢)이라 했다. 대현이 자란 후 이씨(李氏)를 처로 맞이했는데 대현 역시 요절했다. 시어머니와 며느리가 함께 늙을 때까지 수절했다. 풍씨가 죽은 후 가족들이 벽에 있는 못과 살을 가져다 보니 살이 여전히 썩지 않은 채 탄력이 있었고 못에는 이빨 흔적이 생생히 남아 있었다.

馮氏, 宣城劉慶妻. 年十九, 夫亡, 誓守節. 其娣姒諷之曰:「守未易言, 非齩斷鐵釘者不能.」馮即投袂起, 拔壁上釘齧之, 割然有齒痕. 復抉臂肉, 釘著壁上曰:「脫有異志, 此即狗彘肉不若.」已而遺腹生子, 曰大賢. 長娶李氏, 大賢又夭, 姑婦相守至老. 卒, 取視壁釘肉, 尚靭不腐, 齒痕如新.

---

3 선성(宣城) : 명대 남경(南京) 영국부(寧國府) 소속의 현(縣) 이름. 지금의 중국 안휘성(安徽省) 선성시(宣城市).

제75화 방씨(方氏)

　방씨(方氏)는 금화(金華)[4]의 군졸 원견(袁堅)의 처이다. 원견은 술을 좋아하여 가산을 탕진하였다. 원견이 죽은 후 그의 시신을 성 북쪽의 연못가에 두었다. 방씨는 가난하여 의존할 곳이 없었다. 방씨는 남편의 시신이 있는 곳에 관을 두고 그 안에서 잠을 잤다. 배가 고프면 나와서 연못의 물을 마셨다. 오래 되어도 다시 나오지 않았는데 그녀는 이미 죽어 있었다. 군수(郡守)[5] 유신(劉菭)이 방씨를 위해 무덤을 쌓고 제사를 지냈다.

　方氏, 金華軍士袁堅妻. 堅嗜酒敗家, 卒殯城北濠上. 方貧無所依, 乃即殯處置棺, 寢處其中, 饑則出飲於濠. 久之不復出, 則死矣. 郡守劉菭封土祭之.

---

4 금화(金華) : 명대 절강성(浙江省) 금화부(金華府) 소속의 현(縣) 이름. 지금의 중국 절강성(浙江省) 금화시(金華市).
5 군수(郡守) : 지부(知府)의 별칭.

제76화 **엽씨(葉氏)**

엽씨(葉氏)는 난계(蘭谿) 사람이다. 신무중위(神武中衛)[6]의 사인(舍人) 허신(許伸)에게 시집갔다. 허신 집안은 평소에 재산이 넉넉하였으나 절약을 하지 않아 가산을 모두 탕진하였다. 허신은 엽씨를 친척에게 의탁하고 통주(通州)[7]에서 죽었다. 엽씨는 시신 옆에 꿇어앉아 주야로 통곡하였다. 사람들이 먹을 것이나 돈을 주어도 거절하였고 혹 개가를 권해도 거절하였다. 엽씨는 14일 동안 물 한 모금 입에 대지 않다가 결국 남편 시신 옆에서 죽었다. 나이 20세가량이었다. 통주 사람들이 관을 사다 그들 부부를 합장시켰다.

又葉氏, 蘭谿人. 適神武中衛舍人許伸. 伸家素饒於財, 以不檢, 蕩且盡, 攜妻投所親, 卒於通州. 氏守屍. 晝夜跪哭. 或遺之食, 或饋金, 或勸以改嫁, 俱却不應. 水漿不入口者十四日, 竟死尸傍, 年二十餘. 州人為買棺合葬.

---

6 신무중위(神武中衛) : 명대 경사(京師) 순천부(順天府) 통주(通州)에 설치한 위(衛) 이름. 지금의 중국 북경시(北京市)에 위치.
7 통주(通州) : 명대 경사(京師) 순천부(順天府) 소속의 주(州) 이름. 지금의 중국 북경시(北京市) 통주구(通州區).

제77화  반씨(潘氏)

반씨(潘氏)는 해녕(海寧)8 사람으로 16세에 허교(許釗)와 결혼하여 아들 허회(許淮)를 낳았다. 1년 만에 허교가 죽자 반씨는 염을 끝낸 후 목을 매고 죽었다. 반씨가 죽은 지 이틀이 지난 후 지나가던 한 노파가 "그녀를 살릴 수 있을 것"이라 했다. 약을 먹이니 반씨가 다시 살아났다. 허교의 일족 형이 허회를 해칠 생각으로 반씨에게 개가할 것을 종용하였다. 반씨는 얼굴을 훼손하고 스스로 맹세했다. 그러자 그 일족의 형이란 자가 밤중에 권세가 집안의 노복 수십 명을 거느린 채 반씨가 빚을 졌다고 모함하며 반씨 집문을 부수고 들이닥쳤다. 반씨는 아들을 업고 비바람 속에 담을 넘어서 도망쳤다. 큰 강을 만나 길이 막혔고 또 추격하는 사람들이 바짝 쫓아오자 반씨는 통곡하며 강으로 뛰어들었다. 마침 물에 떠있는 나무가 있어 반씨는 그것에 의지하여 강을 건넌 후 친정집으로 갔다. 반씨는 그곳에서 살며 돌아가지 않다가 아들 허회가 19살이 되었을 때 비로소 시댁으로 돌아갔다. 허회는 제생(諸生)이 된 후 결혼하여 다섯 명의 아들을 낳았다. 반씨가 50살이 되었을 때 일가친척들이 모여 축하했다. 그 일족 형 역시 왔다. 반씨는 "오늘 내가 있게 된 것은 모두 백씨(伯氏)의 덕택이다"라고 말한 후 허회로 하여금 그에게 술을 따르라 눈짓했다. 그가 잔을 다 비우자 반씨는 북향하고 재배한 후 "미망인이 되어 나는

30여 년 동안 여러 차례 죽으려 했다. 그럼에도 죽지 않은 것은 오직 아들 회 때문이었다. 지금 다행히 그가 어른이 되었고 또 많은 아들을 두었으니 내 무슨 여한이 있겠는가!"라 하고는 방으로 들어갔다. 얼마 후 잔치가 끝난 후 여러 친척들이 허회와 함께 인사하러 방에 들어가서 보니 반씨는 이미 방에서 목을 매고 죽어 있었다.

潘氏, 海寧人. 年十六, 歸許釗, 生子淮. 甫期年, 釗卒, 旣殮, 潘自經. 死已兩日矣, 有老嫗過之曰 :「是可活也.」投之藥, 更甦. 釗族兄欲不利於孤, 嗾潘改適, 潘毀容自矢. 族兄者, 夜率勢家僕數十人誣以債, 椎門入. 潘負子, 冒風雨, 踰垣逸. 前距大河, 追者迫, 潘號慟投於河. 適有木浮至, 憑以渡, 達母家, 遂止不歸. 淮年十九, 始歸. 淮補諸生, 娶婦生五子. 潘年五十, 宗人聚而祝, 族兄者亦至. 潘曰 :「氏所以得有今日, 賴伯氏玉成.」目淮酌酒飮伯, 卒爵, 北向拜曰 :「未亡人, 三十年來瀕死者數矣, 而顧强生, 獨以淮故耳. 今幸成立, 且多子, 復何憾.」語畢入室. 頃之宴徹, 諸宗人同淮入謝, 則縊死室中矣.

---

8 해녕(海寧) : 명대 절강성(浙江省) 항주부(杭州府) 소속의 현(縣) 이름. 지금의 중국 절강성(浙江省) 가흥시(嘉興市) 관할의 해녕시(海寧市).

제78화 양씨(楊氏)

　양씨(楊氏)는 동성(桐城) 사람 오중기(吳仲淇)의 처이다. 오중기가 죽자 집이 가난하였던 양씨의 시아버지가 양씨를 개가 시키려고 하였다. 양씨는 "굶어 죽을지라도 반드시 시부모와 함께 하겠다"라고 하였다. 시아버지는 양씨의 뜻을 꺾을 수가 없었다. 몇 년이 지난 후 양씨의 집은 더욱 가난해졌다. 시아버지는 양씨의 부모와 함께 그녀를 이용해 빚을 갚을 것을 상의하였다. 양씨는 하늘을 우러러보며 "나의 이 입으로 인해 시부모에 누를 끼치고 있으니 불효(不孝)이다. 집이 가난하나 돕지 못하니 불인(不仁)이다. 정절을 잃는 것 또한 불의(不義)이다. 나는 단지 죽음이 있을 뿐이다"라고 외친 후 머리카락을 삼키고 죽었다.

　楊氏, 桐城吳仲淇妻. 仲淇卒, 家貧, 舅欲更嫁之. 楊曰 :「卽饑死, 必與舅姑俱.」舅不能奪. 數年, 家益貧, 舅謀於其父母, 將以償債. 楊仰天呼曰 :「以吾口累舅姑, 不孝. 無所助於貧, 不仁. 失節則不義. 吾有死而已.」因咽髮而死.

 제79화 ■ **장열부(張烈婦)**

열부 장씨(張氏)는 무호(蕪湖)의 제생(諸生) 무부(繆釜)의 처이다. 18살 때 무부와 결혼하였다. 결혼하고 4년 후 무부가 병이 들었다. 무부는 장씨에게 스스로 알아서 살길을 찾을 것을 부탁하였다. 장씨는 울면서 "당신은 내가 두 마음이 있는 것으로 생각하고 있는가? 아들이 있으면 정절을 굳게 지키면서 죽은 남편의 위패를 받드는 것이 부인의 도리이고, 아들이 없으면 자신의 몸을 깨끗이 하여 남편을 따라 죽는 것이 부인의 절개이다"라고 말하였다. 그리고 장씨는 곧 바로 목욕하고 옷을 갈아입은 후 방문을 닫아걸고 목을 매고 죽었다. 하루가 지난 후 무부 역시 죽었다.

張烈婦, 蕪湖諸生繆釜妻. 年十八, 歸釜. 越四年, 釜病, 屬張善自託. 張泣曰:「夫以吾有二心乎? 有子則守志奉主, 妻道也. 無子則潔身殉夫, 婦節也.」乃沐浴更衣, 闔戶自縊. 閱日, 而釜乃卒.

 제80화 ▮ 채씨(蔡氏)

    열부 채씨(蔡氏)는 송양(松陽)9) 사람 엽삼(葉三)의 처이다. 엽삼은 땔감 파는 것을 업으로 하고 살았다. 채씨는 조심스럽게 남편을 공경하며 섬기었다. 엽삼이 오랜 동안 병석에 눕자 채씨는 방직을 하여 남편의 음식과 복용할 약을 공급했다. 엽삼은 병이 더욱 심해지자 채씨의 손을 잡고 결별하며 "내가 살아 있을 때 개가하시오. 3년 동안의 고통을 당하지 마시오!"라고 했다. 채씨는 머리 빗고 세수한 후 옷을 갈아입었다. 그리고 그녀는 칼을 소매 속에 감추고 앞에 나아가 "나는 먼저 다른 사람에게 시집가겠소!"라고 한 후 칼로 자신의 목을 찌르고 죽었다. 엽삼이 놀라 탄식하고 얼마 안 있어 죽었다.

    又蔡烈婦, 松陽葉三妻. 三負薪爲業, 蔡小心敬事. 三久病, 織紝供藥餌. 病篤, 執婦手訣曰:「及我生而嫁, 無受三年苦.」婦梳洗更衣, 袖刀前曰:「我先嫁矣.」刎頸死. 三驚歎, 尋死.

---

9 송양(松陽) : 명대 절강성(浙江省) 처주부(處州府) 소속의 현(縣) 이름. 지금의 중국 절강성(浙江省) 여수시(麗水市) 송양현(松陽縣).

제81화 ■ **정 씨(鄭氏)**

정씨(鄭氏)는 안륙(安陸)10 사람 조임(趙鈺)의 처이다. 성격이 강렬하였고 규방에서의 언동이 예절에 벗어남이 없었다. 어느 한 과부가 재혼한 후 정씨에게 다식을 보냈다. 정씨는 화를 내며 그것을 다 버리라고 했다. 정씨의 남편이 장난삼아 "욕하지 마시오. 당신은 다행히 남편이 죽지 않았을 뿐이오."라고 말하자 정씨는 정색을 하고 "그대는 걱정하지 마시오. 내 어찌 그런 사람과 같겠소?"라고 말하였다. 나중에 조임이 병이 들어 거의 죽게 되었다. 그는 정씨를 돌아보며 눈을 크게 뜬 채 감지를 못했다. 정씨는 "그대는 나를 의심하지 마시오!"라고 한 후 즉각 침대 위의 나무에 목을 매고 죽었다. 조임은 잠시 깨어나서 돌아보고 눈물을 흘리며 죽었다.

又鄭氏, 安陸趙鈺妻. 性剛烈, 閨房中言動不涉非禮. 某寡婦更適人, 饋以茶餠. 鄭怒, 命傾之. 夫戲曰:「若勿罵, 幸夫不死耳.」鄭正色曰:「君勿憂, 我豈爲此者.」後鈺疾將死. 迴視鄭, 瞪目不瞑. 鄭曰:「君得毋疑我乎?」卽自縊於牀楣. 鈺少甦, 回盼, 出泪而絶.

---

10 안륙(安陸) : 명대 호광성(湖廣省) 덕안부(德安府) 소속의 현(縣) 이름. 지금의 중국 호북성(湖北省) 무한시(武漢市) 관할의 안륙시(安陸市).

제82화 ■ **왕열부(王烈婦)**

열부 왕씨(王氏)는 상원(上元)[1] 사람이다. 그녀의 남편이 술을 좋아하여 생업을 폐하였기 때문에 무너진 방 한 칸을 빌려 대나무발로 안과 밖을 나누어 거주하였다. 왕씨는 매일 방문을 굳게 닫고 사립문에 앉아 삼베 줄을 짜서 생활하였다. 왕씨의 남편은 도박꾼 이씨(李氏)와 교유했다. 왕씨의 용모에 빠진 이씨가 왕씨를 범하려고 꾀하였다. 이씨는 왕씨의 남편이 술에 취하자 막 말을 하며 왕씨에게 접근하였다. 왕씨는 친정집으로 달아나 피신하였다. 왕씨의 남편이 강제로 그녀를 집에 데려 가려고 밤에 이씨와 함께 술과 육포를 지니고 가서 왕씨를 잡아끌어 앉히었다. 왕씨가 놀라서 달아나며 그들을 욕하였다. 왕씨의 남편이 위협하자 왕씨가 완강히 거절하다 크게 얻어맞았다. 왕씨는 모면할 수 없음을 헤아리고 밤에 어린 딸을 데리고 강가에 나가 앉아 통곡한 후 강에 뛰어 들어 죽었다. 그날 밤 비바람이 거세었으나 시체는 가라 앉은 채 뜨지 않았다. 날이 밝은 후 보니 어린 딸은 강가 풀숲에서 계속 곤히 자고 있었다.

王烈婦, 上元人. 夫嗜酒廢業, 僦居破屋一間, 以竹篷隔內外. 婦日塞戶, 坐門扉績麻自給. 夫與博徒李游. 李悅婦姿, 謀亂之. 夫被酒, 以狂言餂婦, 婦奔母家避之. 夫逼之歸, 夜持酒脯與李俱至, 引婦坐, 婦駭走且罵. 夫以威挾之, 婦堅拒, 大被搒笞. 婦度不免, 夜攜幼女坐河干, 慟哭投河死. 是夜, 大風雨, 屍不漂沒. 及曙, 女尚熟睡草間.

---

11 상원(上元) : 명대 남경(南京) 응천부(應天府) 소속의 현(縣) 이름. 지금의 중국 강소성(江蘇省) 남경시(南京市).

제83화 허열부(許烈婦)

　　열부 허씨(許氏)는 송강(松江) 사람 허초(許初)의 딸이다. 그녀의 남편은 술 마시고 도박하느라 살림을 돌보지 않았다. 여러 도박꾼이 모여 상의하길 "너의 부인은 젊고 예쁜데 어찌 우리들과 함께 즐기지 않는가? 그리하면 너는 매일 돈을 얻어 술을 마실 수 있을 텐데!"라고 하였다. 허씨의 남편이 자기 아내에게 그 뜻을 말하자 허씨는 그를 꾸짖었다. 허씨의 남편이 허씨를 여러 차례 채찍질하고 때려도 그녀는 따르지 않았다. 어느 날 여러 건달들이 술과 안주를 가지고 오자 허씨는 이웃 부녀의 집으로 피신하였다. 허씨는 가슴에 안고 있는 딸이 울고 있는 것을 보고 "너의 아버지가 어리석은데 내 어찌 부끄러운 얼굴로 살아서 네가 어른이 되는 것을 기다릴 수 있겠는가?"라고 했다. 잠시 후 문 닫는 소리가 들려 이웃집 여인이 몰래 엿보니 허씨가 칼을 빼서 목을 찌른 채 땅에 엎어져 있었다. 허씨의 아버지가 의사를 데려와서 뜨겁게 한 닭 껍질로 상처 난 곳을 막자 허씨는 다시 그 닭 껍질을 떼어냈다. 허씨는 다음날 아침 숨이 넘어갔다. 나이 25세였다.

又許烈婦, 松江人許初女. 夫飲博不治生. 諸博徒聚謀曰:「若婦少艾, 曷不共我輩歡, 日可得錢治酒.」夫卽以意喩婦, 婦叱之, 屢加箠撻不從. 一日, 諸惡少以酒肴進. 婦走避鄰嫗家, 泣顧懷中女曰:「而父不才, 吾安能靦顏自存, 俟汝之成也.」少間, 聞闔戶聲. 嫗覘之, 則拔刀刎頸仆地矣. 父挈醫來視, 取熱雞皮封之, 復抓去. 明旦氣絶, 年二十五.

제84화  오씨(吳氏)

오씨(吳氏)는 영풍(永豊)[12] 사람으로 이름이 길고(姞姞)이다. 18살 때 영집략(甯集略)과 결혼하였는데 1년이 안 되어 남편이 죽었다. 오씨는 6일 동안 먹지를 않았다. 가족들이 백방으로 타이르자 오씨는 비로소 죽을 먹기 시작하였는데 아침저녁으로 단지 쌀 한 알갱이 뿐이었다. 장례가 끝난 후 딸의 젊음을 가련히 여긴 오씨의 어머니가 딸을 개가시키려고 가서 오씨를 살폈다. 오씨는 자기 어머니와 3년 동안 함께 먹고 자면서 끝내 한마디도 하지 않았다. 오씨의 어머니는 집에 돌아가서 며느리들에게 "이 아이는 쇠와 돌의 마음이라 움직일 수가 없구나!"라고 하였다.

吳氏, 永豐人, 名姞姞. 年十八, 適甯集略. 未一年, 夫卒, 六日不食. 所親百方解譬, 始食粥, 朝暮一溢米. 服除, 母憐其少, 欲令改適. 往視之, 同寢食三年, 竟不敢出一語. 歸謂諸婦曰:「此女鐵石心, 不可動也.」

---

12 영풍(永豊) : 명대 강서성(江西省) 길안부(吉安府) 소속의 현(縣) 이름. 지금의 중국 강서성(江西省) 길안시(吉安市) 영풍현(永豊縣).

 제85화 **심씨육절부(沈氏六節婦)**

자계(慈谿)의 심씨(沈氏) 집안에 6명의 절부(節婦)가 있었다. 장씨(章氏)는 심조(沈祚)의 처이다. 주씨(周氏)는 심희로(沈希魯)의 처이다. 풍씨(馮氏)는 심신괴(沈信魁)의 처이다. 시씨(柴氏)는 심유서(沈惟瑞)의 처이다. 맹씨(孟氏)는 심홍량(沈弘量)의 처이다. 손씨(孫氏)는 심림(沈琳)의 처이다. 심씨들이 거주하는 곳은 심사교(沈思橋)로 바다에 인접했다. 일족은 2천여 명인데 모두 용맹하고 총명하며 싸움을 잘했다. 가정(嘉靖) 시기 왜구가 침략하자 심씨들은 여러 차례 왜구의 두목을 죽이고 그들이 노략질 한 것을 되찾았다. 왜구는 심씨 일족을 깊이 원망하였다. 어느 날 왜구가 크게 쳐들어오자 심씨는 사람들을 모아놓고 맹세하길 "부녀를 내주지 않고, 재물을 바치지 않으며 함께 죽기로 사수하자. 어기는 자는 처형한다"라고 했다. 장씨 역시 종족의 부녀들을 모아놓고 "남자는 전투에서 죽고 여자는 절의를 위해 죽는다. 적에게 욕을 당하지 말자"라고 맹세했다. 모두들 그 말을 따랐다. 왜구가 사방에서 포위하자 부녀들은 한 누각에 모여 기다렸다. 얼마 후 왜구가 공격하자 제일 먼저 장씨가 강으로 뛰어 들었다. 주씨와 풍씨가 뒤를 따랐다. 시씨는 마침 자기 남편을 위해 칼을 갈고 있었는데 칼로 왜구를 벤 후 자신을 찔렀다. 맹씨와 손씨는 왜구에게 붙잡히자 왜구의 칼을 빼앗아 자살했다. 당시 심씨 일족의 아녀

자로서 죽은 사람이 30여명이었는데 이들 6명이 가장 장렬했다.

慈谿沈氏六節婦. 章氏, 祚妻. 周氏, 希魯妻. 馮氏, 信魁妻. 柴氏, 惟瑞妻. 孟氏, 弘量妻. 孫氏, 琳妻. 所居名沈思橋, 近海. 族衆二千人, 多驍黠善鬪. 嘉靖中, 倭賊入犯, 屢殲其魁. 奪還虜掠. 賊深讐之. 一日, 賊大至, 沈氏豪誓於衆曰:「無出婦女, 無輦貨財, 共以死守, 違者誅.」章亦集族中婦女誓曰:「男子死鬪, 婦人死義, 無爲賊辱.」衆涑息聽命. 賊圍合, 郡婦聚一樓以待. 旣而賊入, 章先出投於河, 周與馮從之. 柴方爲夫礪刃, 卽以刃斫賊, 旋自刃. 孟與孫爲賊所得, 奪賊刃自刺死. 時宗婦死者三十餘人, 而此六人尤烈.

 제86화 **황씨(黃氏)**

    황씨(黃氏)는 사현(沙縣) 사람 왕순(王珣)의 처이다. 가정(嘉靖) 시기 왜구가 난을 일으켜 황씨의 마을을 노략질 했다. 황씨의 이웃은 모두 배 부리는 것을 업으로 살고 있었는데 왜구가 이르자 부녀들이 배에 올라타 선창에 숨었다. 황씨만 홀로 선창 밖에 앉아 있었다. 부녀들이 "적에게 들키는 것이 두렵지 않은가?"라고 소리치자 황씨가 대답하길 "선창 안에 편안히 앉아 있으면 적이 이르렀을 때 벗어나지 못할 것이다. 내가 밖에 있는 것은 물로 뛰어들기 편해서이다."라고 했다. 왜구가 이르자 황씨는 물로 뛰어들어 죽었다.

    黃氏, 沙縣王珣妻. 嘉靖中, 倭亂, 流劫其鄉. 鄉之比鄰, 皆操舟為業. 賊至, 衆婦登舟, 匿艙中, 黃兀坐其外. 衆婦呼之曰:「不虞賊見乎?」黃曰:「篷窗安坐, 恐賊至不得脫, 我居外, 便投水耳.」賊至, 黃躍入水中死.

제87화 장씨(張氏)

　　당시 같은 현(縣)에 나거(羅擧)의 처 장씨(張氏)가 있었다. 장씨는 남편을 따라 바위 굴 속으로 피난하였다. 왜구가 침략하여 장씨와 나씨의 첩 그리고 첩의 아들이 모두 잡혔다. 왜구가 장씨의 미모를 보고 범하려 하자 장씨는 거부하였다. 가는 도중 장씨가 자신의 머리를 풀어서 목을 매고 자살하려 하자 왜구가 장씨의 머리카락을 잘라버렸다. 장씨는 또 전각대(纏脚帶)[13]를 풀어 자살하려 했으나 역시 적에게 발각되어 장씨는 맨발인 채로 적의 주둔지에 끌려갔다. 왜구의 두목이 장씨를 남겨두려고 하자 장씨는 "빨리 죽여라!"고 사납게 소리쳤다. 왜구가 "죽음이 두렵지 않다면 나는 첩을 죽이겠다."라고 하자 장씨는 목을 빼고 "첩 대신에 내가 죽겠다. 첩을 살려 아이를 돌보게 해 달라."라고 하였다. 왜구가 "아이를 죽이겠다."라고 하자 장씨는 목을 빼고 "아이를 대신해 내가 죽겠다. 아이를 남겨 남편 후사를 잇게 해 달라."라고 했다. 왜구의 두목이 장씨를 끌어내 죽이라고 명령했다. 장씨는 앞으로 나가며 조금도 두려하는 기색이 없었다. 왜구가 주저하자 장씨는 욕하기를 그치지 않았다. 결국 해를 입었다. 장씨의 시신을 강에 던졌는데 시신이 살아있는 사람처럼 며칠 동안 떠있었다.

時同縣羅擧妻張氏, 從夫避亂巖穴間. 賊至, 張與妾及妾子俱爲所獲. 賊見張美, 欲犯之, 不從. 至中途, 張解髮自縊, 賊斷之. 張又解行纏, 賊又覺之, 徒跣驅至營. 賊魁欲留之, 張厲聲曰 :「速賜一死.」賊曰 :「不畏死, 吾殺汝妾.」張引頸曰 :「請代妾, 留撫孩嬰.」賊曰 :「吾殺孩嬰.」張引頸曰 :「請代孩嬰, 存夫嗣.」賊令牽出殺之. 張先行, 了無懼色. 賊方猶豫, 張罵不絶口, 遂遇害. 投屍於河, 數日屍浮如生.

---

13 전각대(纏脚帶) : 전족(纏足)의 발을 감싸는 띠. 전족은 어려서부터 여자 어린이의 발을 천으로 꼭 싸매어 발이 더 이상 자라지 못하게 한 중국의 풍속. 20세기 이전까지 중국에서 유행.

제88화 ■ 장씨(張氏)

　　장씨(張氏)는 정화(政和)¹⁴ 사람 유전(游銓)의 처이다. 왜구가 이르려고 하자 장씨는 그녀의 딸에게 여러 차례 "부녀의 도리는 정절을 지키는 것이 가장 중요하다. 궁지에 몰리게 되면 오직 물에 뛰어들거나 칼로 찌를 뿐이다. 너는 이를 명심해야 한다."라고 했다. 유전이 그 말을 듣고 상서롭지 못하다고 여기자 장씨는 "부인과 딸이 이처럼 하는 것보다 더 상서로운 일이 있겠는가?"라고 했다. 얼마 후 왜구가 정화를 함락했다. 장씨는 벗어날 수 없음을 알고 딸에게 연속해서 외치길 "너는 앞서의 가르침을 명심하고 있겠지?"라고 하였다. 딸은 고개를 끄덕이고 곧 우물로 뛰어들었다. 장씨는 웃음을 머금고 딸의 뒤를 쫓아 우물로 뛰어들어 함께 죽었다.

　　張氏, 政和游銓妻. 倭寇將至, 婦數語其女曰:「婦道惟節是尚, 値變之窮, 有溺與刃耳, 汝謹識之.」銓聞, 以為不祥. 婦曰:「使婦與女能如此, 祥孰大焉.」未幾, 賊陷政和, 張度不脫, 連呼女曰:「省前誨乎?」女頷之, 即赴井. 張含笑隨之, 並死.

---

14 정화(政和) : 명대 복건성(福建省) 건녕부(建寧府) 소속의 현(縣) 이름. 지금의 중국 복건성(福建省) 남평시(南平市) 정화현(政和縣).

 제89화 **엽씨(葉氏)**

또 엽씨(葉氏)가 있었는데 송계(松溪)15 사람 강화(江華)의 처이다. 진씨(陳氏)는 엽씨의 남동생 엽혜승(葉惠勝)의 처이다. 이들은 마을사람들과 함께 왜구를 피하여 장담(長潭)으로 피난했다. 마침 그해 섣달그믐을 맞이하여 이웃의 부녀가 어린 남자아이의 머리를 깎아주기 위해 칼을 찾았으나 찾지 못했다. 엽씨가 가슴 속에서 칼을 꺼냈다. 사람들이 그 까닭을 묻자 엽씨는 "급할 때를 대비한 것이다!"라고 대답했다. 왜구가 장담을 포위한 후 이 두 여인을 붙잡아서 한 밧줄에 묶었다. 엽씨가 진씨에게 말하길 "우리 두 사람이 붙잡혔으니 비록 살아서 돌아간다 해도 오명을 쓰게 되었다. 죽는 것이 더 나을 것이다"라고 했다. 진씨도 그렇다고 했다. 엽씨가 가슴에 품고 있던 칼을 찾았지만 이미 잃어버렸다. 두 사람은 각자 어린 딸을 끌어안은 채 연못 속으로 뛰어들어 죽었다.

又葉氏, 松溪江華妻, 陳氏, 葉弟惠勝妻, 偕里人避倭長潭. 値歲除, 里嫗覓刀為幼男薙髮弗得, 葉出諸懷中. 衆問故, 曰:「以備急耳.」及倭圍長潭, 執二婦, 共繫一繩. 葉謂陳曰:「我二人被繫, 縱生還, 亦被惡名, 死為愈.」陳唯唯. 葉探刀於懷, 則已失, 各抱幼女跳潭中死.

---

15 송계(松溪) : 명대 복건성(福建省) 건녕부(建寧府) 소속의 현(縣) 이름. 지금의 중국 복건성(福建省) 남평시(南平市) 관할의 송계현(松溪縣).

 제90화 **범씨(范氏)**

　같은 시기 임수(林壽)의 처 범씨(范氏) 역시 여러 부녀들과 함께 산 계곡에 숨었다. 왜구가 부녀들을 붙잡아서 강의 남쪽으로 데리고 갔는데 범씨 혼자서 왜구와 항쟁하였다. 어느 한 사람이 범씨에게 잠시 순종하고 있으면 집에서 재물을 가지고 와서 풀려날 수 있도록 해줄 것이라 말했다. 범씨는 "몸은 재물을 주고 풀려날 수 있을 것이다. 하지만 치욕도 재물을 주고 풀려날 수 있겠는가? 나는 차라리 죽겠다!"라고 대답했다. 왜구가 그 말을 듣고 범씨의 어린 딸을 죽여서 위협했으나 범씨는 동요하지 않았다. 왜구가 "너마저도 죽이겠다"라고 하자 범씨는 사납게 소리치길 "이는 바로 내가 바라는 바다"라고 했다. 왜구가 범씨를 살해했다.

　同時林壽妻范氏, 亦與衆婦匿山塢. 倭搜得衆婦, 偕至水南, 范獨與抗. 或謂姑順之, 家且來贖. 答曰:「身可贖, 辱可贖哉! 我則寧死.」賊聞言, 殺其幼女恐之, 不爲動. 曰:「倂及汝矣.」厲聲曰:「固我願也!」賊殺之.

제91화 유씨이녀(劉氏二女)

　　유씨(劉氏) 자매는 흥화(興化)[16] 사람이다. 가정(嘉靖) 41년(1562) 같은 마을의 부녀들과 함께 왜구에게 붙잡혀 길가의 사당에 갇히었다. 왜구가 술을 마신 후 갇혀있는 부녀들을 둘러보고 먼저 자매 중의 언니를 끌어냈다. 그 언니가 사납게 소리치며 "나는 명문집안의 여자이다. 어찌 적에게 욕을 당할 수 있겠는가?"라고 말하자 왜구가 웃으며 그녀를 위로하길 "만약 네가 나를 따른다면 내가 반드시 네 부모를 찾아서 너에게 보내주겠다."라고 하였다. 여인이 말하길 "부모가 어디에 있는지 모르는 이때 무슨 집에 돌아가는 것을 말하는 것인가?"라고 했다. 왜구는 오히려 그녀의 등을 쓰다듬으며 은근함을 나타냈다. 여인은 분노하여 큰소리로 욕하였다. 당시 이미 황혼이라 왜구가 마침 불을 피우자 여인은 불속으로 뛰어들어 타 죽었다. 잠시 후 왜구가 다시 그 동생에게 덤벼들었다. 동생 역시 크게 욕하였다. 왜구가 칼을 빼어들고 위협했으나 그녀는 동요하지 않고 "죽이려면 죽여라!"고 말했다. 왜구가 강제로 범하려 하자 여인은 그들을 속여서 말하길 "나는 진실로 따르기를 원하나 나의 언니의 시체가 다 탄 후를 기다리겠다. 그렇지 않으면 차마 할 수가 없다"라고 했다. 왜구는 기뻐하며 땔나무를 가져다 불속에 집어넣으니 불이 더욱 타올랐다. 이 여인 역시 불속으로 뛰어들어 죽었다. 당시 함께 죽은 사람이 47명이었으나 이 두 여인이 가장 드러났다.

劉氏二女, 興化人. 嘉靖四十一年與里中婦同爲倭所掠, 繫路傍神祠中. 倭飮酣, 遍視繫中, 先取其姉. 姉厲聲曰:「我名家女也, 肯污賊乎?」倭笑慰之曰:「若從我, 當詢父母歸汝.」女曰:「父母未可知, 此時尙論歸耶?」倭尙撫背作款曲狀. 女怒, 大罵. 時黃昏, 倭方縱火, 女卽赴火死. 已復侵其妹, 妹又大罵. 倭露刃脅之, 不爲動, 曰:「欲殺, 卽殺.」倭欲強犯之, 女紿曰:「吾固願從, 俟姉骨爐乃可, 否則不忍也.」倭喜負薪益火, 火熾, 女又赴火死. 時同死者四十七人, 二女爲最.

---

16 흥화(興化): 명대 남경(南京) 양주부(揚州府) 소속의 현(縣) 이름. 지금의 중국 강소성(江蘇省) 흥화시(興化市).

제92화 손열녀(孫烈女)

열녀 손씨(孫氏)는 오하(五河)17 사람이다. 성격이 정숙하고 조용하여 쓸데없이 장난하거나 농담하지 않았다. 그녀의 어머니 주씨(朱氏)가 죽자 계모 이씨(李氏)가 전 남편의 아들 정주아(鄭州兒)를 데리고 시집 왔다. 정주아는 자신의 어머니를 믿고 손씨를 범하려 하였다. 일찍이 손으로 손씨를 건드리자 손씨는 분노하여 그의 뺨을 때렸다. 어느 날 손씨가 국수를 만들고 있는데 정주아가 뒤에서 그녀를 끌어안았다. 손씨가 그의 머리채를 움켜잡고 칼을 찾으니 정주아가 그녀의 팔을 물어뜯고 간신히 도망쳤다. 손씨는 그녀의 언니에게 달려가서 사정을 알린 후 땅에 엎드린 채 통곡하며 말하길 "어머니가 돌아가시고 아버지 또한 다른 지역에 가 계신데 몹쓸 놈의 아들이 감히 나를 욕보였다. 내 반드시 칼로 그를 죽인 후 자살하겠다."라고 하였다. 그녀의 언니가 간곡히 위로하였다. 손씨는 팔의 상처를 계모 이씨에게 보여주며 정주아를 단속하라고 하였다. 정주아는 뉘우치지 않고 자기 어머니에게 "내가 나무를 했는데 팔에 힘이 부족해 나무를 길에 두고 왔습니다"라며 속여서 말했다. 이에 이씨가 가서 나무를 가지고 돌아와서 보니 방문이 꼭 닫혀 있었다. 숙모 서씨(舒氏) 역시 달려와서 "처음에 송아지 비명소리 같은 것이 들리더니 잠시 후에 또 우레와 같은 소리가 들렸다. 이상한 일이 반드시 생겼을 것이다"라고 했다. 두 사람이 힘을 합해 문을 열고 보니 정주아가 목이 거의 잘려진 채 문지방 옆에 죽어 있었다. 손씨 역시 벽에 기댄 채 죽어 있었다. 원래 정주아가 그의 어머니를 속여 나가게 한 후 손씨를 희롱하자 손씨는 겉으로 허락하는 것처럼 하여 그에게 문을 닫게 한 후 뒤에서 그를 살해한 것이었다.

孫烈女, 五河人. 性貞靜, 不苟嬉笑. 母朱卒, 繼母李攜前夫子鄭州兒來. 州兒恃母欲私女, 嘗以手挑之, 忿批其頰. 一日, 女方治麪, 州兒從後摟之. 女揪髮覓刃, 州兒齧其臂得脫, 女奔訴於姊, 觸地慟哭曰:「母不幸, 父又他出, 賊子敢辱我, 必刃之而後死.」姊曲撫慰. 乃以臂痕示李, 使戒戢之. 州兒不悛, 紿李曰:「兒採薪, 臂力不勝, 置遺束於路.」李往取之, 歸 則戶扃甚嚴. 從母舒氏亦趨至, 曰:「初聞如小犢悲鳴, 繼又響震如雷, 必有異.」并力啟之, 州兒死閾下, 項幾斷, 女亦倚壁死. 蓋州兒誑母出, 調女. 女陽諾而使之閉門, 既躪其後殺之也.

---

17 오하(五河) : 명대 남경(南京) 봉양부(鳳陽府) 소속의 현(縣) 이름. 지금의 중국 안휘성(安徽省) 방부시(蚌埠市) 오하현(五河縣).

제93화  채열녀(蔡烈女)

열녀 채씨(蔡氏)는 상원(上元) 사람이다. 어려서 부모를 여의고 할머니와 함께 살았다. 어느 날 그녀의 할머니가 외출한 사이 머슴이었다가 쫓겨나서 중이 된 자가 걸식하러 와선 채씨를 범하려 하였다. 채씨가 거절하자 그가 칼로 위협하였다. 채씨는 맨손으로 그와 싸우다 십 여 군데 상처를 입었으나 크게 욕하기를 그치지 않고 버티다 부엌 옆에서 죽었다. 적이 이미 달아난 후 관원이 와서 시체를 검사할 때 적이 갑자기 돌아와서 자수했다. 관원이 괴이하게 여겨 그 까닭을 물으니 적이 말하길 "여인의 혼이 나를 붙잡아 이곳에 오게 한 것이다"라고 하였다. 이리하여 적의 죄를 다스렸다.

又蔡烈女, 上元人. 少孤, 與祖母居. 一日, 祖母出, 有逐僕爲僧者來乞食, 挑之, 不從. 挾以刃, 女徒手搏之, 受傷十餘處, 罵不絕, 宛轉死竈下. 賊遁去, 官行驗, 忽來首伏. 官怪問故. 賊曰:「女拘我至此.」 遂抵罪.

제94화 진간처이씨(陳諫妻李氏)

　　진간(陳諫)의 처 이씨(李氏)는 번우(番禺)[18] 사람이다. 진간은 가정(嘉靖) 11년(1532) 진사(進士)[19]이다. 진간은 태평(太平)의 추관(推官)[20]으로 부임하였는데 2개월 만에 사망하였다. 그의 동생이 관을 가지고 고향으로 돌아가게 되었다. 이씨가 "나는 젊은 과부이다. 어찌 시동생과 만 리 길을 동행해 갈 수 있겠는가?"라고 말한 후 단식하고 결국 죽었다.

　　陳諫妻李氏, 番禺人. 諫, 嘉靖十一年進士. 爲太平推官, 兩月卒, 其弟扶櫬歸. 李曰:「吾少嫠也, 豈可與叔萬里同歸哉!」遂不食死.

18　번우(番禺) : 명대 광동성(廣東省) 광주부(廣州府) 소속의 현(縣) 이름. 지금의 중국 광동성(廣東省) 광주시(廣州市) 번우구(番禺區).
19　진사(進士) : 명대 회시(會試)에 합격한 후 최종적으로 황제 앞에서 전시(殿試)를 보게 되는데 여기에서 합격한 진사급제(進士及第), 진사출신(進士出身), 동진사출신(同進士出身) 등을 모두 진사(進士)라 함. 그 중 진사급제자 3명을 순차적으로 장원(狀元), 방안(榜眼), 탐화(探花)라 함.
20　추관(推官) : 관직명. 부(府)의 형법(刑法) 등을 담당하는 관리. 정7품.

제95화 ▮ **호씨(胡氏)**

　　호씨(胡氏)는 회계(會稽) 사람이다. 같은 마을의 심질(沈袠)과 혼약을 맺었는데 결혼하려 할 때 심질이 그의 아버지 심련(沈鍊)21의 옥사에 연루되었다. 심질의 두 형 심곤(沈袞)과 심포(沈褒)는 북쪽 변방에서 곤장을 맞아 죽고 심질과 그의 형 심양(沈襄)은 함께 선부(宣府)의 옥에 구금되었다. 총독(總督)22 양순(楊順)23은 엄숭(嚴嵩)24의 뜻을 받들어 두 형제를 죽이려고 수백 대의 매를 때린 후 밤에 두 형제가 병사하였다는 문서를 준비했다. 때마침 양순이 급사중(給事中)25 오시래(吳時來)의 탄핵을 받아 죄수가 타는 수레를 탄 채 압송되어 심양 등은 비로소 석방되었다. 그러나 심질은 이 일로 피를 토하는 병이 들었다. 심질은 자기 아버지의 유해를 고향에 운반하여 장례를 다 치루고 탈상기간이 끝난 후 비로소 호씨와 결혼했다. 호씨는 이미 27세였다. 6개월이 지난 후 심질이 죽었다. 호씨는 슬픈 통곡을 그치지 않으며 화장품 도구를 다 내어다 팔아서 장례를 치루었다. 어떤 사람이 호씨에게 개가를 권고하자 그녀는 두발(頭髮)을 자르고 칼로 얼굴을 훼손하여 거절을 나타냈다. 호씨는 하루 종일 한 방에 있으면서 비록 형제자매라 할지라도 정한 시간이 아니면 만나지 않았다. 만년에 호씨가 병이 들자 식구들이 의사를 부르려 하였다. 호씨는 자신의 아버지에게 "과부의 손을 어찌 다른 사람에게 보일 수 있겠습니까?"라고 말한 후 약을 복용하지 않은 채 죽었다. 당시 나이 51세였다. 심양의 아들로 후사를 삼았다.

> 胡氏, 會稽人. 字同里沈襃. 將嫁, 而襃遘父鍊難, 二兄裒, 褒杖死塞上, 襃與兄褱並逮繫宣府獄. 總督楊順逢嚴嵩意, 必欲置二子死, 搒掠數百, 令夜分具二子病狀. 會順爲給事中吳時來所劾, 就檻車去, 襃等乃得釋. 自是病嘔血, 扶父喪歸, 比服闋始婚, 胡年已二十七. 踰六月, 襃卒, 胡哀哭不絕聲, 盡出奩具治喪事. 有他諷者, 斷髮劖面絕之. 終日一室中, 卽同産非時不見. 晚染疾, 家人將迎醫, 告其父曰:「寡婦之手豈可令他人視.」不藥而卒, 年五十一. 以襃子嗣.

---

21 심련(沈鍊): 명대 절강성(浙江省) 회계(會稽) 사람. 1538년 진사(進士). 자(字) 순보(純甫), 호 청하(青霞). 엄숭(嚴嵩)을 탄핵하다 유배당한 후 1557년 엄숭의 아들 엄세번(嚴世蕃)의 사주를 받은 순안어사(巡按御史) 노계(路楷)와 선대총독(宣大總督) 양순(楊順)에 의해 백련교에 연루된 혐의를 받고 두 아들과 함께 살해당함. 1567년 광록소경(光祿少卿)으로 추증됨. 저서에『청하집(青霞集)』이 있음.
22 총독(總督): 관직명. 지방의 최고 장관. 보통 1개 성(省) 혹은 2, 3개의 성을 관장함. 정2품.
23 양순(楊順): 명대의 관료. 1557년 병부시랑(兵部侍郞) 겸 선대총독(宣大總督)으로 재임 중 자신을 비난하는 심련과 그의 아들을 살해함. 급사중(給事中) 오시래(吳時來)의 탄핵을 받고 구금당함.
24 엄숭(嚴嵩, 1481~1568): 명대 강서성(江西省) 분의(分宜) 사람. 자(字) 유중(惟中), 호 개계(介溪). 명 세종(世宗) 때의 재상으로 권력을 전횡하여 탄핵 받고 파관 당함. 그의 아들 엄세번(嚴世蕃)의 교만으로 인해 재산을 모두 몰수당한 채 걸식하다 죽음. 글과 시문에 능하였음.
25 급사중(給事中): 관직명. 이과(吏科), 호과(戶科), 예과(禮科), 병과(兵科), 형과(刑科), 공과(工科)에 정7품의 도급사중(都給事中) 각 1명, 종7품의 좌우급사중(左右給事中) 각 1명, 그리고 종7품의 급사중(給事中)을 이과 4명, 호과 8명, 예과 6명, 병과 10명, 형과 8명, 공과 4명 각각 둠. 모든 급사중은 6부의 관청을 감찰, 규제하는 역할을 담당함.

제96화 ■ 대씨(戴氏)

　　대씨(戴氏)는 보전(莆田)26 사람으로 이름은 청(淸)이다. 채본징(蔡本澄)에게 시집갈 때 나이가 겨우 14세였다. 2년이 지난 후 채본징이 대대로 군적(軍籍)에 소속되었기 때문에 요동(遼東)27 지방으로 군대에 나가게 되었다. 그는 갈 때 첩을 사서 아내 대신 데리고 갔다. 대씨의 아버지가 채본징과 약속하길 "요동은 하늘의 끝 지역이다. 만약 자네가 5년이 되어도 돌아오지 않는다면 내 딸을 개가시킬 것이다."라고 했다. 기한이 이르러 대씨의 아버지가 딸에게 약속대로 행하라고 했다. 대청은 울면서 따르지 않고 홀로 15여 년 동안 살았다. 채본징이 돌아와서 아들 하나를 낳은 후 1년이 안되어 부자가 잇따라 죽었다. 대청은 너무 슬퍼하여 거의 기절할 지경이었다. 대청의 아버지가 몰래 오씨 집안의 결혼제의를 받아들였다. 대청은 그 사실을 알고 "사람들이 모두 나를 채본징의 아내라 부른다. 어찌 또 오씨를 거론하는가?"라고 말한 후 즉각 친정집으로 가서 혼약을 파기하게 했다. 오씨 집안에서 관청에 소송을 제기했으나 관청에서는 대청으로 하여금 수절하도록 하게하고 '과부 청(淸)의 문을 세워 그것을 나타냈다.

戴氏, 莆田人, 名清. 歸蔡本澄, 年甫十四. 居二年, 本澄以世籍戍遼東, 買妾代婦行. 戴父與約曰:「遼左天末, 五年不歸, 吾女當改嫁矣.」至期, 父語清如約. 泣不從, 獨居十有五年. 本澄歸, 生一子, 未晬, 父子相繼亡. 清哀毁幾絶. 父潛受吳氏聘, 清聞之曰:「人呼女蔡本澄婦耳, 何又云吳耶?」即往父家, 使絶婚. 吳訟之官, 令守節, 表曰寡婦清之門.

---

26 보전(莆田) : 명대 복건성(福建省) 흥화부(興化府) 소속의 현(縣) 이름. 지금의 중국 복건성(福建省) 보전시(莆田市).
27 요동(遼東) : 명대 산동성(山東省) 요동도지휘사사(遼東都指揮使司) 관할 지역. 지금의 중국 요녕성(遼寧省) 지역.

제97화 **호씨(胡氏)**

당시 보전(莆田)에 또 구무인(歐茂仁)의 처 호씨(胡氏)가 있었다. 호씨는 수절을 엄격하고 고통스럽게 하여 집안 안 밖 모두로부터 매우 존중을 받았다. 그 고을에 오랫동안 판결을 내리지 못한 소송 안건이 있었다. 어떤 사람이 말하길 "태수께서는 호 과부에게 물어보시오"라고 했다. 이에 태수는 호씨를 방문하여 소송에 대해 물었더니 호씨는 한 마디로 판결을 내렸다.

時莆又有歐茂仁妻胡氏, 守節嚴苦, 內外重之. 郡有獄久不斷, 人曰:「太守可問胡寡婦.」守乃過婦問之, 一言而決.

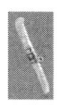 제98화 ■ **허원침처호씨(許元忱妻胡氏)**

　호씨(胡氏)는 은현(鄞縣) 사람 허원침(許元忱)의 처이다. 허원침은 서축사(徐祝師)의 양자가 되어 무속의 일을 익혔다. 호씨는 그것을 비루하게 여겨 남편에게 직업을 바꿀 것을 권고함과 동시에 허씨 문중으로 돌아갈 것을 권고했다. 아직 일을 이루기도 전에 허원침이 전염병으로 죽었다. 호씨는 남편의 관을 허씨 집안의 묘지에 둔 채 관 옆에서 풀을 덮고 잤는데 밤에 잘 때는 칼을 품고 잤다. 마을의 한 사람이 호씨를 자기 아내로 취하려고 하자 호씨는 얼굴을 훼손하고 귀밑의 머리칼을 자른 후 왼손가락 3개를 절단하니 유혈이 낭자하였다. 그 사람이 놀라 도망쳤다. 종족 중의 나이 많은 아녀자 한 사람이 호씨를 끌어안고 크게 통곡한 후 호씨로 하여금 아들을 부양케 하였다. 호씨는 상중 기간 3년 동안 세수하지 않고 머리도 빗지 않았다. 호씨는 남편의 장례를 모두 끝낸 후 비로서 아들을 결혼시켰다. 호씨의 남편에게는 어려서 밖으로 떠돌아다니던 남동생이 있었는데 호씨는 또한 그를 집으로 맞이해 들였다. 허씨 집안은 이로 인해 다시 흥성했다.

胡氏, 鄞許元忱妻. 元忱為徐祝師養子, 習巫祝事. 胡副之, 勸夫改業, 且勸歸許宗. 未果, 而元忱疫死. 氏殯之許氏廬, 苫臥柩傍, 夜擁一刀臥. 里某求氏為偶, 氏毀面截鬢髮, 斷左手三指, 流血淋漓, 某驚遁. 族婦尊行抱持之, 大慟, 因立應後者, 令子之. 氏服喪三年, 不浣不櫛. 畢葬, 乃為子娶婦. 夫有弟少流移於外, 復為返之, 許氏賴以復起.

 제99화 **합양이 씨(郃陽李氏)**

이씨(李氏)는 합양(郃陽)[28] 사람 안상기(安尙起)의 처이다. 안상기는 하남(河南)에서 장사하다 병으로 죽었다. 이씨는 남편이 죽었다는 소식을 듣고 모든 재산을 정리하여 남편의 빚을 다 갚은 뒤 관을 준비한 채 남편의 유해가 돌아오기를 기다렸다. 그리고 이씨는 일족에게 무릎 꿇고 "번거롭겠지만 두개의 관을 매장하십시오"라고 말한 후 방문을 닫고 자살하려 하였다. 이웃집의 부인이 이씨를 구하려고 문을 두드리며 "그대는 아직 빚을 다 갚지 않았는데 어찌 성급히 죽으려 하는가?"라고 했다. 이씨가 문을 열고 "나는 이미 재산을 다 써버렸으니 어찌할 것인가? 다시 하루만 기다려주시오"라고 대답했다. 이씨는 신발 한 켤레를 만들어 이웃집 부녀에게 전해주면서 "이것이면 충분히 보상이 될 것이오"라고 말한 후 집에 돌아가서 목을 매고 죽었다.

李氏, 郃陽安尙起妻. 尙起商河南, 病亡. 氏聞訃, 盡變產完夫債, 且置棺以待夫櫬歸, 跪告族黨曰 :「煩擧二棺入地.」閉戶將自縊, 鄰婦欲生之, 排闥曰 :「爾尙有所逋, 何遽死?」氏啟門應曰 :「然吾資已盡, 奈何? 請復待一日.」乃紉履一雙往畀之, 曰 :「得此足償矣.」歸家, 遂縊死.

---

28 합양(郃陽) : 명대 섬서성(陝西省) 서안부(西安府) 소속의 현(縣) 이름. 지금의 중국 섬서성(陝西省) 위남시(渭南市) 합양현(郃陽縣).

 제100화 ▎오절부(吳節婦)

    절부 오씨(吳氏)는 무위(無爲)²⁹ 사람 주응정(周凝貞)의 처이다. 주응정이 죽었을 때 오씨는 24세였다. 오씨는 얼굴을 훼손하고 개가 안할 것을 죽기로 맹세했다. 오씨는 바느질 품삯으로 과부인 시어머니를 공양했다. 시어머니가 늙고 병들어 누운 채 이가 빠져 음식을 먹을 수 없게 되었다. 오씨는 자기 아이의 젓을 끊고 대신 시어머니에게 먹였다. 겨울에는 잘 때 시어머니 등을 껴안고 누워 따뜻하게 해주었다. 이렇게 침상 주변에서 서성거리기를 3년 동안 하였다. 시어머니가 죽자 오씨는 슬퍼함이 과도하여 뼈가 드러날 정도로 수척했다. 75세에 죽었다.

    吳節婦, 無為周凝貞妻. 凝貞卒, 婦年二十四, 毀容誓死, 不更適, 傭女工以奉孀姑. 姑老臥病, 齒毀弗能食. 婦絕其兒乳以乳姑, 冬月臥擁姑背以煖之, 宛轉牀席者三年. 姑卒, 哀毀骨立, 年七十五終.

---

29 무위(無爲) : 명대 남경(南京) 여주부(廬州府) 소속의 주(州) 이름. 지금의 중국 안휘성(安徽省) 소호시(巢湖市) 무위현(無爲縣).

제101화 양씨(楊氏)

양씨(楊氏)는 청원(淸苑)[30] 사람 유수창(劉壽昌)의 처이다. 19살 때 남편이 죽자 양씨는 남편 따라 죽을 것을 죽기로 맹세했다. 그러나 시어머니가 병들고 의지할 곳이 없음을 생각해 죽지를 않았다. 친정집에서 양씨를 데려 가려고 했으나 양씨는 시어머니가 늙어 차마 그 곁을 떠날 수 없다며 끝내 친정집에 돌아가지 않았다. 30년이 지난 후 시어머니가 죽자 양씨는 장례를 모두 마친 후 남편의 무덤 앞에서 통곡하며 "나는 이제 당신을 따라 지하로 갈 수 있게 되었소"라고 하였다. 그리고 그녀는 곧 음식을 먹지 않았다. 가족들이 양씨에게 유언을 묻자 그녀는 "나는 아직 시어머니 상중이니 내가 죽은 후 흰 포로 염해주시오"라고 말한 후 죽었다.

又楊氏, 淸苑劉壽昌妻. 年十九, 夫卒, 誓死殉. 念姑病無依, 乃不死. 母家來迎, 以姑老不忍去側, 竟不歸寧. 閱三十年, 姑卒, 葬畢, 哀號夫墓曰:「妾今得相從地下矣.」遂絶粒. 家人問遺言. 曰:「姑服在身, 殮以布素.」遂暝.

---

30 청원(淸苑) : 명대 경사(京師) 보정부(保定府) 소속의 현(縣) 이름. 지금의 중국 하북성(河北省) 보정시(保定市) 청원현(淸苑縣).

 제102화 ■ 서아장(徐亞長)

　서아장(徐亞長)은 동완(東莞)[31] 사람 서첨남(徐添男)의 딸이다. 서첨남은 서씨 집안의 하인으로 아장이 4살 때 죽었다. 아장의 어머니는 아장을 주인에게 맡기고 다른 사람에게로 시집갔다. 아장이 다 자라자 성품이 정숙하고 과묵하여 모든 노비 중에서 감히 침범할 수 없는 품위가 있었다. 젊은 머슴 진왕(進旺)이 아장과 정을 통하려고 했지만 아장이 거절하였다. 아장이 주인의 명을 받들어 콩밭에서 풀을 뽑고 있었는데 진왕이 그녀에게 집적거렸다. 아장은 힘써 저항한 후에야 겨우 벗어날 수가 있었다. 아장은 곧 울면서 말하길 "도련님이 독서하는 것을 들으니 '남에게 손을 잡힌 한 과부가 도끼로 그 손을 잘랐다'라고 했다. 하물며 나는 처녀인데 어찌 살아 갈 수 있겠는가!" 하고는 강에 뛰어들어 죽었다.

徐亞長, 東莞徐添男女. 添男爲徐姓僕, 生亞長四歲而死. 母以亞長還其主, 去而別適. 比長, 貞靜寡言笑, 居羣婢中, 凜然有難犯之色. 家童進旺欲私之, 不可. 亞長奉主命薙草豆田中, 進旺跡而迫之, 力拒獲免, 因哭曰:「聞郞君讀書, 有寡婦手爲人所引, 斧斷其手, 況我尚女也, 何以生爲!」遂投江死.

---

31 동완(東莞) : 명대 광동성(廣東省) 광주부(廣州府) 소속의 현(縣) 이름. 지금의 중국 광동성(廣東省) 동완시(東莞市).

 제103화 **장열부(蔣烈婦)**

열부 장씨(蔣氏)는 단양(丹陽)32 사람 강사진(姜士進)의 처이다. 어려서부터 총명하고 독서를 좋아했다. 그의 남동생 장문지(蔣文止)가 밖에서 공부를 마치고 저녁에 돌아오면 장씨는 그에게 떡을 주고 낮에 배웠던 책의 내용을 암송하게 하였다. 장씨는 그것을 듣고 모두 다 기억하였는데 오랜 동안 그렇게 하자 글도 쓰게 되었다. 강사진에게 시집간 후 몇 년이 지나 남편이 병을 앓다 죽었다. 장씨는 금을 가루로 만든 후 술과 함께 복용함과 동시에 소금을 타서 마시었다. 장씨의 아버지가 여러 차례 딸이 자살하려 한다는 것을 알고 급히 달려와 구했다. 장씨는 12일 동안 먹지를 않았다. 장씨는 그녀의 아버지가 억지로 입을 벌려 약을 마시게 하여서 역시 죽지 않았다. 예부상서(禮部尙書)33 강보(姜寶)34는 강사진의 당숙이었는데 장씨가 독서를 좋아한다는 것을 알고 그녀의 침실에 많은 고대의 서적을 둔 후 장씨에게 유향(劉向)의 『열녀전』의 속편을 쓰도록 하였다. 장씨가 허락하자 식구들의 방비 역시 더욱 엄격하였다. 어느 날 장씨는 남편의 위패 앞에 구덩이를 파서 큰 항아리를 묻은 후 물을 담고 식구들에게 웃으며 "나는 여기에다 백련을 심으려 한다. 이 꽃은 비록 진흙에서 자라지만 더럽혀짐이 없으니 죽은 사람으로 하여금 나의 뜻을 알게 하려는 것이다"라고 했다. 이리하여 장씨는 매일 책 쓰기를 조금도 게을리 하지

않았다. 책이 거의 완성될 무렵 장씨는 식구들의 방비가 다소 해이한 틈을 타서 항아리 물속에 머리를 담그고 죽었다. 장씨가 쓴 문장은 원고가 완성되자마자 곧 훼손되었고, 남은 것은 「열녀전(列女傳)」, 「곡부문(哭夫文)」 4편, 「몽부부(夢夫賦)」 1편 등인데 모두 동생 장문지가 몰래 빼돌린 것이었다. 어시(御使)[35]가 이 일을 조정에 알리자 황제가 그 집 문에 '문장정절(文章貞節)'이라는 편액을 걸도록 하명하였다. 처음 장씨의 오빠는 장씨가 글 쓰는 것을 보고 그녀를 이이안(李易安)[36]과 주숙진(朱淑眞)[37]에 비유하였다. 그러자 장씨는 미간을 찌푸리며 말하길 "이안은 개가하였고 숙진은 자기의 남편에 대해 불만이었다. 비록 글은 쓸 줄 알았지만 큰 정절은 훼손되었다"라고 했다. 어려서부터 지조에 대한 장씨의 뜻은 이미 이와 같았다.

蔣烈婦, 丹陽姜士進妻. 幼穎悟, 喜讀書. 弟文止方就外傅, 夜歸, 輒以餠餌啖之, 令誦日所授書, 悉能記憶, 久之遂能文. 歸士進數年, 士進病瘵死. 婦屑金和酒飮之, 幷飮鹽鹵. 其父數偵知, 奔救免. 不食者十二日, 父啟其齒飮之藥, 復不死. 禮部尚書寶, 士進從父也, 知婦嗜讀書, 多置古圖史於其寢所, 令續劉向列女傳. 婦許諾, 家人備之益謹. 一日, 婦命於總帳前掘坎埋大缸貯水, 笑謂家人:「吾將種白蓮於此, 此花出泥淖無所染, 令亡者知予心耳.」於是日纂輯不懈. 書將成, 防者稍不戒, 則濡首缸中死矣. 爲文脫稿卽毀, 所存烈女傳 及哭夫文四篇, 夢夫賦一篇, 皆文止竊而得之者. 御史聞於朝, 榜其門曰文章貞節. 初, 其兄見女能文, 以李易安, 朱淑眞比之, 輒嚬蹙曰:「易安更嫁, 而淑眞不慊其夫, 雖能文, 大節虧矣.」其幼時志操已如此.

32 단양(丹陽) : 명대 남경(南京) 진강부(鎭江府) 소속의 현(縣) 이름. 지금의 중국 강소성(江蘇省) 진강시(鎭江市) 관할의 단양시(丹陽市).
33 예부상서(禮部尙書) : 관직명. 중앙 6부 중 예부(禮部)의 최고장관. 전국의 모든 예의(禮儀), 제사, 연회, 공거(貢擧) 등에 관련된 정령을 관장함. 정2품.
34 강보(姜寶) : 명 만력(萬曆, 1573~1615) 시기의 관료. 제주(祭酒), 예부상서(禮部尙書) 등 관직 역임. 저서에 『강보문집(姜寶文集)』, 『주역보의(周易補疑)』 등이 있음.
35 어사(御使) : 도찰원(都察院) 소속의 관원. 도찰원에는 정2품의 좌우도어사(左右都御史) 각 1명, 정3품의 좌우부도어사(左右副都御史) 각 1명, 정4품의 좌우첨도어사(左右僉都御史) 각 1명, 정7품의 13도감찰어사(十三道監察御史) 110명 등의 어사(御史)가 있으며 주로 관료사회의 풍기를 바로잡는 역할을 담당함.
36 이이안(李易安, 1084~1151) : 송대 제남(濟南) 사람. 본명 이청조(李淸照), 호 이안거사(易安居士). 문학과 예술, 특히 사(詞)에 뛰어났음. 금석학자(金石學者) 조명성(趙明誠)과 결혼하였으나 북송 말 금(金)의 침입을 받아 강남으로 피난 중 남편과 사별. 말년에 절강성(浙江省)에서 재혼과 이혼을 거듭하며 불우하게 지냄. 저서에 사집(詞集) 『수옥사(漱玉詞)』와 후세인이 편집한 『이청조집(李淸照集)』이 있음.
37 주숙진(朱淑眞) : 송대 전당(錢塘) 사람(일설에는 해녕 사람). 자호(自號)는 유서거사(幽栖居士)이며 생졸연대는 미상. 어린시절부터 독서와 시사(詩詞)를 연마하여 시인으로서의 이름을 얻었고 저서에 『단장집(斷腸集)』이 있음.

제104화  양옥영(楊玉英)

양옥영(楊玉英)은 건녕(建寧)[38] 사람이다. 옥영은 서사(書史)를 섭렵하여 시를 잘 지었다. 18세 때 관시중(官時中)과 혼인을 약속하였는데 관시중에게 뜻하지 않은 옥사가 생겼다. 옥영의 부모가 그녀를 다른 사람에게로 시집보낼 것을 약속했다. 옥영은 그것을 알고 자신의 시녀에게 "내 상자 안에 패물 주머니와 삼베 신발 등 여러 물건이 있는데 나중에 기회가 있으면 그것들을 관시중 어른에게 갖다 드려라."라고 부탁했다. 시녀는 무슨 뜻인지 모르고 그것을 허락했다. 이리하여 옥영은 몰래 침실에 들어가 목을 매고 자살하였는데 눈을 뜬 채 죽었다. 관시중이 부음 소식을 듣고 예물을 갖추어 제사지낸 후 손으로 옥영의 눈을 덮자 그제야 눈이 감겼다. 시녀가 옥영이 남긴 유품을 꺼내어 옥영의 부모에게 주었다. 그것을 열어서 보니 다음과 같은 시 한 수가 있었다. "곤산(崑山)[39]의 한 조각 옥이 변화(卞和)[40]에게 팔렸다. 변화의 다리는 월형(刖刑)[41]을 받아 고통스럽고 옥은 견고해 갈 수가 없다. 만약 다시 다른 사람에게 시집간다면 평생 동안 어찌할 것인가!"

楊玉英, 建寧人. 涉獵書史, 善吟咏. 年十八, 許字官時中. 時中有非意之獄, 父母改受他聘. 玉英聞之, 囑其婢曰 :「吾篋有佩囊, 布鞋諸物, 異日以遺官官人.」婢弗悟, 諾之. 於是竊入寢室, 自經死, 目不瞑. 時中聞訃, 具禮往祭, 以手掩之, 遂瞑. 婢出所遺物, 付父母啟之, 得詩云 :「崑山一片玉, 既售與卞和. 和足苦被刖, 玉堅不可磨. 若再付他人, 其如平生何!」

---

38 건녕(建寧) : 명대 복건성(福建省) 소무부(邵武府) 소속의 현(縣) 이름. 지금의 중국 복건성(福建省) 삼명시(三明市) 건녕현(建寧縣).
39 곤산(崑山) : 곤륜산(崑崙山)의 간칭. 서로는 파미르고원에서 시작하여 신강과 티베트 사이로 이어지고 북으로는 탑리목(塔里木) 분지가 되며 남으로는 장북(藏北) 고원이 되는 아시아 서부지방의 큰 산의 하나. 곤륜산에서 생산되는 옥을 곤산옥이라 함.
40 변화(卞和) : 춘추시대 초(楚) 나라 사람. 형산(荊山)에서 박옥(璞玉)을 얻어 초왕에게 받쳤으나 의심을 받아 월형(刖刑)을 당함. 후일 초왕이 조각가에게 그 옥을 조각한 후 진짜 귀중한 옥이라 인정하고 그것의 이름을 화씨벽(和氏璧)이라 함.
41 월형(刖刑) : 발이나 다리를 자르는 중국 고대 형벌 중의 하나.

제105화 장선운(張蟬雲)

장선운(張蟬雲)은 포성(蒲城)[42] 사람이다. 유회(俞檜)와 혼인을 약속하였다. 만력(萬曆) 시기 유회가 다른 사람의 모함을 받아 감옥에 갇혔다. 선운은 뇌물을 쓰면 유회를 감옥에서 풀려나게 할 수 있다는 것을 듣고 자기 어머니와 상의한 후 화장품 상자를 팔아 도우려 했다. 그녀의 어머니가 동의하지 않으며 "너는 아직 시집가지 않았는데 어찌 이렇게 하려는가?"라고 했다. 선운은 마침 식사를 하고 있었는데 밥그릇을 땅에 던져버린 채 화를 내며 말을 하지 않았다. 밤이 되자 그녀는 목을 매고 죽었다.

又張蟬雲, 蒲城人, 許字俞檜. 萬曆中, 檜被誣繫獄. 女聞可賄脫, 謀諸母, 欲貨妝奩助之. 母不可, 曰:「汝未嫁, 何為若此.」女方食, 即以盌擲地, 恚不語. 入暮自縊死.

---

42 포성(蒲城) : 명대 섬서성(陝西省) 서안부(西安府) 소속의 현(縣) 이름. 지금의 중국 섬서성(陝西省) 위남시(渭南市) 포성현(蒲城縣).

 제106화 **예씨(倪氏)**

　　진양(陳襄)의 처는 예씨(倪氏)이다. 진양은 은현(鄞縣)의 제생(諸生)인데 요절하였다. 예씨의 나이는 30세로 아들이 없었고 집안이 가난하였다. 그녀는 바느질을 하여서 시어머니를 공양했다. 어떤 사람이 예씨의 미모에 반하여 중매인을 보내 그녀의 시어머니에게 이야기했다. 예씨는 끓는 물에 자신의 얼굴을 담가 왼쪽 눈이 튀어 나오게 하고 또 상처에다 숯을 발라 얼굴이 매우 무서운 형상이 되었다. 중매인이 보고 놀라 달아난 후 감히 다시 중매이야기를 꺼내지 못하였다. 20년이 지난 후 시어머니가 70여세에 사망하자 예씨는 애통해하며 단식하고 죽었다.

　　陳襄妻倪氏. 襄爲鄞諸生, 早卒. 婦年三十, 無子, 家貧, 力女紅養姑. 有慕其姿者, 遣媒白姑. 婦煎沸湯自漬其面, 左目爆出, 又以烟煤塗傷處, 遂成獰惡狀. 媒過之, 驚走, 不敢復以聘告. 歷二十年, 姑壽七十餘卒, 婦哀慟不食死.

제107화 ▎ **팽씨(彭氏)**

팽씨(彭氏)는 안구(安丘)⁴³ 사람이다. 어려서 왕매고(王枚皐)와 혼인을 약속하였는데 아직 결혼하기 전에 왕매고가 죽었다. 팽씨는 다시 결혼하지 않을 것을 맹세했다. 유현(濰縣)⁴⁴ 사람 정도평(丁道平)이 팽씨의 아버지와 함께 몰래 팽씨와의 결혼에 대해 상의하였다. 팽씨는 그 사실을 알고 6일 동안 먹지를 않았다. 정도평이 후회하고 단념한 채 마음속으로 팽씨의 정절을 공경하였다. 정도평은 나중에 팽씨가 병이 위독하여 일어나지 못한다는 소식을 듣고 관을 보냈다. 팽씨는 자기 아버지에게 "나를 갈대자리로 말아서 묻고 빨리 정씨가 보낸 관을 돌려보내세요 나는 지하에서 왕매고를 만나고자 합니다."라고 말한 후 죽었다.

彭氏, 安丘人. 幼字王枚皐. 未嫁, 枚皐卒, 誓不再適. 濰縣丁道平密囑其父欲娶之. 彭察知, 六日不食. 道平悔而止, 心敬女節烈, 後聞其疾革不起, 贈以棺. 彭語父曰:「可束葦埋我, 亟還丁氏棺, 地下欲見王枚皐也.」遂死.

---

43 안구(安丘) : 명대 산동성(山東省) 청주부(青州府) 소속의 현(縣) 이름. 지금의 중국 산동성(山東省) 유방시(濰坊市) 관할의 안구시(安丘市).
44 유현(濰縣) : 명대 산동성(山東省) 내주부(萊州府) 소속의 현(縣) 이름. 지금의 중국 산동성(山東省) 유방시(濰坊市) 유현(濰縣).

제108화 ■ 유씨(劉氏)

유씨(劉氏)는 영주(潁州)⁴⁵ 사람 유매(劉梅)의 딸이다. 유씨는 이지본(李之本)과 결혼하기로 약속하였는데 이지본이 죽었다. 유씨는 눈에서 피눈물이 나도록 울고 아울러 식사를 끊은 채 자기 아버지에게 "저는 이낭군을 위해 3년 동안 상복을 입고 동생이 어느 정도 장성하면 그 때에 순절하겠습니다. 이 말을 시아버지에게 전해주고 낭군의 관에 덧널을 준비하지 말도록 해주십시오"라고 했다. 이로부터 유씨는 다시는 지분을 사용하지 않고 자기 남동생의 독서를 가르치고 친히 구두점을 바로 잡았다. 1년이 지난 후 유매가 몰래 유씨를 전씨(田氏) 집안에 시집보내기로 약속하였다. 유씨는 그 사실을 알고 한밤중에 상자를 연 후 이씨 집안에서 보낸 비단을 꺼내었다. 그리고 그녀는 등불을 밝히고 옷을 만든 후 그 옷을 입은 채 목을 매고 죽었다. 지부(知府) 사조(謝詔)가 유씨의 장례식에 참석하였고 인근 마을에서 몰려온 조문객이 시장처럼 많았다. 전씨 집안에서도 제전을 갖추고 와서 술잔을 들어 술을 따르려고 하는데 갑자기 관 앞에 놓인 술 받는 대접이 부서졌다. 그리고 그 파편이 3m 이상 높이로 솟아올라 처마를 감돌았는데 마치 나비가 떨어지는 것과 같았다. 보는 사람들이 모두 놀라 얼굴색이 변했다.

又劉氏, 潁州劉梅女, 許聘李之本. 之本歿, 女泣血不食, 語父曰:
「兒為李郎服三年, 需弟稍長, 然後殉. 寄語翁, 且勿為郎置槨.」遂
盡去鉛華, 敎弟讀書, 親正句讀. 越一年, 梅潛許田家. 女聞, 中夜
開篋, 取李幣, 挑燈製衣, 衣之, 縊死. 知府謝詔臨其喪, 鄰里弔者
如市. 田家亦具奠賻, 舉酒方酹, 柩前承灌瓦盆劃然而碎, 起高丈
餘, 遠檐如蝶墜, 觀者震色.

---

45 영주(潁州) : 명대 남경(南京) 봉양부(鳳陽府) 소속의 주(州) 이름. 지금의 중국 안휘성(安徽省) 부양시(阜陽市) 영주현(潁州縣).

제109화  유씨이효녀(劉氏二孝女)

유씨(劉氏) 두 효녀는 여양(汝陽) 사람이다. 두 효녀의 아버지는 유옥(劉玉)인데 딸 7명을 두었고 집이 가난하여 농사일로 살아갔다. 그는 일찍이 밭둑에 이르러 "아들을 낳지 못하고 단지 딸만 낳았으니 나로 하여금 밭가는 일을 쉬지 못하게 하는구나!"라고 탄식하였다. 그의 넷째와 여섯째 딸이 듣고 가엾게 여겨 평생 동안 시집 안갈 것을 맹세하였다. 그들은 짧은 옷을 입고 아버지 대신 농사를 지었다. 부모가 잇따라 죽었는데 장사지낼 돈이 없었다. 두 딸은 집안에 무덤을 만들고 부모의 옆을 떠나지 않았다. 융경(隆慶) 4년(1570) 독학부사(督學副使)[46] 양준민(楊俊民)[47]과 지부(知府) 사계방(史桂芳)이 두 여인이 사는 집을 방문하였는데 두 여인은 이미 모두 60세가 넘어 있었다.

劉氏二孝女, 汝陽人. 父玉生七女, 家貧力田. 嘗至隴上, 歎曰 :「生女不生男, 使我扶犁不輟.」其第四, 第六女聞之惻然, 誓不嫁, 著短衣代父耕作. 及父母相繼卒, 無力營葬, 二女即屋為丘, 不離親側. 隆慶四年, 督學副使楊俊民, 知府史桂芳詣其舍請見, 二女年皆逾六十矣.

---

46 독학부사(督學副使) : 관직명. 각 성(省)에 파견되어 성의 교육행정 및 고시를 관할함.
47 양준민(楊俊民, ?~1599) : 명대 산서성(山西省) 포주(蒲州) 사람. 자(字) 백장(伯章), 호 본암(本庵). 명 가정(嘉靖) 시기 진사(進士). 병부좌시랑(兵部左侍郎), 호부상서(戶部尚書) 등 역임. 저서에 『하남충신집(河南忠臣集)』, 『열녀집(烈女集)』이 있음.

제110화 황씨(黃氏)

황씨(黃氏)는 강녕(江寧)48 사람 진백(陳伯)의 처이다. 18살 때 진백에게 시집갔다. 황씨는 자기 아버지가 죽은 후 자기 어머니가 개가하려는 것에 대해 극력 반대했으나 그녀의 어머니가 따르지 않았다. 어느 날 황씨의 어머니가 황씨를 보러 왔다. 황씨는 문을 걸어 잠그고 자기 어머니를 만나 주지 않았다. 황씨의 어머니는 부끄러워하며 돌아갔다. 나중에 진백의 병이 위독하게 되자 황씨는 결코 자기 혼자서 살지 않을 것을 맹세했다. 어느 날 시어머니가 진백을 부축해 일으켜 앉혔다. 황씨는 그를 유심히 바라보고 "아! 병이 이 지경에 이르렀으니 나는 희망이 없구나!"라고 말한 후 부엌으로 갔다. 그녀는 접시를 깨어 목을 찔렀으나 죽지 않게 되자 다시 부엌칼로 자신의 목을 찌르고 죽었다. 나이 21세였다.

黃氏, 江寧陳伯妻. 年十八, 歸伯. 父死, 母欲改節, 氏苦諫不從. 一日, 母來省, 女閉門不與相見, 母慚去. 後伯疾篤, 黃誓不獨生. 一日, 姑扶伯起坐, 黃熟視曰:「嗟乎! 病至此, 吾無望矣.」走竈下, 碎食器刺喉不殊, 以廚刀自刎死, 年二十一.

---

48 강녕(江寧) : 명대 남경(南京) 응천부(應天府) 소속의 현(縣) 이름. 지금의 중국 강소성(江蘇省) 남경시(南京市) 강녕구(江寧區).

 제111화 **소씨비(邵氏婢)**

　　소씨(邵氏)는 단양(丹陽)의 대협(大俠)[49]소방(邵方) 집안의 노비이다. 소방의 아들은 소의(邵儀)로 소씨가 돌보았다. 전직 재상 서계(徐階)[50]와 고공(高拱)[51]은 다 함께 같은 마을에 거주했다. 소방이 서계에게 계책을 올렸으나 서계가 받아들이지 않았다. 이에 소방은 고공을 찾아가서는 고공이 다시 재상 지위를 회복하도록 계책을 꾸며 내외에 이름을 떨쳤다. 만력(萬曆) 초기 고공이 파직되었다. 장거정(張居正)[52]은 순무(巡撫)[53] 장가윤(張佳胤)[54]으로 하여금 소방을 체포하여 죽이고 아울러 소의를 체포하도록 지시했다. 당시 소의는 겨우 3살이었다. 소의를 체포하러 간 사람들은 날이 저물어 출발하지 않고 소의를 소방의 주택에 가두어 놓고 감시했다. 소방의 사위는 무진(武進)[55] 사람 심응규(沈應奎)이다. 심응규는 의기가 넘치는 선비로 호방하면서도 기력이 있었는데 당시 제생(諸生)이었다. 그는 만약 소의가 죽는다면 소씨 집안의 후손이 끊길 것이라 생각하고 소의를 구할 준비를 하였다. 한편 부(府)의 추관(推官)은 심응규와 친하였는데 그를 초청해 밤늦도록 술을 마신 후 헤어졌다. 무진은 소방의 집과는 50리 떨어진 곳에 있었다. 심응규는 한밤중에 성을 벗어나 소방 집에 이른 후 담을 뛰어 넘어 들어갔다. 마침 소씨가 등잔 아래 앉아 있다가 소의를 끌어안고 눈물을 흘리며 "심랑께서 이렇게 오셨으니

이 아이를 부탁합니다."라고 하였다. 심응규가 어찌할 줄 모르며 앞으로 나가자 소씨는 얼른 소의를 건네주고 절을 하며 "소씨 집안의 제사는 군께 달려 있습니다. 이 아이가 산다면 노비는 죽어도 여한이 없습니다"라고 하였다. 심응규가 소의를 데려다 숨겨놓고 그 다음날 새벽 가서 추관을 만났다. 날이 밝자 소의를 체포하러 왔던 사람들이 소의가 없어진 것을 발견하였다. 그들이 소씨를 묶고서 혹독하게 때렸으나 소씨는 끝내 말을 하지 않았다. 어떤 사람이 지부(知府)에게 "반드시 심응규가 숨겼을 것입니다"라고 하자 심응규와 친한 추관이 앉아 있다가 크게 웃으며 "억울한 일이다. 심응규는 밤중에 나와 함께 술을 마셨고 또 새벽에 와서 나를 만났다"라고 하였다. 마침 이 때 어떤 사람이 소방을 위해 해명하여서 사건이 마무리되었다. 소씨는 늙어서까지 소의를 받들었다.

邵氏, 丹陽大俠邵方家婢也. 方子儀, 令婢視之. 故相徐階, 高拱並家居, 方以策干階, 階不用, 即走謁拱, 為營復相, 名傾中外. 萬曆初, 拱罷, 張居正屬巡撫張佳胤捕殺方, 并逮儀. 儀甫三歲, 捕者以日暮未發, 閉方所居宅, 守之. 方女夫武進沈應奎, 義烈士, 負氣有力, 時為諸生, 念儀死, 邵氏絕, 將往救之. 而府推官與應奎善, 固邀飲, 夜分乃罷. 武進距方居五十里, 應奎踰城出, 夜半抵方家, 踰牆入, 婢方坐燈下, 抱儀泣曰:「安得沈郎來, 屬以此子.」應奎倉卒前, 婢立以儀授之, 頓首曰:「邵氏之祀在君矣. 此子生, 婢死無憾.」應奎匿儀去, 晨謁推官. 旦日, 捕者失儀, 繫婢毒掠, 終無言. 或言於守曰:「必應奎匿之.」奎所善推官在坐, 大笑曰:「冤哉! 應奎夜飲於余, 晨又謁余也.」會有為方解者, 事乃寢, 婢撫其子以老.

49 대협(大俠) : 높은 무예를 지닌 채 의를 위해 용감히 나서서 자기를 희생하여 남을 돕는 사람.
50 서계(徐階, 1503~1583) : 명대 화정(華亭) 사람. 호 소호(少湖). 1523년 진사. 1562년 내각 수반으로 입각한 후 고공(高拱), 장거정(張居正) 등을 등용했으나 고공과 정치적으로 반목함. 1567년 고공의 사주를 받은 광동(廣東) 도감찰어사(道監察御史) 제강(齊康)의 탄핵을 받자 역으로 언관을 동원하여 제강을 탄핵함으로써 고공을 실각시킴. 고공의 집정시기 많은 재산을 국가에 헌납하고 그의 아들 서번(徐璠)과 서곤(徐琨)이 충군(充軍) 당함. 저서에 『세경당집(世經堂集)』, 『남궁주의(南宮奏議)』, 『절강통지(浙江通志)』 등이 있음.
51 고공(高拱, 1512~1578) : 명대 하남성(河南省) 신정(新鄭) 사람. 호 중현(中玄). 1541년 진사(進士). 1565년 서계(徐階)의 추천을 받아 문연각대학사(文淵閣大學士)로 등용 되었으나 서계와 반목하여 서로 정적이 됨. 1572년 장거정(張居正), 고의(高儀)와 함께 고명대신(顧命大臣)이 되었으나 신종(神宗)이 즉위한 후 장거정과 태감 풍보(馮保)의 탄핵을 받고 파직 당함. 저서에 『고문양공집(高文襄公集)』이 있음.
52 장거정(張居正, 1525~1582) : 명대 강릉(江陵) 사람. 자(字) 숙대(叔大), 호 태악(太岳). 명 신종(神宗) 때 10년 동안 재상으로 재직하며 일조편법(一條鞭法) 등 개혁을 강력히 추진함. 저서에 『태악집(太岳集)』, 『제감도설(帝鑑圖說)』 등이 있음.
53 순무(巡撫) : 관직명. 지방 최고 장관. 총독(總督)의 아래 지위.
54 장가윤(張佳胤, 1527~1588) : 명대 사천성(四川省) 동량(銅梁) 사람. 자(字) 초보(肖甫). 1550년 진사(進士). 병부시랑(兵部侍郎), 태자태보(太子太保) 등 역임. 시호 양헌(襄憲). 저서에 『거래문집(崌崍文集)』이 있음.
55 무진(武進) : 명대 남경(南京) 상주부(常州府) 소속의 현(縣) 이름. 지금의 중국 강소성(江蘇省) 상주시(常州市) 무진구(武進區).

 제112화 ▌ **양정부(楊貞婦)**

정부(貞婦) 양씨(楊氏)는 동관위(潼關衛)[56] 사람으로 곽항(郭恒)과 정혼하였다. 만력(萬曆) 초기 곽항이 호남(湖南)[57] 지역에 간 후 오랜 동안 돌아오지 않았다. 양씨의 아버지가 다른 사람의 결혼 요청을 받아들이려 하자 양씨는 거절한 채 머리카락을 자르고 수절하였다. 양씨의 집에는 암벽이 있었는데 양씨는 거기에 굴을 파고 거주하였다. 음식은 주머니를 매달아 놓고 공급받았다. 이렇게 하기를 26년 동안 하였다. 곽항이 집에 돌아온 후 비로소 혼례를 올렸다.

楊貞婦, 潼關衛人, 字郭恒. 萬曆初, 客遊湖南, 久不歸. 父議納他聘, 女不可, 斷髮自守. 家有巖壁, 穴牆居之, 垂囊以通飮食, 如是者二十六年. 恆歸, 乃成禮.

---

56 동관위(潼關衛) : 명대 섬서성(陝西省) 서안부(西安府) 소속의 위(衛) 이름. 지금의 중국 섬서성(陝西省) 위남시(渭南市) 동관현(潼關縣).
57 호남(湖南) : 명대 장강(長江) 중류 동정호(洞庭湖) 이남에 대한 지칭. 지금의 중국 호남성(湖南省) 지역.

제113화 예씨(倪氏)

또 예씨(倪氏)가 있었는데 귀안(歸安)[58]사람으로 진민(陳敏)과 결혼을 약속하였다. 진민은 군대를 따라 전쟁에 나갔는데 이미 죽었다는 소문이 있었다. 그 후 50년이 지난 후 진민이 비로소 집에 돌아왔다. 예씨는 결혼하지 않고 수절하고 있다가 이에 혼례를 올렸다. 나이가 이미 61세였다.

又有倪氏, 歸安人, 許聘陳敏. 敏從征, 傳爲已死. 踰五十載始歸. 倪守志不嫁, 至是成婚, 年六十一矣.

---

58 귀안(歸安) : 명대 절강성(浙江省) 호주부(湖州府) 소속의 현(縣) 이름. 지금의 중국 절강성(浙江省) 호주시(湖州市) 오흥구(吳興區).

 제114화 ■ **양씨(楊氏)**

양씨(楊氏)는 영국(寧國)[59] 사람 요정(饒鼎)의 처이다. 요정이 홑옷을 입은 채 호수에 빠져 죽었다. 양씨는 초혼(招魂)[60]을 거행하고 장례를 지냈다. 양씨는 두 아들이 어른이 될 때까지 보살피면서 자신은 겨울에도 겹옷을 입지 않았다. 만력(萬曆) 초기 양씨는 나이가 80세였는데 홑옷을 입은 채 집 근처 연못으로 들어가 단정히 앉아서 죽었다.

楊氏, 寧國饒鼎妻. 鼎以單衣溺死湖中, 楊招魂葬之, 課二子成立, 冬不衣袷. 萬曆初, 年八十, 竟單衣入宅旁池中, 端坐死.

---

59 영국(寧國) : 명대 남경(南京) 영국부(寧國府) 소속의 현(縣) 이름. 지금의 중국 안휘성(安徽省) 선성시(宣城市) 관할의 영국시(寧國市).
60 초혼(招魂) : 산 사람 혹은 죽은 사람의 혼을 불러오는 의식.

제115화 **정씨(丁氏)**

정씨(丁氏)는 오하(五河) 사람 왕서례(王序禮)의 처이다. 왕서례의 동생 서작(序爵)은 외지에서 도적에게 살해되었다. 그의 처 곽씨(郭氏)는 임신 중이라 즉각 순절하지 않고 있다가 아들을 낳고 1개월 후 목을 매고 죽었다. 마침 그 때 정씨도 딸을 낳았다. 정씨는 울면서 남편에게 말하길 "삼촌(시동생)이 불행히 외지에서 객사하였다. 작은 동서도 남편을 따라 죽었다. 버려진 고아를 버리고 부양하지 않는다면 그 책임은 그대와 나에게 있다. 나는 첫딸을 낳았지만 나중에 또 기회가 있을 것이다. 그러나 고아가 죽는다면 시동생의 후사가 끊기게 되는 것이고 동서에게 빚을 지게 되는 것이다"라고 했다. 이리하여 정씨는 자신의 딸을 버리고 대신 자신의 조카에게 젖을 먹였다. 얼마 후 왕서례 역시 죽었는데 자녀가 없었다. 정씨는 아직 젊었으나 자기 조카를 키우면서 전혀 후회와 원망함이 없었다.

丁氏, 五河王序禮妻. 序禮弟序爵客外, 為賊所殺, 其妻郭氏懷孕未即殉. 及生子越月, 投繯死. 時丁氏適生女, 泣謂序禮曰:「叔不幸客死, 嬸復殉, 棄孤不養, 責在君與妾也. 妾初舉女, 後尚有期, 孤亡則斬叔之嗣, 且負嬸矣.」遂棄女乳姪, 未幾, 序禮亦死, 竟無子女. 氏年方少, 撫姪長, 絕無怨悔.

 제116화 ■ 우씨(尤氏)

　　우씨(尤氏)는 곤산(崑山)⁶¹의 공생(貢生)⁶² 우용(尤鏞)의 딸이다. 우씨는 제생(諸生) 조일봉(趙一鳳)에게 시집갔으나 조일봉이 일찍 죽었다. 우씨는 남편을 따라 죽으려 했지만 두 아들이 아직 포대기에 싸여 있음을 보고 억지로 음식을 먹었다. 두 아들 역시 모두 요절했다. 우씨는 통곡하며 "이제 남편을 따라 갈 수 있겠구나!"라고 했다. 우씨는 아직 남편의 장례를 치루지 못함을 애통히 여겨 남편의 무덤을 만들었다. 우씨의 자태에 반한 건달 소년 하나가 우씨의 눈에 대해서 헐뜯어 말하길 "눈이 예쁘고 홀리어 어찌 오랜 동안 수절을 할 수 있겠는가!"라고 했다. 우씨는 그 이야기를 듣고 밤중에 석회를 눈에 집어넣고 손으로 비비자 눈에서 피가 흐르다 곧 말라붙었다. 우씨는 자신의 관을 준비하고 남편의 장례를 마치었다. 그런 후 우씨는 목을 매었는데 어떤 사람이 그녀를 구하였다. 우씨는 다시 돌에 이마를 부딪쳐 터지게 한 후 관 속으로 들어가서 누운 채 죽었다.

尤氏, 崑山貢生鑄女. 嫁諸生趙一鳳, 早死, 將殉之, 顧二子方襁
褓, 為彊食. 二子復殤, 慟曰:「可以從夫矣.」痛夫未葬, 即營窀穸.
惡少年豔其色. 訾其目曰:「彼盼美而流, 烏能久也.」婦聞之, 夜
取石灰手按目, 血出立枯. 置棺自隨. 夫葬畢, 即自縊, 或解之, 乃
觸石裂額, 趨臥棺中死.

---

61 곤산(崑山) : 곤산(昆山). 명대 남경(南京) 소주부(蘇州府) 소속의 현(縣) 이름. 지금의 중국 강소성(江蘇省) 곤산시(昆山市).
62 공생(貢生) : 명대 부(府), 주(州), 현(縣)으로부터 선발되어 경사(京師)의 태학(太學)에 입학한 생원(生員)에 대한 지칭. 공감(貢監) 또는 공감생이라고도 함. 선공(選貢), 납공(納貢), 세공(歲貢), 은공(恩貢) 등의 공생이 있음.

 제117화 이씨(李氏)

　　이씨(李氏)는 왕총린(王寵麟)의 후처이다. 왕총린이 지부(知府)로 벼슬하는 중 사망하였는데 그때 이씨의 나이는 20여세였다. 이씨는 호곡하며 음식을 먹지 않았다. 40일이 지나 이씨의 병이 위독해졌다. 이씨는 재산을 탐하는 종족 사람들이 악담을 하여 반드시 전처의 아들을 해칠 것을 알았다. 그래서 이씨는 미리 식구들에게 자기를 관속에 넣고 뚜껑을 닫지 말도록 주의를 주었다. 과연 종족 사람들이 한 군데 모여서는 저 고아가 어머니를 살해했다고 시끄럽게 떠들었다. 우씨가 관속에서 "나는 너희들이 반드시 이러한 방법을 쓰리라는 것을 이미 알고 있었다"라고 했다. 사람들이 매우 부끄러워하며 떠나가자 우씨는 비로소 눈을 감았다.

　　李氏, 王寵麟繼妻. 寵麟仕知府卒, 氏年二十餘, 哭泣不食, 經四十日疾革. 知族人利其資, 必以惡語傾前妻子, 預戒家人置己棺中, 勿封殮. 衆果蝟集, 譟孤殺母. 氏從棺中言:「已知汝輩計必出此也.」衆大慚而去, 然後瞑.

제118화 손씨(孫氏)

　　손씨(孫氏)는 구녕(甌寧)사람이다. 어려서 경서(經書)와 역사책을 읽고 이해하였다. 손씨는 오정계(吳廷桂)와 혼인을 약속하였는데 오정계가 죽었다. 손씨가 문상하러 가려는 것을 식구들이 말렸으나 말릴 수가 없었다. 손씨의 아버지가 손씨가 타고 갈 가마를 준비하였다. 손씨는 "문상하러 가는데 가마타고 가면 되겠습니까?"라고 말한 후 밤중에 걸어서 오정계의 집으로 갔다. 손씨는 결혼 예물로 받은 쌍금작(雙金雀)[63]을 머리에 차고 시부모를 만났다. 손씨는 절을 한 후 빈소 옆을 계속 지키며 죽을 날을 결정하였다. 오씨 집안은 본래 가난하였기 때문에 준비한 관은 겨우 쓸 수 있을 정도의 것이었다. 뜻있는 한 사람이 좋은 목재의 관을 보내주었다. 손씨는 그것을 바라보고 "목재의 재질이 내 남편의 것보다 더 좋은 것은 예법에 어긋나는 것이다"라며 거절했다. 이에 얇고 허름한 관을 가져오니 허락하였다. 손씨는 약속한 날에 이르러 목을 매고 죽으면서 옷 띠에 다음과 같은 글을 남겼다. "남자는 나의 시신에 가까이 하지 말고 여자는 나의 옷을 벗기지 말라!"

孫氏, 甌寧人. 幼解經史, 字吳廷桂. 廷桂死, 孫欲奔喪, 家人止不得, 父爲命輿. 曰:「奔喪而輿, 可乎?」入夜, 徒步往, 挾納采雙金雀以見舅姑. 拜畢, 奠柩側, 遂不離次, 期必死. 吳家故貧, 所治棺, 取具而已. 好事者助以美櫝, 孫視之曰:「木以美逾吾夫, 非禮矣.」卻之. 以樸櫝來, 乃許. 屆期縊死. 書衣帶中云:「男毋附尸, 女毋啟衣.」

---

63 쌍금작(雙金雀) : 두 갈래로 된 비녀의 이름.

 제119화 ▌**방효녀**(方孝女)

　　효녀 방씨(方氏)는 보전(莆田)사람이다. 그녀 아버지의 이름은 방란(方瀾)으로 의제랑중(儀制郎中)⁶⁴에 재임하던 중 경사(京師)에서 죽었다. 당시 그녀는 14세였고 다른 형제가 없었다. 효녀는 그녀의 숙부와 함께 관을 고향으로 운반하였다. 양자강(揚子江)⁶⁵을 건너는 도중 배가 중류에서 전복되어 관이 물 위로 떠내려갔다. 당시 다른 배에 타고 있던 효녀는 황급히 구하라고 소리쳤으나 파도가 심하여 아무도 감히 나아가지 못했다. 효녀는 하늘을 우러러 통곡하고 물에 뛰어들어 죽었다. 3일이 지난 후 시신이 떠올랐는데 부친의 관에 기댄 채 남쪽 강가에 머물러 있었다.

方孝女, 莆田人. 父瀾, 官儀制郎中, 卒京師. 女年十四, 無他兄弟, 與叔父扶櫬歸. 渡揚子江, 中流舟覆, 櫬浮. 女時居別舟, 皇遽呼救, 風濤洶怒, 人莫敢前. 女仰天大哭, 遂赴水死. 經三日, 屍浮, 傍父櫬, 同泊南岸.

---

64 의제랑중(儀制郎中) : 관직명. 예부(禮部) 산하 기관인 의제청리사(儀制淸吏司)의 낭중(郎中). 예문(禮文), 종봉(宗封), 공거(貢擧), 학교 등에 관련된 일을 주관함. 정5품.
65 양자강(揚子江) : 중국 강소성(江蘇省) 양주시(揚州市)와 진강시(鎭江市) 부근을 흐르는 장강(長江)의 이름. 양자진(揚子津)에서 이름 유래. 양자강은 원래 장강의 하류 지역 일정 부분만을 지칭하는 것이나 서방 사람들이 처음 양자강을 접하고 장강을 양자강이라 부른 이후 장강의 다른 이름으로 통용됨. 양자강의 수원에는 진회하(秦淮河), 황포강(黃浦江), 오송강(吳淞江), 저하(滁河) 등이 있음.

제120화 **해효녀(解孝女)**

효녀 해씨(解氏)는 영릉(寧陵)⁶⁶ 사람이다. 14살 때 어머니와 함께 빨래를 하였다. 그녀의 어머니가 실수로 물에 빠졌다. 해씨는 주변에 사람이 아무도 없는 것을 알고 통곡하며 물속으로 뛰어들었다. 얼마 되지 않아 해씨의 오빠 해소무(解紹武)가 달려와 모녀를 구하였으나 두 사람은 모두 이미 숨이 멎었고 해씨의 손은 그녀의 어머니를 꼭 붙잡고 있었다. 해씨의 오빠가 그의 어머니를 구하자 한참 있다가 그녀의 어머니가 다시 소생하였다. 해씨의 손은 여전히 그녀의 어머니를 꼭 잡고 있었다. 해씨의 오빠가 울면서 "어머니는 이미 살았다. 동생은 안심하라!"고 말하며 해씨를 쓰다듬자 그제야 그녀의 손이 풀렸다.

又有解孝女, 寧陵人. 年十四, 同母浣衣. 母誤溺水, 女四顧無人, 號泣投水. 俄兄紹武至, 泅而得之, 母女皆死. 女手挽母甚堅, 兄救母, 久之復甦. 女手仍不解, 兄哭撫之曰:「母已生, 妹可慰矣.」乃解.

---

66 영릉(寧陵): 명대 하남성(河南省) 귀덕부(歸德府) 소속의 현(縣) 이름. 지금의 중국 하남성(河南省) 상구시(商丘市) 영릉현(寧陵縣).

 제121화 ■ **이씨(李氏)**

이씨(李氏)는 동향(東鄕)[67] 사람 하선(何璇)의 처이다. 하선이 외지에서 죽었다. 이씨는 자태가 매우 뛰어났기 때문에 그녀의 아버지가 그녀에게 재혼할 것을 강요하였다. 이씨는 비녀를 귓속에 집어 놓고 다 들어갈 때까지 손으로 두드려 넣었다. 그리고 다시 빼어내니 피가 물줄기처럼 쏟아졌다. 이씨의 시어머니가 발견하고 가족들을 불러 구했으나 이씨는 이미 죽어 있었다.

李氏, 東鄕何璇妻. 璇客死. 李有殊色, 父迫之嫁. 遂以簪入耳中, 手自拳之至沒, 復拔出, 血濺如注. 姑覺, 呼家人救, 則已死矣.

---

67 동향(東鄕) : 명대 강서성(江西省) 무주부(撫州府) 소속의 현(縣) 이름. 지금의 중국 강서성(江西省) 무주시(撫州市) 동향현(東鄕縣).

제122화 ■ 항정녀(項貞女)

정녀 항씨(項氏)는 수수(秀水) 사람이다. 국자감생(國子監生)[68] 항도형(項道亨)의 딸이다. 오강(吳江)[69] 사람 주응기(周應祁)와 혼인을 약속하였다. 항씨는 바느질에 정통하였고 금슬(琴瑟)[70]을 연주할 줄 알았으며 『열녀전』에 해박하였다. 더 하여 할머니와 어머니 섬기기를 매우 지극히 하였다. 항씨는 19세 때 주씨가 병을 앓는다는 소식을 듣고 곧 채소를 먹고 분향한 채 연등을 달고 예불을 올리며 묵묵히 기도하였다. 시녀들이 몰래 엿들으니 어렴풋이 자신의 몸을 대신하겠다는 말이 들리었다. 어느 날 항씨는 유모에게 "아직 시집가지 않았는데 남편 될 사람이 죽으면 어떻게 해야 하는가?"라고 물었다. 유모가 "아직 그의 부인이 되지 않았으니 다시 결혼해도 무방하다."라고 대답했다. 항씨는 정색을 하고 말하길 "옛날 성인들은 다른 사람에게 검 하나를 줄 것을 허락해도 거짓말을 하지 않는데 하물며 몸이야?"라고 하였다. 주응기가 죽었다는 소식이 전달되자 항씨의 부모는 그 사실을 감추었다. 그러나 항씨는 오강(吳江)에서 사람이 왔다는 소식을 듣고 사태를 모두 알아차렸다. 항씨의 할머니가 항씨의 어머니로 하여금 방에 들어가 살펴보게 하였다. 항씨는 자기 어머니를 머물러 앉게 하였는데 안색이 매우 온화하였다. 항씨의 어머니는 안심하고 나왔다. 항씨는 밤에 노비들이 모두 깊이 잠들자 홀로 일어나

흰 끈으로 머리를 묶고 겉과 속 모두 흰색 옷으로 갈아입은 후 하의를 꼭 싸매었다. 또 항씨는 수고한 노비들에게 줄 의복과 물건을 준비한 후 거기에 이름을 표기하여 침상에 늘어놓았다. 그리고 항씨는 작은 탁자 위에 큰 글씨로 "부모님께 올립니다. 저는 하루도 부모님에게 기쁨을 드리지 못하고 지금 저의 낭군을 위해 죽습니다"라고 쓴 후 곧 목을 매고 죽었다. 양가 부모는 항씨의 뜻에 따라 두 사람을 합장시켰다.

項貞女, 秀水人. 國子生道亨女, 字吳江周應祁. 精女工, 解琴瑟, 通列女傳, 事祖母及母極孝. 年十九, 聞周病瘵, 即持齋, 燃香燈禮佛, 默有所祝, 侍女輩竊聽, 微聞以身代語. 一日, 謂乳媼曰:「未嫁而夫亡, 當奈何?」曰:「未成婦, 改字無害.」女正容曰:「昔賢以一劍許人, 猶不忍負, 況身乎?」及訃聞, 父母秘其事, 然傳吳江人來, 女已喻. 祖母屬其母入視, 女留母坐, 色甚溫, 母釋然去. 夜伺諸婢熟睡, 獨起以素絲約髮, 衣內外悉易以縞, 而紉其下裳. 檢衣物當勞諸婢者, 名標之, 列諸牀上. 大書於几曰:「上告父母, 兒不得奉一日驩, 今為周郎死矣.」遂自縊. 兩家父母從其志, 竟合葬焉.

---

68 국자감생(國子監生) : 감생(監生)이라고도 함. 국가 최고학부인 국자감(國子監)에 입학한 학생. 국자감생에는 거인(擧人)으로서 입학하는 거감(擧監), 생원으로서 입학하는 공감(貢監), 집안 배경에 의해 입학하는 음감(廕監), 견납(捐納)의 방식을 통해 입학하는 예감(例監) 등이 있음.
69 오강(吳江) : 명대 남경(南京) 소주부(蘇州府) 소속의 현(縣) 이름. 지금의 중국 강소성(江蘇省) 소주시(蘇州市) 관할의 오강시(吳江市).
70 금슬(琴瑟) : 전통시대 중국의 현악기 금(琴)과 슬(瑟). 일반적으로 금(琴)은 7줄이고 슬(瑟)은 25줄임.

제123화 수창이씨(壽昌李氏)

이씨(李氏)는 수창(壽昌)[71] 사람이다. 13살 때 옹응조(翁應兆)와 혼인을 약속하였는데 옹응조가 갑자기 죽었다. 이씨는 결혼하려고 준비하였던 옷가지와 머리 장식품을 모두 꺼내어 불태우고 자신도 불속으로 뛰어들려 했으나 그녀의 부모에 의해 저지당했다. 이에 이씨는 옹씨 집으로 가서 그녀의 시부모에게 후사를 세울 것을 애처롭게 요청하였다. 또 이씨는 작은 누각 하나를 구하여 거기에 남편의 위패를 진열하고 그 옆에서 기거하며 잠을 잤다. 그녀는 위패에 음식을 올리며 시어머니를 제외한 다른 사람을 만나지 않았다. 이씨의 시아버지가 죽고 집안이 쇠락하자 이씨는 굶주림을 참고 방직하여 시어머니를 공양하였다. 얼마 후 이씨의 시어머니 역시 죽었는데 이웃집에 큰 화재가 일어났다. 한밤부터 아침에 이르기까지 100여 채의 집에 불이 붙었다. 이웃집의 부녀가 급히 누각 위로 올라가면서 이씨에게 피할 것을 권고했다. 이씨는 "지금이 바로 내가 죽을 때이다."라고 말한 후 남편의 위패를 끌어안고 불타기를 기다렸다. 잠시 후 사방의 가옥이 모두 다 불타버렸으나 작은 누각만은 온전했다.

李氏, 壽昌人. 年十三, 受翁應兆聘. 應兆暴卒, 女盡取備嫁衣飾焚之, 以身赴火, 爲父母救止. 乃赴翁家, 哀告舅姑乞立嗣, 復乞一小樓, 設夫位, 坐臥於旁, 奠食相對, 非姑不接面. 舅亡, 家落, 忍饑紡績以養姑. 未幾, 姑亦亡, 鄰火大起, 夜半達旦, 延百餘家. 鄰婦趨上樓, 勸之避, 婦曰 :「此正我授命時也.」抱夫木主待焚. 須叟四面皆燼, 小樓獨存.

---

71 수창(壽昌) : 명대 절강성(浙江省) 엄주부(嚴州府) 소속의 현(縣) 이름. 지금의 중국 절강성(浙江省) 항주시(杭州市) 관할의 건덕시(建德市) 수창진(壽昌鎭).

제124화 옥정현군(玉亭縣君)

옥정현군(玉亭縣君)은 이왕부(伊王府)[72]의 종실 주전병(朱典柄)의 딸이다. 24살 때 양인(楊仞)과 결혼하였다. 2개월이 안 되어 양인이 사망하자 그녀는 대성통곡하며 음식을 먹지 않았다. 어떤 사람이 그녀에게 시부모가 모두 연로하고 또 이미 임신하고 있다는 사실을 권고하자 비로소 죽음을 참고 장례를 치렀다. 나중에 그녀는 아들을 낳았으나 집안은 날로 쇠락했다. 만력(萬曆) 21년(1593) 하남(河南) 지역에 대기근이 발생하여 종실의 봉록이 오랜 동안 지급되지 않았다. 3일 동안 방직을 하여도 밥 한 끼를 바꿀 수 없게 되자 모자는 서로 껴안고 통곡했다. 밤중에 꿈속에서 신이 나타나 그녀에게 말하길 "너의 수절행위가 이미 하늘에 알려져 도움이 있을 것이다"라고 하였다. 날이 밝은 후 모자는 서로 꿈꾼 것이 완전히 똑 같아 매우 이상하게 생각하였다. 그녀의 아들이 "집 뒤의 땅을 파서 기와를 만들어 양식과 바꾸자"라고 하였다. 그날 흙을 팠는데 수백 전의 돈이 나왔다. 이로부터 매번 땅을 팔 때마다 돈이 나왔다. 하루는 집 옆의 땅이 무너졌는데 석탄이 나왔다. 그것으로 불을 때어 밥을 지었다. 2개월 정도 지난 후 봉록도 나왔다. 이에 대해 사람들은 고생스럽게 수절한 보답이라고 여겼다.

玉亭縣君, 伊府宗室典柄女. 年二十四, 適楊忉. 不兩月忉卒, 號慟
不食. 或勸以舅姑年老, 且有遺孕, 乃忍死裏事. 及生男, 家日落.
萬曆二十一年, 河南大饑, 宗祿久缺, 紡績三日, 不得一飡, 母子相
持慟哭. 夜分夢神語 曰:「汝節行上聞於天, 當有以相助.」晨興,
母子述所夢皆符, 頗怪之. 其子曰:「取屋後土作坯, 易粟.」其日
掘土, 得錢數百. 自是, 每掘輒得錢. 一日, 舍傍地陷, 得石炭一窖,
取以供爨. 延月餘, 官俸亦至, 人以為苦節所感.

---

72 이왕부(伊王府) : 이왕(伊王)의 관서. 이왕은 명 태조 주원장의 25번째 아들 주이(朱㰘)를 말함. 봉지(封地)는 낙양(洛陽).

제125화 **마씨(馬氏)**

절부 마씨(馬氏)는 16살 때 평호(平湖)[73]의 제생(諸生) 유렴(劉濂)에게 시집갔는데 17살 때 과부가 되었다. 마씨의 시댁은 몹시 가난하여 마씨를 다른 곳으로 결혼시켜 돈을 얻으려고 하였다. 그래서 수절하려는 마씨의 뜻을 빼앗으려고 음식을 주지 않는 등 온갖 계책으로 마씨를 괴롭혔다. 그러나 마씨의 뜻은 더욱 견고하여 방문을 걸어 잠그고 스스로 목을 매었다. 어떤 사람이 달려와 구하였으나 이미 줄이 끊어져 땅에 떨어져 숨이 멎어 있었다. 급히 줄을 풀자 점차로 깨어났다. 마씨의 시아버지는 또 몰래 심씨 집안의 결혼 요청을 받아들였다. 마씨의 시어머니가 마씨를 속여 함께 집을 나간 후 시녀로 하여금 그녀를 안아서 심씨의 배 위로 올려놓게 하였다. 마씨는 강으로 뛰어들 수 없게 되자 하늘에다 대고 구해달라고 크게 소리쳤다. 잠시 후 하늘이 깜깜해지면서 비바람이 크게 몰아치고 큰 번개가 연속으로 배를 치니 배가 서너 차례 뒤집히려 하였다. 두려워한 심씨가 배를 돌려 마씨를 돌려보냈다. 이 일이 관청에 알려지자 현령(縣令)[74]이 마씨로 하여금 다른 곳에 거주하도록 하였다. 그 당시 마씨의 아버지와 오빠가 이미 모두 죽었기 때문에 마씨는 돌아갈 곳이 없었다. 그래서 학교 하나를 빌려서 마씨를 거주케 하고 관청에서 죽을 때까지 그녀의 생활비를 지급해주었다.

馬節婦, 年十六, 歸平湖諸生劉濂. 十七而寡. 翁家甚貧, 利其再適, 必欲奪其志. 不與飲食, 百計挫之, 志益厲. 嘗閉門自經, 或救之, 則繫絶而墜於地死矣. 急解之, 漸蘇. 翁又陰納沈氏聘, 其姑誘與俱出, 令女奴抱持納沈舟. 婦投河不得, 疾呼天救我. 須臾風雨晝晦, 疾雷擊舟, 欲覆者數四. 沈懼, 乃旋舟還之. 事聞於縣, 縣令婦別居. 時父兄盡歿, 無可歸, 寓一學舍, 官贍之以老.

---

73 평호(平湖) : 명대 절강성(浙江省) 가흥부(嘉興府) 소속의 현(縣) 이름. 지금의 중국 절강성(浙江省) 가흥시(嘉興市) 관할의 평호시(平湖市).
74 현령(縣令) : 관직명. 현(縣)의 장관. 지현(知縣)의 별칭.

제126화 ▍ **왕씨(王氏)**

　　왕씨(王氏)는 동완(東莞) 사람 엽기서(葉其瑞)의 처이다. 엽기서는 가난하여 배를 이끌고 이웃마을을 왕래하며 1개월에 한번 집에 들렀다. 왕씨는 방직을 하여 먹을 양식을 바꾸었다. 만력(萬曆) 24년(1596) 영남(嶺南)75 지역에 대기근이 들자 많은 백성들이 처자식을 팔았다. 엽기서는 왕씨를 박라(博羅)76의 어떤 사람에게 팔려고 이미 문서를 다 작성한 후 배로 그 사람을 태워서 집으로 데려갔다. 엽기서가 문안에 들어서서 왕씨를 보니 매우 초췌하였다. 그 까닭을 묻자 왕씨는 이미 며칠 동안 죽마저도 먹지 못했다고 하였다. 엽기서는 울면서 사연을 말한 후 돈을 꺼내 보이니 왕씨가 웃으며 그것을 허락했다. 배가 보담(寶潭)에 이르렀을 때 왕씨는 강물로 뛰어들어 죽었다. 양쪽 강가에서 보는 사람들이 담처럼 많이 늘어서있었지만 모두 말하길 물살이 빨라 시체가 어디에 가라앉았는지 알 수 없다고 하였다. 엽기서가 도착해 상류로부터 여러 차례 곡을 하니 시체가 갑자기 물속에서 솟아올랐는데 그곳은 이미 물이 왕씨가 뛰어든 곳으로부터 수십 보 거꾸로 흘러간 곳이었다.

王氏, 東莞葉其瑞妻. 其瑞貧, 操舟往來鄰境, 一月一歸. 婦紡績易食. 萬曆二十四年, 嶺南大饑, 民多鬻妻子. 其瑞將鬻婦博羅民家, 券成, 載其人俱來. 入門見氏羸甚, 問之, 不饘粥數日矣. 其瑞泣語之故, 且示之金, 婦笑而許之. 及舟發寶潭, 躍入潭中死. 兩岸觀者如堵, 皆謂水迅, 屍流無所底. 其瑞至, 從上流哭數聲, 屍忽湧出, 去所投處, 已逆流數十步矣.

---

75 영남(嶺南) : 중국의 오령(五嶺) 이남 지역에 대한 지칭. 대략 현재의 광동성(廣東省), 광서성(廣西省), 해남성(海南省), 호남성(湖南省), 강서성(江西省) 등 지역이 이에 해당함.
76 박라(博羅) : 명대 광동성(廣東省) 혜주부(惠州府) 소속의 현(縣) 이름. 지금의 중국 광동성(廣東省) 혜주시(惠州市) 박라현(博羅縣).

제127화 유씨(劉氏)·양씨(楊氏)

유씨(劉氏)는 박평(博平)[77] 사람 오진학(吳進學)의 처이다. 양씨(楊氏)는 오진성(吳進性)의 처이다. 오진학이 전염병으로 죽자 유씨는 장례를 마친 후 밤중에 무덤까지 기어가서 목을 매고 죽었다. 얼마 후 오진성 역시 전염병으로 죽었다. 양씨는 거의 혼절할 정도로 애통하였다. 양씨의 시어머니가 재혼할 일에 대해 그녀에게 의논하자 양씨는 "내 어찌 동서만 같지 못하겠는가?"라고 말한 후 목을 매고 죽었다.

劉氏, 博平吳進學妻. 楊氏, 進性妻. 進學疫死, 既葬, 劉夜匍匐縊於墓所. 未幾, 進性亦疫死, 楊一慟幾絶. 姑議嫁之, 楊曰:「我何以不如姒.」遂縊死.

---

77 박평(博平) : 명대 산동성(山東省) 동창부(東昌府) 소속의 현(縣) 이름. 지금의 중국 산동성(山東省) 요성시(聊城市) 임평현(茌平縣) 박평진(博平鎭).

제128화  담씨(譚氏)

담씨(譚氏)는 남해(南海)[78] 사람 방존업(方存業)의 처이다. 아들을 낳은 지 3개월 만에 남편이 죽었다. 담씨는 슬프게 울며 남편을 따라 죽으려고 하였다. 담씨의 어머니와 시어머니가 함께 말리면서 오히려 개가할 것을 넌지시 종용하였다. 담씨는 눈물을 흘리며 "나는 벌써부터 살고 싶지 않았으나 다만 시어머니와 아들이 염려될 뿐입니다."라고 말한 후 더욱 눈물 흘리기를 그치지 않았다. 두 사람은 이일에 대해 다시 언급하지 못했다. 그 후 담씨의 아들이 7살이 되어 공부하러 학교에 보내게 되었다. 담씨는 먼저 자기 아들에게 할머니에게 인사하라고 하여 부탁의 뜻을 나타냈다. 그리고 그녀는 내심 기뻐하며 "이제 내 뜻을 이루게 되었다."라고 하였다. 어느 날 매파가 찾아와 또 담씨에게 개가를 권고하자 담씨는 매우 분노한 채 밤중에 목을 매고 죽었다.

譚氏, 南海方存業妻. 生子三月, 夫亡, 悲號欲殉. 母及姑交止之, 且諷改適. 氏垂涕曰:「吾久不樂生, 特念姑與兒耳.」硬咽流涕不止, 二人不敢復言. 及子七歲, 遣就塾師, 先令拜姑, 微示付託意, 竊自喜曰:「吾今可以遂志矣.」一日, 媒氏至, 復勸改適, 氏愈憤, 中夜縊死.

---

78 남해(南海) : 명대 광동성(廣東省) 광주부(廣州府) 소속의 현(縣) 이름. 지금의 중국 광동성(廣東省) 불산시(佛山市) 남해구(南海區).

제129화 ▎ 장씨(張氏)

  장씨(張氏)는 임청(臨淸)[79] 사람 임여기(林與岐)의 처이다. 남편이 죽자 장씨는 목을 매고 죽으려 했다. 시부모가 그녀에게 "네가 죽으면 남겨진 고아는 어떡하겠는가?"라며 위로하였다. 장씨는 의복과 물건들을 꺼내서 유모로 하여금 자신의 아들을 키우도록 하였다. 3개월이 지난 후 아들이 유모한테 편안해 하는 것을 보게 되자 장씨는 마침내 단식하고 죽었다.

  又張氏, 臨淸林與岐妻. 夫亡, 欲自縊, 舅姑慰之曰 :「爾死, 如遺孤何?」氏以衣物倩乳嫗育其子, 三月, 知子安乳嫗, 遂不食死.

---

79 임청(臨淸) : 명대 산동성(山東省) 동창부(東昌府) 소속의 현(縣) 이름. 지금의 중국 산동성(山東省) 요성시(聊城市) 관할의 임청시(臨淸市).

제130화 ■ 이열부(李烈婦)

　　열부 이씨(李氏)는 여요(餘姚) 사람 오강(吳江)의 처이다. 20살 때 남편과 시아버지가 모두 세상을 떠났다. 집안이 몹시 가난하여 이씨는 방직을 하여 시어머니를 공양하면서 자신은 늘 추위에 떨고 굶주렸다. 성이 황씨(黃氏)라는 사람이 있었는데 이씨를 아내로 맞이하고 싶었다. 황씨는 이씨 남편의 가족 중 한 사람에게 뇌물을 주고 그로 하여금 시어머니를 꾀어내게 하였으나 시어머니가 바로 응낙하지 않았다. 이에 그 사람은 몰래 황씨와 이씨의 친정아버지와 약속을 하고는 이씨에게 거짓으로 친정어머니가 위독한 병이 들었다며 가마를 보내었다. 이씨는 창졸간에 가마를 타고 집에 도착해보니 친정집이 아니었다. 시어머니 역시 바짝 뒤쫓아 와서 탁자와 의자를 마련하고 그들에게 빨리 혼례를 올리라고 했다. 이씨는 거짓으로 "내가 개가하려 하지 않은 까닭은 시어머니께서 연로하여 의지할 곳이 없기 때문입니다. 시어머니께서 이미 동의하였으니 무슨 다른 말이 있겠습니까? 그러나 나는 남편이 죽은 후 아직까지 옷을 벗은 적이 없습니다. 이제 목욕을 했으면 합니다"라고 하였다. 또 이씨가 "혼례 예물은 어느 정도입니까?"라고 묻자 시어머니가 수치를 알려주었다. 이씨는 말하길 "빨리 돈을 가지고 떠나십시오. 시어머니께서 여기 계시는데 제가 다른 사람에게 시집가는 것이 너무도 부끄럽습니다"라고 하였다.

모든 사람이 기뻐한 채 시어머니에게 빨리 떠나라고 재촉하고 이씨를 위해 끓는 물을 준비했다. 끓는 물이 이르렀으나 이씨가 오래도록 나오지 않았다. 문을 열고 보니 이씨는 이미 목을 맨 채 죽어 있었다.

李烈婦, 餘姚吳江妻. 年二十, 夫與舅俱卒, 家酷貧, 婦紡績養姑, 己恆凍餒. 有黃某者, 謀娶之, 賄夫族某使餌其姑, 未即從. 某乃陰與黃及父家約, 詭稱其母暴病, 肩輿來迎. 婦倉卒升輿, 既及門, 非父家也. 姑亦尋至, 布几席, 速使成禮. 婦佯曰:「所以不欲嫁者, 為姑老無依耳. 姑既許, 復何言. 然妾自夫歿未嘗解帶, 今願一洗沐.」又問:「聘財幾何?」姑以數對. 曰:「亟懷之去. 姑在, 我即從人, 殊靦顏也.」眾喜, 促姑行, 為具湯. 湯至, 久不出, 闢戶視之, 則縊死矣.

 제131화 ■ **황열부(黃烈婦)**

　그 후 숭정(崇禎) 15년(1642) 여요(餘姚)에 또 열부 황씨(黃氏)가 있었는데 김일룡(金一龍)의 처이다. 남편이 일찍 죽자 황씨는 손가락을 잘라 수절할 것을 맹세한 후 조카를 데려다 후사를 세우고 시어머니와 서로 의지하며 살았다. 한편 웅씨(熊氏) 집안에 아들 하나가 있었는데 황씨를 아내로 취하려 했다. 친정 식구들이 웅씨 집안의 재산을 탐하여 황씨를 속여서 집으로 돌아오게 한 후 샛길로 해서 그녀를 웅씨 집으로 보냈다. 황씨는 사태를 이미 만회할 수 없음을 알고 모든 재산을 다 내어 결혼비용을 보상해주겠고 했다. 웅씨 집안에서 응낙하지 않고 한밤중까지 서로 대치하게 되자 황씨는 칼로 자기 목을 찔렀다. 하지만 죽지는 않았다. 황씨의 시어머니가 소식을 듣고 급히 달려가 황씨를 살펴보았다. 황씨는 "제가 아직 죽지 않은 까닭은 시어머니의 얼굴을 한 번 보려 한 것입니다. 이제 다시 무엇을 바라겠습니까?"라고 말한 후 마침내 목을 베고 죽었다. 관청에서 이 사실을 알고 웅씨의 아들을 감옥에서 처형시켰다.

其後, 崇禎十五年, 餘姚又有黃烈婦者, 金一龍妻. 夫早歿, 黃截指自誓, 立從子為嗣, 與姑相依. 熊氏子欲娶之, 母黨利其財, 紿令還家, 間道送於熊. 黃知勢不可挽, 願搜括所有以償聘金, 不聽, 相持至夜深, 引刀自刎未殞. 其姑聞之, 急趨視, 黃曰 : 「婦所以未即死者, 欲姑一面耳, 今復何求.」遂剜喉以絕. 郡邑聞之, 斃熊氏子獄中.

제132화  수열부(須烈婦)

열부 수씨(須氏)는 오현(吳縣) 사람이다. 남편 이씨(李氏)가 죽자 그녀의 용모를 탐낸 시정배들이 서로 아내로 취하려 하였다. 수씨는 울면서 "내가 방금 남편을 떠나보냈는데 또 다른 남편을 맞이하고, 거기에다 내 남편이 죽은 틈을 타서 나를 아내로 삼는다면, 이는 나의 남편을 죽인 것과 같은 것이 아니겠는가!"라고 했다. 시정배들은 모여서 강제로 수씨를 빼앗을 음모를 함께 꾸미었다. 놀란 수씨가 친정집으로 달려갔으나 그녀의 어머니는 두려워 감히 받아들이지 못하고 수씨를 시댁으로 돌려보냈다. 수씨의 시어머니도 친정어머니처럼 두려워했다. 수씨가 자기 언니한테로 달려갔으나 그녀의 언니는 더욱 받아들이려 하지 않았다. 수씨는 울면서 집으로 돌아갔다. 이웃 사람이 권고하길 "네가 죽는다면 누군가 너의 정절을 표창할 것이다. 어찌 스스로 이런 고생을 하는가?"라고 했다. 이에 수씨는 결코 면할 수 없음을 알고 목을 매어 자살하였다.

須烈婦, 吳縣人. 夫李死, 市兒悅其色, 爭欲娶之. 婦泣曰:「吾方送一夫, 旋迎一夫. 且利吾夫之死而妻我, 不猶殺我夫耶!」市兒乃糾黨聚謀, 將掠之. 婦驚奔母, 母懼不敢留. 返於姑, 姑懼如母. 投姊, 姊益不敢留, 婦泣而歸. 鄰人勸之曰:「若即死, 誰旌若節者, 何自苦若此?」婦度終不免, 自經死.

제133화  진절부(陳節婦)

절부 진씨(陳氏)는 안륙(安陸) 사람이다. 성이 이씨(李氏)인 사람과 결혼했으나 일찍 과부가 되어 홀로 친정집에 돌아가 수절하였다. 진씨는 작은 누각에 거주하면서 30년 동안 한 번도 누각 아래로 내려가지 않았다. 임종 때 진씨는 자신의 시녀에게 "내가 죽거든 절대 남자가 나를 들지 못하게 하도록 하라!"고 했다. 집안 식구들이 그 말을 소홀히 하고 남자로 하여금 누각에 올라가 진씨를 들게 했다. 그 때는 이미 진씨의 숨이 넘어간지 한 시각이 넘었을 때였는데 진씨가 일어나 앉아서는 "내가 처음 무엇이라고 했던가? 너희들을 이곳에 올라오게 하다니!"라고 했다. 놀라고 두려워한 집안 식구들이 누각을 내려가자 진씨는 비로소 눈을 감았다.

陳節婦, 安陸人. 適李姓, 早寡, 孑然一身, 歸父家守志, 坐臥小樓, 足不下樓者三十年. 臨終, 謂其婢曰 :「吾死, 愼勿以男舁我.」家人忽其言, 令男子登樓擧之, 氣絶踰時矣, 起坐曰 :「始我何言, 而令若輩至此.」家人驚怖而下, 目乃瞑.

제134화  마씨(馬氏)

　마씨(馬氏)는 산음(山陰) 사람 유진소(劉晉嘯)의 처이다. 만력(萬曆) 시기 유진소가 외지에서 죽었을 때 마씨의 나이는 20여세였고 집은 입추의 여지가 없을 정도로 가난하였다. 유진소의 큰 집에 누각이 있었는데 마씨는 자기 어머니와 함께 그 누각을 빌려 거주하였다. 마씨는 수공일로 생활하며 수 십 년 동안 누각을 내려가지 않았다. 마씨는 늘 화분에 새로운 흙을 담아서 그 위에 발을 올려놓았다. 이웃의 부녀가 그 까닭을 묻자 마씨는 "나는 이렇게 해서 흙의 기운을 받는 것이다"라고 했다. 그녀는 65세에 죽었다.

　馬氏, 山陰劉晉嘯妻. 萬曆中, 晉嘯客死, 馬年二十許, 家無立錐. 伯氏有樓, 遂與母寄居其上, 以十指給養, 不下梯者數十年. 常用瓦盆貯新土, 以足附之. 鄰婦問故, 曰:「吾以服土氣耳.」年六十五卒.

 제135화 **사열부(謝烈婦)**

열부 사씨(謝氏)는 이름이 옥화(玉華)이고 번우(番禺) 사람 조세흥(曹世興)의 처이다. 조세흥은 풍씨(馮氏) 집안의 글방선생으로 결혼 직후 책 상자를 메고 풍씨 집으로 갔다. 얼마 되지 않아 조세흥이 병이 들어 집에 돌아가 죽었다. 사씨는 재가하지 않을 것을 맹세했다. 이를 가상하게 여긴 조씨 집안의 어른들이 사씨에게 제전을 나누어 주어 생활할 수 있도록 준비했다. 어떤 사람이 사씨는 아직 젊으니 마땅히 장례가 끝난 후 친정집으로 돌려보내야 한다고 했다. 사씨는 거짓으로 동의했다. 떠날 날이 되어 사씨는 가마를 타고 가려할 때 그의 동서들과 헤어지면서 결별의 말을 많이 하였다. 그런 후 그녀는 천천히 방으로 들어가 문을 닫아건 후 칼로 자신의 목을 베었다. 집안 식구들이 급히 벽을 뚫고 방으로 들어가서 보니 옷에 피가 낭자했으나 아직 숨이 끊어지지는 않았다. 사씨는 사람들이 방으로 들어온 것을 보고 얼른 상처 속으로 왼손을 집어넣어 목줄기를 잡아 뺀 후 오른손으로 칼을 잡아 그것을 베고 죽었다.

謝烈婦, 名玉華, 番禺曹世興妻. 世興為馮氏塾師, 甫成婚, 即負笈往. 亡何病歸, 不能起, 婦誓不改適. 曹族之老嘉之, 議分祭田以贍. 或謂婦年方盛, 當俟襄事畢, 令歸寧, 婦佯諾. 及期, 駕輿欲行, 別諸姒, 多作訣語, 徐入室閉戶, 以刀自斷其頸. 家人亟穴板入, 血流滿衣, 尚未絕, 見諸人入, 亟以左手從斷處探喉出之, 右手引刀一割, 乃瞑.

제136화 ▌ **장씨(張氏)**

장씨(張氏)는 동성(桐城) 사람 이동(李棟)의 처이다. 이동이 죽었으나 아들이 없었다. 장씨는 침상에서 목을 매었으나 그녀의 어머니가 구했다. 장씨는 분연히 일어나 도끼를 가져다 왼쪽 팔을 세 번 내려쳤다. 식구들이 도끼를 빼앗고 강제로 장씨를 침상에 앉게 하였다. 장씨는 눈을 똑바로 바라본 채 말을 하지 않았다. 집안 식구들이 잠시 물러나자 장씨는 갑자기 집밖으로 뛰어 나가 물속으로 뛰어 들었다. 마침 물이 얼어 있었다. 장씨는 머리로 얼음을 깬 후 그 구멍 속으로 머리를 집어넣고 결국 죽었다.

張氏, 桐城李棟妻. 棟死無子, 張自經於牀. 母救之, 奮身起, 引斧斫左臂者三. 家人奪斧, 抑而坐之蓐間, 張瞋悶不語. 家人稍退, 張遽搶身出戶投於水. 水方氷, 以首觸穴入, 遂死.

 제137화 ■ **왕씨(王氏)**

　　동성(桐城) 지역에 또 열부 왕씨(王氏)가 있었는데 고문학(高文學)의 처이다. 고문학이 죽은 후 왕씨의 친정아버지 왕도미(王道美)가 가서 조문했다. 왕도미는 딸 왕씨에게 "너무 슬퍼하지 말라. 일에는 세 가지의 종류가 있는데 모두 네가 어떻게 하느냐에 달려 있다"라고 말했다. 왕씨가 울음을 그치고 세 가지의 종류에 대해서 묻자 그녀의 아버지는 말하길 "제일은 남편을 따라서 죽는 열(烈)이고, 다음은 과부로서 시부모를 섬기는 수절이고, 그 다음은 보통사람처럼 사는 것이다"라고 했다. 왕씨는 곧 방문을 걸어 잠그고 음식을 끊었다. 왕씨는 7일이 지난 후 죽었다.

　　邑又有烈婦王氏, 高文學妻. 文學死, 父道美來弔, 謂王曰 :「無過哀. 事有三等, 在汝自為之.」王輟泣問之, 父曰 :「其一從夫地下為烈, 次則氷霜以事翁姑為節, 三則恒人事也.」王即鍵戶, 絕粒不食, 越七日而死.

제138화 척가부(戚家婦)

또 척씨(戚氏) 집안에 여인이 있었는데 보응(寶應)[80] 사람이다. 여인은 결혼하자마자 그녀의 남편이 급사하였다. 여인은 매우 슬프게 울면서 문밖에 있는 연못에 뛰어들어 죽었다. 나중에 사람들은 그녀가 죽은 곳을 '척가왕(戚家汪)'[81]이라고 불렀다.

又有戚家婦者, 寶應人. 甫合巹, 而夫暴歿. 婦哭之哀, 投門外汪中死. 後人名其死所為戚家汪云.

---

80 보응(寶應) : 명대 남경(南京) 양주부(揚州府) 소속의 현(縣) 이름. 지금의 중국 강소성(江蘇省) 양주시(揚州市) 보응현(寶應縣).
81 척가왕(戚家汪) : 척씨 집안의 연못.

제139화  김씨(金氏)

김씨(金氏)는 통위(通渭)⁸² 사람 유대준(劉大俊)의 처이다. 19살 때 남편이 풍습 병에 걸리자 김씨는 남편을 부축하여 온천에 목욕시키러 갔다. 갑자기 폭풍우를 만나 산 계곡의 물이 넘쳐났다. 움직일 수 없었던 김씨의 남편은 김씨에게 빨리 떠나라고 했다. 김씨가 통곡하면서 한사코 떠나려 하지 않다가 두 사람이 함께 익사하였다. 시신이 수 십리 밖까지 떠내려간 후 떠올랐는데 김씨의 손은 여전히 남편을 붙잡은 채 놓지 않고 있었다.

金氏, 通渭劉大俊妻. 年十九, 夫病風痹, 金扶浴溫泉. 暴風雨, 山水陡發, 夫不能動, 令金急走. 金號泣堅持不肯舍, 並溺死. 屍流數十里而出, 手猶挽夫不釋云.

---

82 통위(通渭) : 명대 섬서성 공창부(鞏昌府) 소속의 현(縣) 이름. 지금의 감숙성(甘肅省) 정서시(定西市) 통위현(通渭縣).

제140화 ■ **양씨(楊氏)**

또 양씨(楊氏)가 있었는데 응산(應山)[83] 제생(諸生) 왕방(王芳)의 처이다. 왕방이 술에 취하여 연못에 빠졌다. 양씨가 구하려고 물로 뛰어들었다. 왕방이 물속으로 더 깊이 빠져 들자 양씨가 깊은 곳으로 쫓아가다가 함께 죽었다.

又應山諸生王芳妻楊氏. 芳醉墮塘中, 氏赴水救之. 夫入水益深, 氏追深處偕死.

---

83 응산(應山) : 명대 호광성(湖廣省) 덕안부(德安府) 소속의 현(縣) 이름. 지금의 호북성(湖北省) 수주시(隨州市) 응산현(應山縣).

제141화  왕씨(王氏)

    왕씨(王氏)는 산음(山陰) 사람 심백섭(沈伯燮)의 처이다. 혼약한지 수년이 지나 심백섭이 병이 들어 손이 오그라들고 머리가 빠졌다. 왕씨의 부모가 다른 뜻을 지니자 왕씨가 그녀의 부모에게 "심랑의 병이 언제부터 시작된 것입니까?"라고 물었다. 왕씨의 아버지가 "처음 혼약할 때는 건강했었고 병은 지금 들었다"라고 대답했다. 왕씨는 "이미 결혼하기로 약속한 후 병이 든 것은 운명입니다. 운명을 어기는 것은 상서롭지 못합니다"라고 말한 후 마침내 심백섭에게 시집갔다. 왕씨는 심백섭이 병들고 신체가 허약했지만 그를 받들기를 조금도 게을리 하지 않았다. 8년이 지난 후 심백섭이 죽자 왕씨는 그의 조카를 데려다 양자로 삼았다. 또 그녀는 비녀와 귀고리 등을 팔아서 그녀의 시아버지로 하여금 첩을 사도록 도와주어 결국 아들을 낳았다. 1년 후 시부모가 잇따라 사망하자 왕씨는 품팔이를 하여 생활하면서 홀로 두 어린 고아를 어른이 될 때까지 양육하였다.

    王氏, 山陰沈伯燮妻. 議婚數年, 伯燮病屬, 手攣髮禿, 父母有他意. 女問 : 「沈郞病始何日?」 父曰 : 「初許時固佳兒, 今乃病.」 女曰 : 「旣許而病, 命也, 違命不祥.」 竟歸之. 伯燮病且憊, 王奉事無少息. 居八年卒, 嗣其從子. 更出簪珥佐舅買妾, 更得子. 踰年, 舅姑相繼亡, 王獨撫二幼孤, 鬻手食之, 並成立.

제142화 ■ 이효부(李孝婦)

　　효부 이씨(李氏)는 임무(臨武)84 사람으로 이름은 중고(中姑)이다. 강서(江西)85 사람 계정봉(桂廷鳳)에게 시집갔다. 시어머니 등씨(鄧氏)가 담질(痰疾)86로 일어나지 못하게 되자 이씨는 걱정이 되어 울었다. 이씨는 유방의 고기로 병을 치료할 수 있다는 말을 듣고 그것을 마음속에 기억해 두었다. 어느 날 이씨는 약을 달일 때 향을 피우고 부엌신에 기도한 후 자신의 유방 한쪽을 잘랐다. 그녀는 혼절하여 땅에 넘어져 이미 숨이 넘어갔다. 계정봉이 약을 가져오라고 불러도 그녀가 오지 않아 방을 나가서 보니 땅바닥이 피투성이였다. 계정봉이 크게 놀라 구해달라고 소리치자 마을 사람이 다 놀랐다. 관청의 관료들이 모두 이씨 집에 이르러 빨리 이씨를 치료하도록 명령했다. 갑자기 승려 한 사람이 문에 들어서서 말하길 "방안의 당귀와 쑥을 상처에 부착하면 나을 것이다"라고 했다. 승려의 말대로 하자 과연 이씨가 다시 깨어났다. 승려를 찾았으나 승려는 이미 보이지 않았다. 이에 이씨가 유방의 고기로 달인 약을 시어머니에게 먹이니 마침내 시어머니의 병이 다 나았다.

李孝婦, 臨武人, 名中姑, 適江西桂廷鳳. 姑鄧患痰疾, 將不起, 婦涕泣憂悼. 聞有言乳肉可療者, 心識之. 一日, 煮藥, 爇香禱竈神, 自割一乳, 昏仆於地, 氣已絕. 廷鳳呼藥不至, 出視, 見血流滿地, 大驚呼救, 傾駭城市, 邑長佐皆詣其廬, 命巫治. 俄有僧踵門曰:「以室中蘄艾傅之, 即愈.」如其言, 果甦, 比求僧不復見矣. 乃取乳和藥奉姑, 姑竟獲全.

---

84 임무(臨武): 명대 호광성(湖廣省) 형주부(衡州府) 소속의 현(縣) 이름. 지금의 중국 호남성(湖南省) 침주시(郴州市) 임무현(臨武縣).
85 강서(江西): 명대 강서성(江西省). 지금의 중국 강서성(江西省) 지역.
86 담질(痰疾): 기관지 계통의 질병.

제143화 홍씨(洪氏)

홍씨(洪氏)는 회녕(懷寧)[87] 사람 장숭아(章崇雅)의 처이다. 장숭아가 일찍 죽자 홍씨는 10년간 수절하였다. 시어머니 허씨(許氏)가 병이 들어 일어나지 못했다. 홍씨는 자신의 유방을 베어 국을 끓여 시어머니에게 먹이어 시어머니의 병을 치료했다. 홍씨는 남은 고기를 연못 속에 집어넣고 다른 사람이 알지 못하도록 했다. 며칠이 지난 후 오리 떼가 물속에서 그 고기를 물고 나와 시끄럽게 울며 수면 위를 빙빙 돌았다. 아이 하나가 그 고기를 주워서 홍씨의 시어머니에게 알렸다. 홍씨의 시어머니가 일어나서 바라보니 그것은 유방의 고기로 피가 여전히 낭자했다. 홍씨 남편의 형은 장숭고(章崇古)인데 역시 일찍 죽었다. 그 부인 주씨(朱氏)가 개가하지 않을 것을 죽기로 맹세하여 동서지간인 두 사람은 함께 50년 동안 수절하였다.

又洪氏, 寧章崇雅妻. 崇雅早卒, 洪守志十年. 姑許, 疾不能起, 洪剜乳肉為羹而飲之, 獲愈, 餘肉投池中, 不令人知. 數日後, 羣鴨自水中人銜出, 鳴噪迴翔, 小童獲以告姑. 姑起視之, 乳血猶淋漓也. 其夫兄崇古亦早亡, 姒朱氏誓死靡他, 妯娌相守五十年云.

---

87 회녕(懷寧): 명대 남경(南京) 안경부(安慶府) 소속의 현(縣) 이름. 지금의 중국 안휘성(安徽省) 안경시(安慶市) 회녕현(懷寧縣).

 제144화 **예씨(倪氏)**

　예씨(倪氏)는 흥화(興化) 사람 육오(陸鰲)의 처이다. 성품이 매우 온순하고 효성스러웠다. 예씨는 그녀의 시아버지가 일찍 죽자 연로한 시어머니를 가엾게 여겨 하루 종일 시어머니의 침소에서 시중드느라 남편과는 15년 동안 서로 떨어져 만나지 않았다. 예씨는 시어머니의 코에 악성 종기가 나 거의 죽게 되자 직접 빨아서 치료를 하였지만 낫지를 않았다. 그러자 예씨는 밤중에 향을 피우고 하늘에 기도한 후 왼쪽 팔의 살을 베어 자신의 시어머니에게 먹이었다. 홍씨의 시어머니가 그것을 먹고 병이 다 나았다. 사방의 모든 사람들이 예씨를 효부라 칭찬했다.

　倪氏, 興化陸鰲妻. 性純孝, 舅早世, 憫姑老, 朝夕侍寢處, 與夫睽異者十五年. 姑鼻患疽垂斃, 躬爲吮治, 不愈, 乃夜焚香告天, 割左臂肉以進, 姑啖之愈. 遠近稱孝婦.

제145화 유씨(劉氏)

　　유씨(劉氏)는 장능신(張能信)의 처로 태복경(太僕卿)[88] 유헌총(劉憲寵)의 딸이며 공부상서(工部尙書)[89] 장구덕(張九德)의 며느리이다. 성품이 지극히 효성스러웠다. 유씨는 그녀의 시어머니가 병이 들자 10년 동안 약을 달여 시중하며 곁을 떠나지 않았다. 급기야 시어머니의 병이 위독하자 유씨는 칼로 자신의 팔을 베었다. 놀란 시녀가 그녀를 부축했다. 시아버지가 소식을 듣고 유씨에게 이 병에는 비리고 기름진 것을 가까이 하면 안 되는 것이라고 의사가 말하였다고 하면서 극력 유씨를 저지했다. 하루가 지난 후 유씨가 다시금 살을 베어 죽을 끓여 바쳤으나 시어머니는 이미 음식을 먹을 수가 없었다. 이에 유씨는 크게 후회하며 "의사가 나를 속여서 시어머니로 하여금 나의 마음을 알지 못하게 하였구나!"라고 했다. 유씨는 통곡하며 다시 1촌정도 크기의 살을 베어서 시어머니의 시신 앞에 바쳤다. 그리고 그녀는 관을 덮으려 할 때 살을 관속에 넣고 말하길 "저는 시어머님을 다시 섬길 수 없게 되었습니다. 이 살로 어머님 곁을 지킬 것이니 제가 어머님을 섬기는 것처럼 여기십시오"라고 했다. 마을 사람들이 유씨를 효부라 칭찬하지 않는 사람이 없었다.

劉氏, 張能信妻, 太僕卿憲寵女, 工部尚書九德婦也. 性至孝, 姑病十年, 侍湯藥不離側. 及病劇, 擧刀刲臂, 侍婢驚持之. 舅聞, 囑醫言病不宜近腥臙, 力止之. 踰日, 竟刲肉煮糜以進, 則姑已不能食, 乃大悔恨曰:「醫紿我, 使姑未鑒我心.」復刲肉寸許, 慟哭奠簀前, 將闔棺, 取所奠置棺中曰:「婦不獲復事我姑, 以此肉伴姑側, 猶身事姑也.」鄕人莫不稱其孝.

---

88 태복경(太僕卿) : 관직명. 태복시경(太僕寺卿)임. 태복시(太僕寺)의 최고장관. 병부(兵部) 소속이며 마정(馬政)을 관장함. 종3품.
89 공부상서(工部尙書) : 관직명. 공부(工部)의 최고 장관. 전국의 모든 토목, 건설, 수리 등을 관장함. 정2품.

列女傳
열녀 3

출전 : 羅聘, <蘇小小像> : 『群芳譜 : 女性的形象與才藝』, 國立故宮博物院(臺灣), 2003, p.75.

직포도(織布圖) : 청(淸) 건륭(乾隆) 30년(1765) 직예총독(直隷總督) 방관승(方觀承)이 발행한 『면화도책(棉花圖冊)』 중 옷감 짜는 그림. 『면화도책(棉花圖冊)』은 면화재배로부터 방적, 염색에 이르기까지의 의복 만드는 전 과정을 모두 16폭의 그림으로 나타냈다. 그림에 젊은 한 여성이 방직기에 앉아 부지런히 옷감을 짜고 있고 그 뒤 창가 너머로 다른 여인 한 명이 아이와 함께 옷감 짜는 모습을 구경하고 있다.

출전 : 『群芳譜 : 女性的形象與才藝』, 國立故宮博物院(臺灣), 2003, p.132.

 제146화 ■ 서정녀(徐貞女)

　정녀 서씨(徐氏)는 선성(宣城) 사람이다. 어려서 시지제(施之濟)와 결혼을 약속하였다. 서씨의 나이 15세 때 서씨에 반한 마을의 세도가 탕일태(湯一泰)가 제주(祭酒)¹인 자신의 조카 탕빈윤(湯賓尹)²의 세력에 의지하여 강제로 그녀와 결혼하려 하였다. 서씨의 아버지 서자인(徐子仁)이 거부한 채 밤중에 시지제에게로 달려가 그로 하여금 자신의 딸을 빨리 데려가라고 했다. 이에 격분한 탕일태가 관원을 위협하여 서씨를 붙잡게 하였다. 관청에서 서씨를 탈취하려는 생각이었다. 그리고 그는 먼저 사람을 시켜 시지제와 그의 아들 및 중매인 등 여러 명을 끌어다 관청 앞에서 구타하게 했다. 관원이 제어하지 못했다. 서씨는 붙잡혀 재판을 기다리는 동안 잠시 성 동쪽의 여관에 머물렀다. 모면하지 못할 것을 두려워한 서씨는 밤중에 사람들이 조용할 때를 틈타 연못에 뛰어들어 죽었다. 서씨는 상하 의복을 바느질로 꼭 싸매어 조금치의 몸도 드러내지 않았다. 본 사람들이 모두 눈물을 흘리고 함께 서씨의 시신을 들어다 고묘(古廟)³로 옮겨 놓았다. 당시 한 여름이라 날씨가 매우 무더웠지만 파리들이 감히 접근하지 못했다. 지부(知府) 장덕명(張德明)이 직접 가서 보고 성 동쪽에 사당을 세우고 제사를 지냈다.

徐貞女, 宣城人. 少字施之濟. 年十五, 里豪湯一泰豔之, 倚從子祭酒賓尹, 強委禽焉. 女父子仁不受, 夜趣施舁女歸. 一泰恚甚, 脅有司攝施婦, 欲庭奪以歸, 先使人捽之濟父子及媒妁數人, 毆之府門, 有司莫能制. 徐氏被攝, 候理, 次城東旅舍, 思不免. 夜伺人靜, 投池中死, 衣上下縫紉不見寸體. 觀者皆泣下, 共舁古廟, 盛夏鬱蒸, 蠅不敢近. 郡守張德明臨視, 立祠城東祀之.

---

1 제주(祭酒) : 관직명. 국가 최고 교육기관인 국자감(國子監)의 장관. 종4품.
2 탕빈윤(湯賓尹) : 명대 관료. 자(字) 가관(嘉寬), 호 곽림(霍林). 1595년 진사(進士).
3 고묘(古廟) : 조상의 제사를 지내기 위해 세운 오래된 집. 오래된 사당.

제147화 유씨(劉氏)

유씨(劉氏)는 경사(京師) 사람이다. 변방에서 군역에 종사하고 있는 송강(松江) 사람이 있었는데 그는 거짓으로 부인이 없다고 한 후 유씨를 아내로 맞이했다. 나중에 그 사람은 사면되어 귀향하게 되었을 때 유씨에게 "나는 잠시 집에 갔다 올 것이다"라고 속여 말했다. 오래도록 그 사람이 돌아오지 않자 유씨는 송강에 가서 그를 찾았다. 유씨가 그 사람을 찾았으나 그는 유씨를 거절한 채 받아들이지 않았다. 유씨는 울면서 "남편이 나를 버리면 나는 어디로 돌아간단 말인가?"라며 두발(頭髮)을 자르고 비구니가 되었다. 유씨가 거리에서 걸식하니 많은 사람들이 가련히 여기고 그녀의 주위에 몰려들었다. 유씨는 관 하나를 두고 수십 년 동안 밤이 되면 그 관속에서 잠을 잤다. 이웃집에 불이 나자 유씨는 관 속으로 들어가서 "나의 관을 덮어 주시오 나의 일을 마칠 것이오"라고 외치고 마침내 불에 타서 죽었다.

劉氏, 京師人. 有松江人戍邊者, 詐稱無妻, 娶劉. 既而遇赦歸, 紿劉曰:「吾暫歸省.」久之不復至, 劉抵松訪之, 夫拒不納. 劉哭曰:「良人棄我, 我將安歸.」乃翦髮為尼, 行乞市上, 人多憐而周之. 劉置一棺, 夜臥棺中數十年. 鄰火起, 劉入棺, 呼曰:「乞與闔棺, 以畢吾事.」遂焚死.

제148화 여씨(余氏)

여씨(余氏)는 황강(黃岡)⁴ 사람 송몽(宋蒙)의 첩이다. 송몽의 처는 유씨(劉氏)인데 아들 딸 하나씩을 두었다. 여씨는 자식이 없었다. 송몽이 죽자 유씨가 다른 곳으로 개가했다. 여씨는 매우 고생하며 유씨가 낳은 자녀를 키웠다. 여씨는 매일 한 밤중까지 방직 일을 하며 쉬지 않았다. 가법이 엄하여 친인척들도 감히 그녀의 집을 기웃거리지 못했다. 20년이 지난 후 여씨가 갑자기 자녀들에게 "나의 수명이 다하려 하니 너희들을 끝까지 돌볼 수 없게 되었다. 오직 너희들이 훌륭한 사람이 되기를 바랄 뿐이다"란 말을 하고 며칠이 지난 후 아무런 병 없이 죽었다.

余氏, 黃岡宋蒙妾. 蒙妻劉, 舉子女各一人, 余無所出. 及蒙卒, 劉他適, 妾辛勤育之. 日事紡績, 非丙夜不休. 壼政嚴肅, 親屬莫敢窺其門. 踰二十年, 忽謂子女曰 :「吾命將盡, 不能終視若輩, 惟望若輩爲上流人爾.」越數日, 無疾而逝.

---

4 황강(黃岡) : 명대 호광성(湖廣省) 황주부(黃州府) 소속의 현(縣) 이름. 지금의 중국 호북성(湖北省) 황강시(黃岡市).

 제149화 ■ 우봉낭(虞鳳娘)

    우봉낭(虞鳳娘)은 의오(義烏)5 사람이다. 봉낭의 언니가 서명휘(徐明輝)와 결혼한 후 죽었다. 서명휘는 봉낭이 현숙하다는 것을 듣고 그녀의 아버지에게 봉낭을 자신의 후처가 되게 해달라고 간청했다. 봉낭은 그 사실을 알고 울면서 자기 부모에게 말하길 "일찍이 형제가 같은 처를 가진 적이 없습니다. 자매 역시 마땅히 이와 같아야 합니다"라고 했다. 봉낭은 자기 아버지가 자기 말에 전혀 귀 기울이지를 않자 입을 다물고 말하지 않은 채 목을 매고 죽었다.

    虞鳳娘, 義烏人. 其姉嫁徐明輝而卒, 明輝聞鳳娘賢, 懇其父欲聘爲繼室. 女知, 泣謂父母曰:「兄弟未嘗同妻, 卽姉妹可知.」父執不聽, 女絶口不言, 自經死.

---

5 의오(義烏) : 명대 절강성(浙江省) 금화부(金華府) 소속의 현(縣) 이름. 지금의 중국 절강성(浙江省) 의오시(義烏市).

제150화 임정녀(林貞女)

정녀 임씨(林氏)는 후관(侯官)6 사람이다. 그녀의 아버지는 임순도(林舜道)로 참정(參政)7 벼슬을 역임했다. 임씨는 어려서 장락(長樂)8 사람인 부도어사(副都御史)9 진성(陳省)의 아들 진장원(陳長源)과 혼약을 맺었다. 결혼 예물을 받은 후 진장원이 죽었다. 임씨는 머리를 풀어헤치고 화장을 하지 않은 채 병이라 하고 침대에 누웠다. 그리고 소리 내지 않고 곡을 하였지만 슬퍼하는 모습이 역력했다. 어떤 사람이 임씨에게 아직 진장원의 처가 되지 않았는데 어찌 고통을 자초하느냐고 말했다. 임씨는 "나의 성명과 생년월일 등을 모두 이미 상자에 넣어 진씨 집안에 보냈는데 어찌 이를 인정하지 않을 수 있겠는가!"라고 대답했다. 그리고 자기 아버지에게 진장원의 장례에 갈 것을 간절히 요청했다. 임씨의 아버지가 그 뜻을 전달하니 진장원의 아버지가 대답하길 "그녀가 미망인이 되어 온다면 내가 차마 할 수 없는 일이고, 일반 사람으로 온다면 누가 그녀를 접대할 수 있을 것인가? 장례가 끝날 때까지 기다려주시오"라고 했다. 임씨는 비통해하며 "이것은 시간을 지연시켜 나의 뜻을 빼앗으려고 하는 것이다"라고 탄식한 후 음식을 끊었다. 결국 7일이 지난 후 임씨는 피를 토하고 죽었다.

林貞女, 侯官人. 父舜道, 官參政. 女幼許長樂副都御史陳省子長源, 旣納幣, 長源卒. 女蓬首削脂澤, 稱疾臥牀, 哭無聲而神傷. 或謂未成婦, 何自苦. 答曰:「予名氏, 歲月飾而櫝之以歸陳, 忍自昧哉!」固請於父, 欲赴陳喪, 父爲達其意. 陳父答曰:「以凶歸, 所不忍, 以好歸, 疇與主之? 姑俟喪除.」女大悲咤曰:「是欲緩之, 覬奪吾志也.」遂不食, 積七日, 嘔血死.

---

6 후관(侯官): 명대 복건성(福建省) 복주부(福州府) 소속의 현(縣) 이름. 지금의 중국 복건성(福建省) 복주시(福州市) 민후현(閩侯縣).
7 참정(參政): 관직명. 각 지방 포정사(布政司) 소속의 관리. 포정사(布政使) 아래에 좌우참정 각 1명씩 있음. 종3품.
8 장락(長樂): 명대 복건성(福建省) 복주부(福州府) 소속의 현(縣) 이름. 지금의 중국 복건성(福建省) 복주시(福州市) 관할의 장락시(長樂市).
9 부도어사(副都御史): 도찰원(都察院) 소속의 어사. 좌우부도어사(左右副都御史) 각 1명씩 있음. 정3품.

 제151화 **왕정녀(王貞女)**

정녀 왕씨(王氏)는 곤산(崑山) 사람이다. 태복경(太僕卿) 왕우(王宇)의 손녀이며 제생(諸生) 왕술(王述)의 딸이다. 시랑(侍郎)10 고장지(顧章志)의 손자 고동길(顧同吉)과 혼약을 정했는데 얼마 되지 않아 고동길이 죽었다. 왕씨는 머리 장식을 떼고 흰옷을 입은 채 부모 앞에 나아가 아무 말도 하지 않고 또한 울지도 않았다. 마치 급히 집을 나가려 하는 것 같았다. 그녀의 부모가 난색을 표하며 시녀를 보내어 고동길의 부모에게 알렸다. 고동길의 부모가 안뜰을 소제하고 왕씨를 기다렸다. 왕씨는 고동길의 집에 도착한 후 관에 절을 하였으나 곡은 하지 않은 채 매우 엄숙한 얼굴로 시부모를 만났다. 그곳에서 죽겠다는 뜻이었다. 왕씨의 시어머니가 눈물을 머금고 "아들이 불행히 일찍 죽었는데 어찌 신부에까지 연루시킬 수 있겠는가?"라고 했다. 왕씨는 자신의 시어머니가 자기를 신부라고 부르는 것을 듣고 눈물을 뚝뚝 흘리며 가지 않고 남아서 며느리의 의무를 다하였다. 왕씨는 아침저녁으로 관 앞에 꿇어 앉아 제사를 올리고 시어머니의 식사와 잠자리를 보살폈다. 그 이외에 왕씨는 방 한 칸에 들어 앉아 비록 가까운 친척이 시녀를 보내어 안부를 물어도 모두 사절한 채 "나는 집 밖의 사람을 만나서는 안 된다"라고 하였다. 나중에 왕씨의 시어머니가 병이 들었다. 왕씨는 주야로 정성을 다하여 시중들며 쉬지 않았다. 시어머니의 병이 더욱

심해지자 왕씨는 방에 들어가 침상 앞에서 보살피고 방을 나와서 부엌의 약을 보며 몇 차례 왕래하였다. 마치 무슨 일을 하는 것 같았다. 시녀들이 몰래 그것을 살폈으나 아무것도 발견하지 못했다. 왕씨의 시어머니는 약을 먹은 후 잠들었다가 깨어나서 곧 병이 많이 좋아졌음을 느끼고 왕씨를 불러 "내가 방금 무슨 약을 먹었기에 병이 이처럼 빨리 나았는가?"라고 물었다. 그런 후 왕씨의 손을 잡고 감사하려고 하자 왕씨가 손을 감춘 채 어찌할 바를 몰라 했다. 시어머니가 괴상히 여겨 일어나서 보니 왕씨는 이미 손가락 하나를 잘라 약탕에 달인 것이었다. 왕씨의 시어머니는 "나는 하늘이 나의 아들을 빼앗아 간 후 늘 늙어서 의지할 곳이 없음을 걱정했다. 그런데 지금 며느리가 자기 몸을 해쳐가며 나의 병을 치료하니 이 어찌 아들보다 낫지 않다고 할 수 있겠는가!"라고 탄식하며 오랜 동안 눈물을 흘렸다. 모든 사람들이 왕씨를 정녀이며 효녀라고 칭찬했다.

王貞女, 崑山人, 太僕卿宇之孫, 諸生述之女, 字侍郞顧章志孫同吉. 未幾, 同吉卒. 女卽去飾, 白衣至父母前, 不言亦不泣, 若促駕行者. 父母有難色, 使嫗告其舅姑, 舅姑掃庭內待之. 女旣至, 拜柩而不哭, 斂容見舅姑, 有終焉之意. 姑含淚曰:「兒不幸早亡, 奈何累新婦.」女聞姑稱新婦, 泪簌簌下, 遂留執婦道不去. 早晚跪奠柩前, 視姑眠食外, 輒自屛一室, 雖至戚遣女奴候視, 皆謝絶, 曰:「吾義不見門以外人.」後姑病, 女服勤, 晝夜不懈. 及病劇, 女入候牀前, 出視藥竈, 往來再三, 若有所爲. 羣婢窺之而莫得其迹, 姑旣進藥則睡, 覺而病立間, 呼女曰:「向飮我者何藥? 乃速愈如是.」欲執其手勞之, 女縮手有難進之狀. 姑怪起視, 已斷一指煮藥中矣. 姑歎曰:「吾以天奪吾子, 常憂老無所倚. 今婦不惜支體以療吾疾, 豈不勝有子耶!」流涕久之. 人皆稱貞孝女云.

---

10 시랑(侍郎) : 관직명. 이(吏部), 예(禮部), 병(兵部), 호(戶部), 형(刑部), 공(工部) 등 중앙 6부의 상서(尙書) 아래에 좌우시랑(左右侍郞) 각 1명씩 있음. 정3품.

제152화  **예미옥(倪美玉)**

예미옥(倪美玉)은 18살 때 동서(董緖)에게 시집갔다. 동서가 장례를 치르는 동안 슬픔이 지나쳐 병을 얻었다. 동서가 예씨에게 "나는 형제도 없고 아들도 없소. 내가 죽으면 부모의 제사도 끊기게 될 것이오. 우리 집을 작은 종사(宗祠)¹로 삼아 제사지낼 땅 몇 무를 사시오 그리고 일족으로 하여금 그것을 돌아가면서 주관케 하여 봄가을로 제사를 지내게 하시오 그래서 나의 부모가 그것을 얻는다면 나는 여한이 없을 것이오 당신은 반드시 이 뜻을 나의 숙부에 이야기 하여 행하도록 하시오."라고 했다. 동서가 죽은 후 예씨는 조카를 후사로 세웠다. 장례를 끝낸 후 예씨는 딸과 밭 20무를 자신의 윗동서에게 주면서 "이것들로 동서에게 폐를 끼친다"라고 부탁했다. 남편의 숙부가 외지로부터 돌아오자 예씨는 절하고 울면서 남편의 유언을 전달했다. 숙부는 예씨의 말대로 일을 처리하였다. 일이 다 끝난 후 예씨는 방을 나가 감사의 절을 하고 곧 방에 들어가 누운 채 다시는 먹지를 않았다. 며칠이 지난 후 예씨는 목욕하고 의복을 갖추어 입은 후 "남편이 나를 부른다"라고 했다. 그리고 손을 들어 부모와 친척에게 고별인사를 한 후 죽었다. 나이 22세였다.

倪美玉, 年十八歸董緒. 緒居喪過毀得疾, 謂妻曰:「吾無兄弟, 又無子. 吾死, 父母祀絕矣. 當以吾屋為小宗祠, 置祀田數畝, 小宗人遞主之, 春秋享祀, 吾父母獲與焉, 吾無憾矣. 汝必以此意告我叔父而行之.」緒卒, 倪立從子為後. 治喪畢, 攜其女及田二十畝囑其姒曰:「以此累姆.」及夫叔父自外郡至, 泣拜致夫命, 叔父如其言. 事竣, 婦出拜謝, 即入室臥不食. 居數日, 沐浴整衣曰:「亡夫召我矣.」舉手別父母親屬而逝, 年二十二.

---

11 종사(宗祠) : 조상의 신주를 모시기 위해 개인집에서 설립한 사당. 사묘(祠廟) 또는 가묘(家廟)라고도 함.

제153화 ■ **유열녀(劉烈女)**

　　열녀 유씨(劉氏)는 전당(錢塘)¹² 사람이다. 어려서 오가간(吳嘉諫)과 혼약을 맺었다. 이웃의 부잣집 자제인 장아관(張阿官)이 자주 유씨에 대해 관심을 보였다. 어느 날 저녁 장아관이 사다리를 타고 유씨 집으로 들어갔다. 유씨는 부모를 불러 함께 그를 붙잡아서 관청에 보고하려 했다. 장아관의 조카가 유씨가 요염함과 음탕함으로 사람을 유혹해서 재물을 취하려 한다며 공공연하게 떠들어댔다. 사람들이 다 그 말을 믿었다. 유씨는 자기 아버지에게 말하길 "적이 나의 명예를 더럽혔으니 나는 이제 살 수가 없게 되었습니다. 나는 반드시 진실이 밝혀지도록 하늘에 하소연할 것입니다"라고 한 후 곧 목을 매고 죽었다. 검시를 기다리고 있는데 한 여름의 폭염 중에도 시신의 기운이 전혀 없었다. 오가간은 처음 남의 말에 미혹되어 곡을 하지 않았으나 점차 진상을 살피고 그것이 무고한 것임을 안 후 시신에 엎드려 크게 통곡했다. 그러자 갑자기 유씨가 눈을 뜨더니 몇 줄기 피눈물을 흘렸다. 마치 두 사람이 마주 대하고 우는 것 같았다. 장씨 집안에서는 송사(訟師)¹³인 정이(丁二)에게 처음에 말한 것을 계속 견지해줄 것을 요청했다. 유씨의 혼백이 정이의 몸에 붙어서 "너는 붓으로 나를 더럽혔으니 내가 먼저 너를 죽이겠다"라고 하니 정이가 그 자리에서 죽었다. 당시 강의 파도가 우레 같은 소리를 내며 수십 장(丈)¹⁴에 이르는 강 언덕을 무너트렸다. 사람들은 유씨의 원혼이 그렇게 한 것이라 여겼다. 관원이 장아관과 그의 조카를 곤장을 때려 죽였다.

劉烈女, 錢塘人. 少字吳嘉諫. 鄰富兒張阿官屢窺之, 一夕緣梯入. 女呼父母共執之, 將訟官. 張之從子倡言劉女誨淫, 縛人取財. 人多信之. 女呼告父曰:「賊污我名, 不可活矣, 我當訴帝求直耳.」 卽自縊. 盛暑待驗, 暴日下無屍氣. 嘉諫初惑人言, 不哭. 徐察之, 知其誣也, 伏屍大慟. 女目忽開, 流血淚數行, 若對泣者. 張延訟師丁二執前說, 女傳魂於二曰:「若以筆污我, 我先殺汝.」 二立死. 時江濤震吼, 岸土裂崩數十丈, 人以爲女冤所致. 有司遂杖殺阿官及從子.

---

12 전당(錢塘) : 명대 절강성(浙江省) 항주부(杭州府) 소속의 현(縣) 이름. 지금의 중국 절강성(浙江省) 항주시(杭州市).
13 송사(訟師) : 소송장을 써서 소송을 도와주는 사람.
14 장(丈) : 길이의 단위. 1장은 10척(尺)에 해당하고, 명대 1척은 약 31.1cm임. 따라서 명대 1장(丈)은 약 3.1m임.

제154화 상해모씨(上海某氏)

상해(上海)에 한 여인이 있었는데 결혼 후 남편이 문둥병을 앓았다. 여인의 시부모가 그 여인을 그들의 작은 아들의 처로 삼으려 했다. 여인이 알아채고 몰래 자신의 남편에게 그 사실을 알렸다. 남편이 울면서 그녀를 친정집으로 보냈다. 여인은 몰래 염할 의복을 만들었다. 여인의 남편이 죽었으나 여인의 시부모는 그 사실을 여인에게 알리지 않았다. 그리고 관을 덮지 않은 채 물가에 방치했다. 악질을 피하기 위한 민간풍속 때문이었다. 여인은 소식을 듣고 그릇에 쌀밥과 삶은 닭을 담은 후 어린 여동생과 함께 관을 둔 곳에 이르렀다. 여인은 시신을 끌어안아 목욕시키고 의복으로 염한 후 관을 덮고 제사를 지냈다. 제사를 끝내고 여인은 자기 여동생과 헤어진 후 두건으로 얼굴을 가린 채 물속으로 뛰어들어 죽었다.

上海某氏, 旣嫁, 夫患瘋癩, 舅姑謀奪以妻少子. 婦覺, 密告其夫, 夫泣遣之歸寧. 婦潛製殮具, 夫旣死, 舅姑不以告, 不闔棺, 露置水濱, 以俗忌惡疾也. 婦聞, 盂飯瀹雞, 偕幼妹至棺所, 抱屍浴之, 斂以衣衾, 闔棺設祭. 祭畢, 與妹訣, 以巾幕面, 投水死.

 제155화 ■ 곡씨(谷氏)

    곡씨(谷氏)는 여요(餘姚) 사람 사무(史茂)의 처이다. 곡씨의 아버지는 사무가 문학의 재능이 있었기 때문에 데려다 데릴사위로 삼았다. 며칠 후 이웃 사람 송사(宋思)가 곡씨의 아버지에게 빚을 독촉하다 곡씨의 아름다움을 보고 채무를 결혼예물이라고 하여 관청에 고발하였다. 지현(知縣) 마종룡(馬從龍)은 송사가 무고하였다고 여기고 곤장을 때려 보냈다. 곡씨가 계단을 내려갈 때 사무가 부축하려 하자 일찍이 집밖을 나간 적이 없었던 곡씨는 수많은 아역들이 쭉 늘어서 있는 것을 보고 또 남편의 몸이 자기 가까이 있게 되자 부끄러워 얼굴이 빨개지며 사무를 밀쳐 버렸다. 마종룡이 바라보고 곡씨가 사무를 좋아하지 않는다고 생각하였다. 그는 즉각 판결을 고쳐 곡씨로 하여금 송사에게 시집가라고 했다. 송사는 곧 사람들을 거느리고 곡씨를 가마에 태워서 떠나갔다. 곡씨의 어머니가 송사의 집에 함께 뒤따라갔다. 곡씨는 통곡하며 빨리 죽여 달라고 소리쳤다. 그러면서 곡씨는 자기 머리카락을 잘라 자기 어머니에게 주면서 사무에게 전해달라고 하였다. 송사 집안의 부녀 10여명이 곡씨를 에워싼 채 위로하고 권고했으나 아무도 그녀를 설득하지 못했다. 잠시 틈을 이용해 곡씨는 목을 매고 죽었다. 마종룡은 소식을 듣고 크게 놀라 송사를 체포하라 했으나 송사는 이미 도망쳐버렸다. 부인의 의에 감동한 사무는 종신토

록 장가가지 않았다.

谷氏, 餘姚史茂妻. 父以茂有文學, 贅之於家. 數日, 鄰人宋思徵責於父, 見氏美, 遂指逋錢爲聘物, 訟之官. 知縣馬從龍察其誣, 杖遣之. 及谷下階, 茂將扶以行. 谷故未嘗出閨閣, 見隸人林立, 而夫以身近己, 慚發頳, 推茂遠之. 從龍望見, 以谷意不屬茂也, 立改判歸思. 思卽率衆擁輿中而去, 谷母隨之至思舍. 谷呼號求速死, 斷髮屬母遺茂. 思族婦十餘人, 環相勸慰, 不可解, 乘間縊死. 從龍聞之大驚, 捕思, 思亡去. 茂感妻義, 終身不娶.

제156화  백씨(白氏)

　백씨(白氏)는 청간(淸澗)[15] 사람 혜도창(惠道昌)의 처이다. 18세 때 남편이 사망했다. 당시 백씨는 임신 6개월이었는데 남편을 따라 죽으려 했다. 사람들이 "어찌 조금 더 기다리지 않는가? 아들이면 남편의 후사를 이을 수 있을 것이다."라며 타일렀다. 백씨는 울면서 "남편의 후사가 없음을 생각하지 않은 것은 아니다. 하지만 마음이 아파 잠시도 기다릴 수가 없다"라고 말한 후 7일 동안 먹지 않고 죽었다.

　白氏, 淸澗惠道昌妻. 年十八, 夫亡. 懷娠六月, 欲以死殉. 諭之曰 :「胡不少待, 擧子以延夫嗣.」氏泣曰 :「非不念良人無後, 但心痛不能須臾緩耳.」七日不食而死.

15　청간(淸澗) : 명대 섬서성(陝西省) 연안부(延安府) 소속의 청간현(靑澗縣)을 말함. 지금의 섬서성(陝西省) 연안시(延安市) 청간현(淸澗縣).

제157화  고열부(高烈婦)

열부 고씨(高氏)는 박평(博平) 사람 제생(諸生) 가해(賈垓)의 처이다. 가해가 죽자 고씨는 스스로 "정절을 위해 죽는 것은 쉽고 살아서 수절하기는 어렵다. 하물며 지금은 전란의 시기이다. 나는 차라리 쉬운 일을 하겠다"라고 생각하고는 시어머니의 손을 잡고 울면서 "제가 시부모님을 모시지 못하고 오히려 고아를 남겨 누를 끼치게 되었습니다. 그러나 아녀자가 남편을 따라 죽는 것은 마땅한 일이니 너무 애통하지 마십시오"라고 말한 후 목을 매고 죽었다.

高烈婦, 博平諸生賈垓妻. 垓卒, 氏自計曰:「死節易, 守節難. 況當兵亂之際, 吾寧為其易者.」執姑手泣曰:「婦不能奉事舅姑, 反遺孤孫為累. 然婦殉夫為得正, 勿過痛也.」遂縊.

제158화  우씨(于氏)

  우씨(于氏)는 영주(穎州) 사람 등임(鄧任)의 처이다. 등임이 병들었으나 집안이 가난하여 약과 음식을 제공하지 못하였다. 우씨는 결혼 때 장만한 물건들을 꺼내어 남편을 구하였다. 6개월이 지나 등임의 병이 더욱 위독해졌다. 우씨는 결혼예물 때 받았던 두 개의 비녀 중 하나를 남편 머리에 꽂고 다른 하나를 자기 머리에 꽂은 후 남편의 목을 어루만지며 오열하면서 "나는 반드시 그대를 실망시키지 않겠다"라고 했다. 우씨는 손가락을 등임의 입속에 집어넣고 그로 하여금 깨물게 하여 믿도록 하였다. 우씨는 등임이 죽자 3일 후 목을 매고 죽었다.

  于氏, 穎州鄧任妻. 任病, 家貧, 藥餌不給, 氏罄嫁筒救之. 閱六月病革, 氏聘簪二, 綰一於夫髮, 自綰其一, 撫任頸哽咽曰:「妾必不負君.」納指任口中, 令齧爲信. 任歿三日, 縊死.

제159화 ■ 대씨(臺氏)

영주(潁州)에 또 대씨(臺氏)가 있었는데 제생(諸生) 장운붕(張雲鵬)의 처이다. 대씨는 남편이 병들자 단벌옷에 채소만을 먹은 채 남편을 대신하여 죽겠다고 하늘에 기도하였다. 그리고 그녀는 팔의 살을 벤 후 그것으로 죽을 만들어 남편에게 먹였다. 남편의 병이 위독해지자 대씨는 남편을 따라 죽을 것이라 하고 그 기한을 3일로 정했다. 남편이 대씨에게 붉은 띠를 건네주면서 작별하자고 하자 대씨는 대성통곡하며 그것을 받았다. 3일이 지난 후 대씨는 남편이 준 띠로 목을 매었는데 시녀가 구출하여 죽지 않았다. 대씨는 원망하며 "무슨 놈의 노예가 나의 일을 망치는가! 나로 하여금 3일의 약속을 지키지 못하게 하였구나!"라고 하였다. 이로부터 대씨는 먹지도 않고 마시지도 않은 채 크게 한 번 통곡하고 뜨거운 피를 쏟았다. 7일 째 이르러 대씨는 발을 구르며 "늦었다. 낭군은 나를 의심하지 마시오"라고 했다. 대씨의 어머니가 우연히 방을 나가 머리 감는 사이 대씨는 문을 잠근 후 목을 매고 죽었다.

州又有臺氏, 諸生張雲鵬妻. 夫病, 氏單衣蔬食, 禱天願代, 割臂為糜以進. 夫病危, 許以身殉, 訂期三日. 夫付紅帨為訣, 氏號泣受之. 越三日, 結所授帨就縊, 侍婢救不死, 恨曰:「何物奴, 敗我事! 令我負三日約.」自是, 水漿不入口, 舉聲一號, 熱血迸流. 至七日, 頓足曰:「遲矣, 郎得毋疑我.」母偶出櫛沐, 扃戶縊死.

제160화 ■ **호씨(胡氏)**

　　호씨(胡氏)는 제성(諸城)16 사람이다. 수평(遂平)17 지현(知縣) 호려명(胡麗明)의 손녀이다. 17살 때 제생(諸生) 이경중(李敬中)에게 시집을 갔는데 딸 하나를 낳고 남편이 죽었다. 호씨는 처음 매우 슬프게 곡하다 3일이 되자 곡하지 않고 세수하고 머리 빗질한 후 마루 아래에서 시부모에게 절하였다. 집안사람들이 괴상히 여기자 호씨는 서둘지 않고 조용히 대답하길 "저는 불행하게 하늘같은 존재를 잃어버리고 또 아들도 없습니다. 죽은 사람을 따라 지하로 가려고 합니다. 시부모님을 다시 섬길 수 없게 되었으니 음식에 조심하고 스스로 건강하시기 바랍니다. 나중에 작은 삼촌에게 아들이 있으면 죽은 사람을 위해 후사를 세워주십시오. 그래서 매년 간단한 제사라도 지내 준다면 만족합니다"라고 했다. 시어머니와 그녀의 어머니가 울면서 제지하였으나 호씨는 듣지 않았다. 호씨는 곧 관 앞에서 분향하고 축을 읽은 후 집안 식구들을 돌아보고 "씻기고 염하는 것 모두 여러분이 직접 해주고 남자가 접근하지 못하도록 해주시오"라고 했다. 그리고 마침내 방에 들어가 목을 매었다. 호씨의 어머니와 시어머니가 강하게 문을 두드리고 통곡하며 소리 질렀으나 호씨는 끝내 들은 척도 안하고 죽었다.

胡氏, 諸城人, 遂平知縣麗明孫女也. 年十七, 歸諸生李敬中, 生一女而夫卒. 初哭踊甚哀, 比三日不哭, 盥櫛拜舅姑堂下, 家人怪之, 從容答曰:「婦不幸失所天, 無子, 將從死者地下, 不得復事舅姑, 幸強飯自愛. 他日叔有子, 為亡人立嗣, 歲時奠麥飯足矣.」姑及其母泣止之, 不可, 乃焚香告柩前, 顧家人曰:「洗含汝等親之, 不可近男子.」遂入戶自經, 母與姑槌門痛哭疾呼, 終不顧而死.

---

16 제성(諸城): 명대 산동성(山東省) 청주부(青州府) 소속의 현(縣) 이름. 지금의 중국 산동성(山東省) 유방시(濰坊市) 관할의 제성시(諸城市).
17 수평(遂平): 명대 하남성(河南省) 여녕부(汝寧府) 소속의 현(縣) 이름. 지금의 중국 하남성(河南省) 주마점시(駐馬店市) 수평현(遂平縣).

제161화 왕씨(王氏)

왕씨(王氏)는 치천(淄川)¹⁸ 사람 성상(成象)의 처이다. 남편이 죽자 왕씨가 3일 동안 통곡하니 입술이 타고 이가 검어졌다. 참지 못한 그녀의 아버지가 물을 주었으나 왕씨는 거절하고 마시지 않았다. 또 3일이 지나자 왕씨의 호흡이 점차 미약해졌다. 왕씨는 간신히 일어나 자기 아버지에게 "시부모의 장례도 아직 마치지 못하였는데 남편의 관 역시 맨땅에 방치하고 있으니 어떡해야 합니까?"라고 했다. 왕씨의 아버지가 책임지고 그들 일을 처리해주겠다고 말하자 왕씨는 베개에 머리를 박고 눈을 감았다. 그녀의 나이 17세였다.

王氏, 淄川成象妻. 夫死, 痛哭三日, 脣焦齒黑. 父不忍, 予之水, 謝勿飮. 又三日, 氣息漸微, 强起語父曰:「翁姑未葬, 夫亦露殯, 奈何?」父許任其事, 氏就枕叩頭而瞑, 年十七.

---

18 치천(淄川): 명대 산동성(山東省) 제남부(濟南府) 소속의 현(縣) 이름. 지금의 중국 산동성(山東省) 치박시(淄博市) 치천구(淄川區).

 제162화 　유효녀(劉孝女)

효녀 유씨(劉氏)는 경사(京師) 사람이다. 아버지 유란(劉蘭)이 죽자 유씨는 결혼하지 않을 것을 맹세하고 자신의 어머니를 봉양했다. 숭정(崇禎) 원년(1628) 유씨의 나이 46세 때 그녀의 어머니가 병으로 죽었다. 유씨 역시 음식을 끊고 자신의 어머니를 따라 죽었다.

劉孝女, 京師人. 父蘭卒, 矢志不嫁, 以養其母. 崇禎元年, 年四十六矣, 母病歿, 女遂絶粒殉之.

제163화 최씨(崔氏)

최씨(崔氏)는 향하(香河)¹⁹ 사람 왕석전(王錫田)의 처이다. 숭정(崇禎) 2년(1629) 성이 함락되자 최씨는 여러 사람들에게 "나는 결코 욕을 당하지 않겠다"라고 했다. 그리고 그녀는 울면서 자기 딸에게 젖을 먹인 후 목을 매려 했으나 집안 식구들이 극력 저지하여 성공하지 못했다. 병사들이 집에 이르자 사람들이 모두 달아났다. 최씨는 급히 집 뒤에서 목을 매고 죽었다. 마침 어떤 사람이 최씨의 미모를 적이 볼까 두려워하여 최씨를 풀어 놓아주었다.

崔氏, 香河王錫田妻. 崇禎二年, 城破, 氏與衆訣曰:「我義不受辱.」涕泣乳其女, 將自縊, 家人力持不得遂. 兵及門, 衆俱奔, 氏倉皇縊於戶後, 恐賊見其貌, 或解之也.

---

19 향하(香河) : 명대 경사(京師) 순천부(順天府) 소속의 현(縣) 이름. 지금의 중국 하북성(河北省) 낭방시(廊坊市) 향하현(香河縣).

 제164화 ■ 고릉이씨(高陵李氏)

    고릉(高陵)[20] 사람 이씨(李氏)는 진무(鎭撫)[21] 유광찬(劉光燦)의 처이다. 남편이 죽은 후 이씨는 수절할 것을 결심했다. 숭정(崇禎) 4년(1631) 적이 고릉을 함락하였다. 당시 이씨는 이미 나이가 79세였다. 집안 식구들이 이씨를 부축하여 도망치려 하자 이씨는 "미망인이 남편의 집을 버리고 어디로 가겠는가?"라고 하였다. 그녀의 말이 다 끝나지 않았는데 적병이 칼을 들고 들이 닥쳤다. 이씨가 칼로 스스로를 찌르니 유혈이 낭자했다. 이씨의 열렬함에 감동한 적병이 음식을 주자 이씨는 화를 내며 받지 않고 그릇으로 적병을 쳤다. 그리고 그녀는 "내가 49년 동안이나 죽지 않고 참아 왔는데 지금 적의 음식을 먹겠는가!"라며 꾸짖다 결국 살해당하였다.

高陵李氏, 鎭撫劉光燦妻. 夫歿, 勵志苦守. 崇禎四年, 賊陷高陵. 年七十九, 其家掖之走, 曰:「未亡人棄先夫室何往?」語未已, 賊露刃入. 即取刀自刺, 流血淋漓. 賊壯其烈, 與飮食, 怒不受, 以盌擊賊, 罵曰:「吾忍死四十九年, 今啜賊食耶!」遂遇害.

---

20 고릉(高陵) : 명대 섬서성(陝西省) 서안부(西安府) 소속의 현(縣) 이름. 지금의 중국 섬서성(陝西省) 서안시(西安市) 고릉현(高陵縣).
21 진무(鎭撫) : 관직명. 도지휘사사(都指揮使司) 소속의 무관. 종4품~정6품.

제165화 **열부시씨(烈婦柴氏)**

열부 시씨(柴氏)는 하현(夏縣)²² 사람 손정(孫貞)의 처이다. 숭정(崇禎) 4년(1631) 시씨 부부는 적을 피하여 산속에 숨었다. 산을 수색하던 적이 시씨를 보고 매우 기뻐하며 시씨의 손을 잡았다. 시씨는 입으로 자신의 살을 물어뜯어 던지며 "적이 내 손을 더럽혔다"라고 했다. 적이 계속해서 팔을 잡아당기자 시씨는 또 입으로 살을 물어뜯어 던지며 "적이 내 팔을 더럽혔다"라고 했다. 적이 포기하고 떠났으나 시씨는 욕하기를 그치지 않았다. 적이 돌아와 시씨를 살해했다.

烈婦柴氏, 夏縣孫貞妻. 崇禎四年, 夫婦避賊山中. 賊搜山, 見氏悅之, 執其手. 氏以口齧肉棄之曰 :「賊污吾手.」繼扳其肱, 又以口齧肉棄之曰 :「賊污吾肱.」賊捨之去, 氏罵不絕聲, 還殺之.

---

22 하현(夏縣) : 명대 산서성(山西省) 평양부(平陽府) 소속의 현(縣) 이름. 지금의 중국 산서성(山西省) 운성시(運城市) 하현(夏縣).

제166화  주씨(周氏)

주씨(周氏)는 신성(新城)[23] 사람 왕영명(王永命)의 처이다. 등주(登州)[24] 도독(都督)[25] 주우길(周遇吉)의 형의 딸이다. 어려서 『효경』과 『열녀전』에 통했다. 숭정(崇禎) 5년(1632) 반란군의 장수 경중명(耿仲明)[26], 이구성(李九成)[27] 등이 등주를 점거한 채 반란을 일으켰는데 그 병사들이 제멋대로 간음하고 약탈했다. 병사 하나가 주씨를 능욕하려 하자 주씨는 그를 속이고 달아나서 곧 목을 매고 죽었다. 다음 날 적이 또 이르러서는 주씨가 자기를 속인 것에 대해 화를 내고 주씨의 사지를 찢었다. 사건이 평정된 후 왕영명이 적이 있는 곳을 정탐하고는 가서 적을 살해한 후 그 머리를 주씨의 무덤 앞에 놓고 제사지냈다.

周氏, 新城王永命妻, 登州都督遇吉兄女也. 幼通孝經, 列女傳. 崇禎五年, 叛將耿仲明, 李九成等據登州反, 縱兵淫掠. 一小校將辱之, 氏紿之去, 卽投繯死. 明日, 賊至, 怒其誑己, 支解之. 事平, 永命偵賊所在, 擊斬之, 以其首祭墓.

23 신성(新城) : 명대 경사(京師) 보정부(保定府) 소속의 현(縣) 이름. 지금의 중국 하북성(河北省) 신성현(新城縣).
24 등주(登州) : 명대 산동성(山東省) 소속의 부(府) 이름. 지금의 중국 산동성(山東省) 위해시(威海市) 지역.
25 도독(都督) : 관직명. 명대 중군도독부(中軍都督府), 좌군도독부(左軍都督府), 우군도독부(右軍都督府), 전군도독부(前軍都督府), 후군도독부(後軍都督府) 등 5군도독부가 있었는데 매 도독부마다 좌우도독 각 1명씩이 있음. 분담하여 전국의 위소(衛所)를 관장. 정1품.
26 경중명(耿仲明, 1604~1649) : 명말 요동(遼東) 개주(蓋州) 사람. 자(字) 운대(雲臺). 처음 공유덕(孔有德), 상가희(尚可喜)와 더불어 총병(總兵) 모문룡(毛文龍)의 부하였으나 모문룡이 원숭환(袁崇煥)에 의해 살해당한 후 등주(登州)에서 보병좌영참장(步兵左營參將)이 됨. 1632년 등주를 점령하고 자칭 총병관(總兵官)이 된 후 1633년 청나라에 투항. 1649년 정남왕(靖南王)에 임명되어 오삼계(吳三桂), 상가희와 더불어 청나라 초기의 삼번(三藩)이 되었으나 부하의 부패 혐의에 연루되어 자결함.
27 이구성(李九成) : 명대의 군인. 처음 모문룡(毛文龍)의 부하였으나 모문룡이 죽은 후 공유덕(孔有德), 경중명(耿仲明) 등과 함께 등주(登州)로 감. 1632년 등주를 점거하고 반군의 수령이 됨.

 제167화 **왕씨(王氏)**

당시 봉래(蓬萊)28 사람 포연희(浦延禧)의 처 왕씨(王氏)가 있었다. 나이는 20세로 수절하며 고아를 키우고 있었다. 이구성(李九成)이 반란을 일으켜 성이 함락되었다. 왕씨의 숙부 윤장(允章)이 왕씨 집에 이르러 왕씨에게 어디로 갈 것인가 하고 물었다. 왕씨는 "제가 어찌 환란 중에 살기를 구하겠습니까?"라고 대답했다. 마침 침상 머리에 삼베 끈이 있었다. 왕씨의 숙부가 손으로 삼베 끈을 흔들며 "이것으로 결정하려는 것인가?"라고 말하자 왕씨는 그렇다고 고개를 끄덕였다. 그런 후 그녀는 서둘지 않고 조용히 목을 매고 죽었다.

時蓬萊浦延禧妻王氏, 年二十, 守節撫孤. 九成叛, 城陷, 叔允章至其家, 問所向. 答曰:「兒豈向患難中求活.」時有麻索在床頭, 叔以手振之曰:「欲決計於此乎?」氏首肯, 從容就縊.

---

28 봉래(蓬萊) : 명대 산동성(山東省) 등주부(登州府) 소속의 현(縣) 이름. 지금의 중국 산동성(山東省) 연대시(煙臺市) 관할의 봉래시(蓬萊市).

제168화 ■ **형왜(荊婦)**

형왜(荊婦)는 섬서성(陝西省) 순화(淳化)²⁹ 사람으로 성은 고씨(高氏)이다. 그녀의 오빠는 고기봉(高起鳳)으로 그 현(縣)의 제생(諸生)이다. 숭정(崇禎) 5년(1632) 유적(流賊)³⁰이 계모 진씨(秦氏)와 형왜를 약탈해 갔다. 고기봉이 유적의 진영에 달려가서 재물을 바쳐서 풀어날 수 있도록 요청했다. 유적은 2마리의 말을 요구했다. 고기봉은 모든 재산을 내어 말 한 마리를 구하다 유적에게 주었다. 유적은 단지 그의 계모만을 풀어주었다. 고기봉은 자기 여동생과 헤어지며 "내가 가면 너는 곧 죽는다"라고 말했다. 유적은 고기봉으로 하여금 누이동생을 타일러 자기를 따르게 하도록 하고, 그 또한 남아서 자신의 서기노릇을 하라고 했다. 고기봉이 크게 욕을 하며 따르지 않다가 피살되었다. 유적이 온갖 방법으로 형왜를 위협하였으나 형왜는 욕설을 퍼부으며 자신을 죽여 달라고 하였다. 형왜의 미모에 반한 유적이 형왜의 머리칼을 자르고 의복을 찢으며 위협했다. 형왜가 더욱 욕하기를 그치지 않자 유적이 형왜를 살해했다. 나이가 겨우 16세였다. 순안(巡按) 오신(吳甡)이 이 사실을 조정에 알려 남매 모두 표창을 받았다.

荊媧, 陝西淳化人, 姓高氏. 兄起鳳, 邑諸生. 崇禎五年, 流賊掠繼
母秦氏及荊媧去, 起鳳馳赴賊營請贖. 賊索二馬, 起鳳傾貲得一馬,
予之. 賊止還其母. 起鳳與妹訣曰:「我去, 汝即死.」賊令勸妹從
己, 且欲留為書記. 起鳳大罵不從, 被殺. 百計脅荊媧, 大罵求死.
賊悅其色, 割髮裂衣以恐之, 媧益罵不已, 賊乃殺之, 年甫十六. 巡
按吳甡上其事, 兄妹皆旌.

---

29 순화(淳化) : 명대 섬서성(陝西省) 서안부(西安府) 소속의 현(縣) 이름. 지금의
　 중국 섬서성(陝西省) 함양시(咸陽市) 순화현(淳化縣).
30 유적(流賊) : 사방을 떠돌아다니는 도적. 유구(流寇)와 같은 의미.

제169화 ■ 송씨(宋氏)

진단여(陳丹餘)의 처는 송씨(宋氏)이다. 진단여는 운양(鄖陽)³¹의 제생(諸生)이다. 숭정(崇禎) 6년(1633) 적이 침략했을 때 송씨와 그녀의 딸이 함께 붙잡혀 빈 집으로 끌려 들어갔다. 집 앞에 오래된 회화나무가 있었는데 모녀는 나무를 끌어안고 서서 "우리 모녀는 차라리 밝은 대낮에 죽을지언정 어찌 어두운 방에서 욕을 당하겠는가?"라고 크게 욕하며 가려 하지 않았다. 유적이 그들의 손을 자르자 더욱 크게 욕하다 모두 살해되었다.

陳丹餘妻宋氏. 丹餘爲鄖陽諸生. 崇禎六年, 賊至被掠, 幷執其女, 迫令入空室. 前有古槐, 母女抱樹立, 罵曰:「吾母子死白日下, 豈受汚暗室中.」大罵不行. 賊斷其手, 益大罵, 俱被害.

---

31 운양(鄖陽) : 명대 호광성(湖廣省) 소속의 부(府) 이름. 지금의 중국 호북성(湖北省) 십언시(十堰市) 지역.

제170화 ▌이씨(李氏)·진씨(陳氏)

　이씨(李氏)와 진씨(陳氏)는 황일방(黃日芳)의 첩이다. 황일방은 곽구(霍丘)³²의 지현(知縣)이다. 숭정(崇禎) 8년(1635) 황일방이 장부를 전하려고 부(府)의 관청에 들어간 사이 유적이 갑자기 이르러 현(縣)의 성을 포위했다. 이씨와 진씨 두 사람은 "주인이 아직 돌아오지 않았다. 성은 거의 지키지 못할 것이 분명하다. 우리 두 사람은 오직 죽음이 있을 뿐이다"라고 말한 후 속옷과 겉옷을 아주 단단히 싸매었다. 성이 함락되자 두 사람은 남쪽을 향하여 두 번 절하고 손을 잡은 채 장천간(藏天澗)시내에 뛰어들어 죽었다. 3일이 지난 후 황일방이 돌아와 장천간 옆에서 호곡하였다. 두 시신이 소리에 응하여 수면으로 떠올랐는데 안색이 살아있는 것과 같았고 손을 함께 잡고 있었다.

　黃日芳妾李氏, 陳氏. 日芳知霍丘縣, 崇禎八年, 齎計簿入郡. 流賊突至, 圍城. 二人相謂曰:「主君未還, 城必不守, 我兩人獨有一死耳.」密縫內外衣甚固, 城陷, 南望再拜, 攜赴藏天澗死. 越三日, 日芳至, 號哭澗側. 兩屍應聲浮出, 顏色如生, 手尚相援.

---

32 곽구(霍丘) : 명대 남경(南京) 봉양부(鳳陽府) 소속의 현(縣) 이름. 지금의 안휘성(安徽省) 곽구시(霍丘市).

제171화 기수이씨(蘄水李氏)

　　기수(蘄水)³³ 사람 이씨(李氏)는 제생(諸生) 하지단(何之旦)의 처이다. 유적이 기수에 이르러 이씨를 붙잡아 강제로 끌고 갔다. 이씨가 순종하지 않자 여러 사람이 함께 그녀를 메고 갔다. 이씨는 더욱 심하게 욕하고 입으로 유적을 깨물며 빨리 죽여 달라고 하였다. 매우 화가 난 유적이 병기로 이씨를 찔러 몸 곳곳에 상처를 입었다. 하지만 이씨는 전혀 두려워하는 기색이 없었다. 유적이 이씨의 목을 잘라 죽였다.

　　蘄水李氏, 諸生何之旦妻. 流賊至蘄, 執而逼之去, 不從, 則衆挾之. 李罵益厲, 齧賊求死. 賊怒, 刺之, 創徧體, 未嘗有懼色, 賊斷其頸死.

---

33 기수(蘄水) : 명대 호광성(湖廣省) 황주부(黃州府) 소속의 현(縣) 이름. 지금의 호북성(湖北省) 황강시(黃岡市) 관할의 희수시(浠水市), 기춘시(蘄春市).

제172화  비아래(婢阿來)

시녀 아래(阿來)는 (기수)이씨의 어린 딸을 안고 한 옆에서 울고 있었다. 유적은 이씨의 딸을 빼앗아 죽이려고 하였다. 아래는 주지 않고 땅에 엎드려 몸으로 이씨의 딸을 보호했다. 아래는 수십 군데의 상처를 입고 이씨의 딸과 함께 죽었다.

從婢阿來抱李幼女, 守哭. 賊奪女將殺之, 不與, 伏地以身庇之. 刺數十創, 婢, 女俱死.

제173화 ■ **만씨(萬氏)**

만씨(萬氏)는 화주(和州)의 유사(儒士)[34] 요수중(姚守中)의 처이고 천주(泉州)[35] 지부(知府) 만경(萬慶)의 손녀이다. 아들 여섯을 두었는데 모두 가정을 이루었다. 숭정(崇禎) 8년(1635) 유적이 천주를 함락하였다. 만씨는 수절과부인 시어머니 앞에서 통곡하며 며느리들에게 "우리는 여자이다. 반드시 정절을 위해 죽어야 한다."라고 분부했다. 아들들이 만씨의 주변에 둘러서서 울고 있자 만씨는 그들에게 얼른 가라고 하면서 "너희들은 남자이다. 마땅히 종사를 보존시킬 방법을 도모해야 한다. 어찌하여 우는가?"라고 했다. 장남 승순(承舜)이 울며 "저는 책을 읽었는데 오직 충과 효의 글자만을 알 뿐입니다. 사나운 귀신이 되어 적을 죽이기를 원합니다. 어찌 어머니 혼자 죽게 할 수 있겠습니까?"라고 말한 후 곧 자신의 어머니를 업고 연못으로 뛰어들었다. 며느리와 손녀 등 따라서 죽은 사람이 수십 명이었다. 오직 아들 희순(希舜)만이 살아서 가족들의 시신을 찾았다. 찾은 후 보니 모두가 연못 바닥에 한데 모여 있었고 따로 떨어진 사람이 하나도 없었다.

萬氏, 和州儒士姚守中妻, 泉州知府慶女孫也. 生六子, 皆有室. 崇禎八年, 流賊陷其城, 慟哭孀姑前, 命諸婦曰:「我等女子也, 誓必死節.」諸子環泣, 急麾之曰:「汝輩男子, 當圖存宗祀, 何泣焉?」長子承舜泣曰:「兒讀書, 惟識忠孝字耳, 願為厲鬼殺賊, 何忍母獨死.」遂負母投於塘. 諸婦女孫相隨死者十數人, 僅存子希舜, 求其屍, 共聚塘坳, 無一相離者.

---

34 유사(儒士) : 유생, 유학자 혹은 독서인.
35 천주(泉州) : 명대 복건성(福建省) 소속의 부(府) 이름. 지금의 중국 복건성(福建省) 천주시(泉州市) 지역.

 제174화 | **왕씨오열부(王氏五烈婦)**

　　유적이 화주(和州)를 점령했을 때 왕씨(王氏) 집안에 일시에 다섯 명의 열부가 나타났다. 왕용빈(王用賓)의 처는 윤씨(尹氏)이고 왕용현(王用賢)의 처는 두씨(杜氏)이다. 왕용빙(王用聘)의 처는 노씨(魯氏)이고 왕용극(王用極)의 처는 대씨(戴氏)이다. 또 왕량기(王良器)의 딸이 있었는데 유대(劉臺)의 처이다. 다섯 사람은 함께 성 서쪽의 별장에 숨어서 다 함께 죽기로 맹세했다. 유적이 성벽을 오르면서 외치는 소리가 땅을 진동했다. 다섯 사람은 함께 부둥켜안고 울면서 "빨리 빨리 죽어 적의 칼에 더럽힘을 당하지 말자"고 말한 후 목을 맬 고리를 만들었으나 줄이 끊어졌다. 마침 왕용현이 차고 다니던 검이 벽에 걸려 있었다. 두씨가 그 칼을 빼어들자 다투어 목을 베고 차례차례로 죽었다.

> 流賊陷和州, 王氏一時五烈婦 : 王用賓妻尹氏, 用賢妻杜氏, 用聘妻魯氏, 用極妻戴氏. 又王氏良器女, 劉臺妻也, 五人同匿城西別墅, 誓偕死. 及賊登陴, 呼聲震地. 五人相持泣曰:「亟死亟死, 毋污賊刃.」結縲, 縲斷, 適用賢所佩劍挂壁上, 杜趨拔之, 爭磨以剄, 次第死.

 제175화 **명륜당녀(明倫堂女)**

　화주(和州)에 또 한 여인이 있었는데 이미 그녀의 성씨를 알 수가 없다. 여인은 여러 부녀들과 함께 명륜당(明倫堂)36 뒤에 숨어 있었다. 4명의 여인은 이미 적에게 붙잡혀 모두 줄에 묶여 있었다. 오직 이 여인만이 묶이지 않으려고 하여 적이 여러 방법으로 다그쳤지만 어찌 할 수가 없었다. 4명의 여인이 그 여인에게 권고하자 그녀는 울면서 "나는 처녀이다. 어찌 남자와 함께 갈 수 있겠는가?"라고 말한 후 머리를 땅에다 부딪혔다. 적이 여인의 발을 붙잡아 끌고 가자 여인이 욕설을 퍼부었다. 매우 화가 난 적이 한 손으로 여인의 발을 잡은 채 칼로 아래로부터 갈라 몸을 네 동강이 냈다.

　和州又有女, 失其姓, 與諸婦共匿明倫堂後. 其四人已爲賊執, 用帛牽之. 獨此女不肯就執, 多方迫之不得. 四婦勸之, 泣曰:「我處女也, 可同男子去耶?」以頭搶地. 賊搴其足而曳之, 女大罵. 賊怒, 一手搴足, 以刀從下劈之, 體裂爲四.

---

36 명륜당(明倫堂) : 각 지역에 건립된 공자묘(孔子廟)의 대전(大殿). 명대에는 공자묘를 문묘(文廟)라 칭함.

제176화 ▌ 진씨(陳氏)

　　진씨(陳氏)는 경양(涇陽)37 사람 왕생(王生)의 처이다. 아들을 낳아 갓 돌이 되었을 때 왕생이 병이 들어 거의 죽게 되자 어린 아들을 진씨에게 부탁하였다. 진씨는 "나는 생사를 막론하고 이 아이를 잘 돌볼 것이다"라고 했다. 유적이 이르자 진씨는 아들을 안고 누각 위로 피했다. 유적이 누각을 태우자 진씨는 누각처마로부터 뛰어 내렸다. 하지만 죽지는 않았다. 유적이 진씨의 아름다움을 보고 붙잡아서 말 위에 올려놓았다. 진씨는 두 차례 땅으로 뛰어 내렸다. 마지막에 유적은 끈으로 진씨를 묶어서 몇 리를 갔다. 진씨가 힘써 묶인 끈을 끊자 말안장과 함께 땅으로 굴러 떨어졌다. 유적은 진씨의 뜻을 빼앗을 수 없음을 알고 진씨를 살해했다. 적이 물러간 후 가족들이 진씨의 시체를 수습하여 보니 아이가 가슴 속에서 울고 있었고 진씨가 두 손으로 여전히 아이를 꼭 끌어안고 있었다.

陳氏, 涇陽王生妻. 有子方晬, 生疾將死, 以遺孩屬陳. 陳曰:「吾當生死以之.」流賊至, 陳抱子避樓上. 賊燒樓, 陳從樓簷跳下, 不死. 賊視其色麗, 挾之馬上, 陳躍身墜地者再. 最後以索縛之, 行數里, 陳力斷所繫索, 并鞍墜焉. 賊知不可奪, 乃殺之. 賊退, 家人收其屍, 子呱呱懷中, 兩手猶堅抱如故.

---

37 경양(涇陽) : 명대 섬서성(陝西省) 서안부(西安府) 소속의 현(縣) 이름. 지금의 중국 섬서성(陝西省) 함양시(咸陽市) 경양현(涇陽縣).

제177화 계택 이이씨(雞澤二李氏)

계택(雞澤)38에 두 사람의 이씨(李氏) 여성이 있었다. 한 여성은 계택 사람 전온새(田蘊璽)의 처이다. 전란을 만나 전온새의 형제가 피살되자 이씨는 딸을 안고 동서인 王씨는 아들을 안고 함께 도망쳤다. 왕씨가 발에 상처를 입어 걷기가 어렵게 되자 이씨에게 빨리 가라고 했다. 이씨는 "남편의 형제가 모두 죽었다. 마땅히 이 아들을 지켜 전씨 집안의 후사로 삼아야 한다"라고 말한 후 곧 자신의 딸을 버리고 대신 동서의 아들을 안고 성으로 들어가 무사했다. 다른 한 여성은 곡주(曲周)39 사람 곽씨(郭氏)에게 시집갔다. 전란을 만나 집안의 모든 식구가 도망쳐 숨었다. 시부모는 곧바로 피살되었다. 이씨는 어린 아들과 7살 된 시동생을 데리고 함께 도망쳤으나 기력이 다하여 두 아이 모두 온전할 수 없게 되었다. 어떤 사람이 이씨에게 시동생을 버리고 아들을 데리고 가라고 했다. 이씨는 말하길 "시부모가 이미 죽었다. 시동생을 어찌 다시 얻을 수 있겠는가? 아들은 비록 버리기 어렵지만 나의 남편이 아직 외부에 있으니 혹시 아직 죽지 않았다면 아직 희망이 있는 것이다"라고 했다. 이씨는 자신의 아들을 버린 채 시동생을 업고 도망쳤다.

雞澤二李氏. 一同邑田蘊璽妻. 遇亂, 蘊璽兄弟被殺. 李抱女同姒王抱男而逃. 王足創難行, 令李速去. 李曰:「良人兄弟俱死, 當存此子以留田氏後.」遂棄己女, 抱其子赴城, 得無恙. 一嫁曲周郭某. 遭亂, 擧家走匿. 翁姑旋被殺, 李攜幼男及夫弟方七歲者共逃, 力罷, 不能俱全. 或敎之舍叔而抱男, 李曰:「翁姑死矣, 叔豈再得乎! 子雖難捨, 然吾夫在外, 或未死, 尙可期也.」竟棄男, 負叔而走.

---

38 계택(雞澤) : 명대 경사(京師) 광평부(廣平府) 소속의 현(縣) 이름. 지금의 중국 하북성(河北省) 한단시(邯鄲市) 계택현(雞澤縣).
39 곡주(曲周) : 명대 경사(京師) 광평부(廣平府) 소속의 현(縣) 이름. 지금의 중국 하북성(河北省) 한단시(邯鄲市) 곡주현(曲周縣).

제178화 강씨(姜氏)

송덕성(宋德成)의 처는 강씨(姜氏)로 임청(臨淸) 사람이다. 송덕성은 찬황(贊皇)40의 지현(知縣)이다. 적이 관청에 침입하자 강씨는 우물로 뛰어 들었다. 적이 강씨를 구출한 후 강제로 밥을 먹게 했다. 강씨는 "관병이 너희들을 절멸시켜 포와 젓갈을 만들면 나는 그것을 먹을 것이다"라며 욕을 했다. 강씨는 비녀로 자신의 한 쪽 눈알을 빼서 적에게 보이며 "나는 이미 폐인이다. 빨리 죽이는 것이 나을 것이다"라고 했다. 화가 난 적이 강씨를 살해했다.

宋德成妻姜氏, 臨淸人. 德成知贊皇縣, 寇入署, 姜投井. 賊出之, 逼令食, 罵曰 : 「待官兵剿汝, 醢為脯, 吾當食之.」 以簪自剔一目示賊曰 : 「吾廢人也, 速殺為幸.」 賊怒殺之.

---

40 찬황(贊皇) : 명대 경사(京師) 진정부(眞定府) 소속의 현(縣) 이름. 지금의 중국 하북성(河北省) 석가장시(石家庄市) 찬황현(贊皇縣).

 제179화 ■ **육안녀(六安女)**

　육안(六安)⁴¹에 여인이 있었는데 그 성씨를 알 수 없다. 숭정(崇禎) 시기 그 지역에 침입한 유적이 여인이 미인임을 보고 범하려 하였다. 유적이 두건으로 여인의 머리를 씌우자 여인은 그것을 찢고 "나의 머리칼을 더럽히지 말라"고 했다. 유적이 여인에게 비단옷을 입히자 여인은 또 그 옷을 집어던지며 "내 몸을 더럽히지 말라"고 했다. 유적이 강제로 여인을 말 위에 올려놓자 여인은 또 땅으로 뛰어내리고 큰소리로 욕하며 자기를 죽여 달라고 외쳤다. 화가 난 유적이 여인을 살해한 후 탄식하며 "진짜 열녀이다!"라고 했다.

　六安女, 失其姓. 崇禎中, 流賊入境, 見其美, 將犯之. 以帕蒙其頭, 輒壞之, 曰:「毋污我髮.」被以錦衣, 又擲之曰:「毋污吾身.」强擁諸馬上, 復投地大罵請死. 賊怒刃之, 既而歎曰:「真烈女.」

---

41 육안(六安) : 명대 남경(南京) 노주부(盧州府) 소속의 주(州) 이름. 지금의 중국 안휘성(安徽省) 육안시(六安市).

제180화  석씨녀(石氏女)

　　석씨(石氏) 여성이 있었는데 그 본적을 알 수가 없다. 석씨는 자기 아버지 석수인(石守仁)을 따라 오하(五河)에 거주했다. 숭정(崇禎) 10년(1637) 유적이 갑자기 들이닥쳐 석씨를 붙잡아 범하려 하였다. 석씨는 회화나무를 끌어안고 사납게 유적을 욕했다. 유적이 여러 사람을 시켜 석씨를 잡아끌었지만 떨어지지 않자 석씨의 양손을 잘랐다. 그러나 석씨는 욕하기를 그치지 않았다. 유적이 또 석씨의 두 발을 자르자 석씨는 더욱 욕설을 퍼부으며 너무도 고통스러워 땅에 넘어져서 죽은 척 했다. 유적이 가까이 다가가 석씨의 옷을 벗기자 석씨는 입으로 적의 손가락 세 개를 물어뜯어 잘랐다. 그리고 입에 머금고 있던 한 되 가량의 피를 적에게 내뿜은 후 죽었다. 유적이 나무를 모아 놓고 시체를 태웠다. 그 후 시체를 태운 땅에는 피의 흔적이 선명했는데 비가 오는 날에는 건조하고 맑은 날에는 습했다. 마을사람들이 놀라서 그 땅을 파니 피의 흔적이 땅속 깊이 1m 정도까지 스며있었다.

石氏女, 失其邑里, 隨父守仁寓五河. 崇禎十年, 流賊突至, 執欲污之. 女抱槐樹厲聲罵賊. 賊使數人牽之不解, 斷其兩手, 罵如初. 又斷其足, 愈罵不絕, 痛仆地佯死. 賊就褫其衣, 女以口齧賊指, 斷其三, 含血升許噴賊, 乃瞑. 賊擁薪焚之, 厥後所焚地, 血痕耿耿, 遇雨則燥, 暘則濕. 村人駭異, 掘去之, 色亦入土三尺許.

제181화  사씨(謝氏)

또 당도(當塗)⁴²에 거인(擧人)⁴³ 오창조(吳昌祚)의 처 사씨(謝氏)가 있었는데 반란군 병사에게 붙잡혔다. 사씨는 손으로 나무를 끌어안고 크게 욕하기를 그치지 않았다. 화가 난 병사가 나무를 잡고 있는 사씨의 손가락을 자르자 사씨는 잘린 손가락을 집어 병사의 얼굴에다 집어 던졌다. 병사가 사씨의 사지를 찢어서 죽였다.

又當塗擧人吳昌祚妻謝氏, 爲亂卒所掠. 謝以手抱樹, 大罵不止. 卒怒, 斷其附樹之指, 復拾斷指擲卒面, 卒磔殺之.

---

42 당도(當塗) : 명대 남경(南京) 태평부(太平府) 소속의 현(縣) 이름. 지금의 중국 안휘성(安徽省) 마안산시(馬鞍山市) 당도현(當塗縣).
43 거인(擧人) : 명대 각 성(省)에서 거행하는 향시(鄕試)에 합격한 사람. 거인은 중앙에서 거행하는 회시(會試)에 응시할 수 있으며, 정식 향시는 3년에 한번씩 거행함.

 제182화 ■ **장씨(莊氏)**

주언경(周彦敬)의 처는 장씨(莊氏)이다. 주언경은 서하(棲霞)⁴⁴의 지현(知縣)이다. 장씨는 책을 읽어 대체적인 뜻을 알고 있었다. 전란이 발생하자 마을사람들이 모두 산속의 굴로 숨었다. 장씨는 남녀의 구별이 없음에 난색을 표했다. 주언경이 장씨에게 "들어가지 않으면 발각되어서 죽는다"라며 굴속으로 들어가라고 강요했다. 장씨는 "예가 없는 것은 죽음보다도 못하다. 그대는 내가 죽음을 두려워하는 것으로 의심하는 것인가!"라고 말한 후 즉각 칼을 들어 자결하였다. 주언경은 장씨의 의에 감동하여 평생 다시 결혼하지 않았다.

周彦敬妻莊氏. 彦敬, 棲霞知縣. 氏讀書知大義, 亂起, 鄕人悉竄山穴中. 莊以男女無別, 有難色. 彦敬强之曰:「不入, 且見殺.」莊曰:「無禮不如死, 君疑我難死乎!」卽引刀自裁. 彦敬感其義, 終身不復娶.

---

44 서하(棲霞) : 명대 산동성(山東省) 등주부(登州府) 소속의 현(縣) 이름. 지금의 중국 산동성(山東省) 연대시(烟臺市) 관할의 서하시(栖霞市).

제183화 풍씨(馮氏)

양응희(梁凝禧)의 처는 풍씨(馮氏)이다. 양응희는 수주(隨州)⁴⁵의 제생(諸生)이다. 숭정(崇禎) 10년(1637) 적이 침략한다는 소식을 듣고 풍씨 부부는 배를 구입하여 피난하였다. 배가 서하(西河)⁴⁶에 도착했을 때 적의 추격이 매우 급박하였다. 풍씨 부부는 언덕으로 올라가 위가(魏家)의 산채로 도망쳤다. 부부가 함께 죽기로 약속을 한 후 풍씨가 양응희와 헤어지며 "함께 죽는 것은 정말로 좋은 일이오. 그러나 그대는 아직 아들이 없고 집에는 늙은 어머니가 계시니 빨리 달아나길 바라오. 내일 아침 이 곳에 와서 나를 찾을 수 있을 것이오!"라고 했다. 결국 양응희는 도망쳤다. 다음날 아침 과연 헤어진 장소에서 풍씨의 시신을 찾았다.

梁凝禧妻馮氏. 凝禧, 隨州諸生. 崇禎十年, 聞賊警, 夫婦買舟避難. 行至西河, 賊迫急, 登岸奔魏家砦. 夫婦要同死, 氏訣凝禧曰:「同死固甘, 但君尚無子, 老母在堂, 幸速逃, 明早可於此地尋我.」凝禧遂逃, 次早果得屍於分手處.

---

45 수주(隨州) : 명대 호광성(湖廣省) 덕안부(德安府) 소속의 주(州) 이름. 지금의 중국 호북성(湖北省) 수주시(随州市).
46 서하(西河) : 명대 호광성(湖廣省) 황주부(黃州府) 소속의 강 이름. 지금의 중국 호북성(湖北省) 황강시(黃岡市) 영산현(英山縣)과 나전현(羅田縣)의 접경 지역에 위치함.

제184화  당열처진씨(唐烈妻陳氏)

당열(唐烈)의 처는 진씨(陳氏)이다. 당열은 효감(孝感)⁴⁷의 제생(諸生)이다. 숭정(崇禎) 10년(1637) 진씨는 남편을 따라 산채로 피난하였다. 적이 갑자기 들이닥치어 남편과 아들이 모두 흩어져 달아났다. 진씨는 혼자 산속으로 갔다. 산채의 사람들이 "그대는 당씨 집안의 여인이 아닌가? 상황이 매우 급박하니 빨리 들어와 숨어라!"고 했다. 진씨는 남편과 아들이 왔는지의 여부를 물었다. 사람들이 "아직 오지 않았다"라고 대답하자 진씨는 울면서 "나는 일개 아녀자로 홀로 전혀 의지할 곳 없는 이곳으로 왔다. 비록 여러분이 나를 가엾게 여기어 살릴지라도 내가 무슨 면목으로 여기에서 편안히 있겠는가? 남편의 생사도 모르는데 남에 의지하여 산다는 것은 부정한 것이고, 남편이 어려움을 당했는데 그를 버리는 것은 불의한 일이다. 정(貞)과 의(義)를 잃고 사람이라 할 수 있겠는가? 나는 그냥 가겠다"라고 말한 후 끝내 산채로 들어가지 않았다. 잠시 후 적이 이르러 강제로 진씨를 데려 가려 했으나 진씨는 따르지 않고 크게 욕을 하다 죽었다.

唐烈妻陳氏. 烈, 孝感諸生. 崇禎十年, 從夫避難山砦. 賊突至, 夫與子俱奔散, 陳獨行山谷間. 砦人曰:「非唐氏嫗乎? 事迫矣, 可急入保.」陳問夫與子至未, 曰:「未也.」陳泣曰:「我煢煢一婦人, 靡因而至. 諸君雖憐而生我, 我何面目安茲土耶! 夫存亡未知, 依人以生不貞, 棄夫之難不義. 失貞與義, 何以為人! 吾其行也.」卒不入. 已, 賊至, 逼去不從, 大罵死.

---

47 효감(孝感) : 명대 호광성(湖廣省) 덕안부(德安府) 소속의 현(縣) 이름. 지금의 중국 호북성(湖北省) 효감시(孝感市).

제185화 유씨(劉氏)

유씨(劉氏)는 회녕(懷寧) 사람으로 응천부(應天府)[48] 부승(府丞)[49] 안소(顏素)의 손자며느리이다. 숭정(崇禎) 말기 반란군이 강시(江市)[50]에서 불을 지르고 노략질을 했다. 유씨의 남편과 시아버지가 먼저 남경(南京)에 가 있었기 때문에 유씨는 홀로 피난을 떠나게 되었는데 창졸지간에 갈 곳이 없었다. 그때 유씨는 남자와 여자가 한데 어울려 배를 타려고 서로 다투는 것을 보고 "우리는 부녀이다. 보모(保姆)[51] 없이 문밖을 나간다는 것은 예의가 아닌데 어찌 감히 다른 사람들과 함께 난잡히 어울릴 수 있겠는가?"라고 탄식한 후 곧 강에 뛰어 들어 죽었다.

又劉氏, 懷寧人, 應天府丞顏素之孫婦也. 崇禎末, 亂兵焚掠江市. 其舅與夫先在南京. 劉子身出避, 倉皇無所之, 見男婦雜走登舟, 慨然曰:「吾儕婦人, 保姆不在, 義不出帷, 敢亂輩乎!」遂投江死.

---

48 응천부(應天府) : 명대 남경(南京) 소속의 부(府) 이름. 지금의 중국 강소성(江蘇省) 남경시(南京市).
49 부승(府丞) : 관직명. 경사(京師) 순천부(順天府)와 남경(南京) 응천부(應天府)의 부장관. 정4품. 순천부와 응천부의 장관은 부윤(府尹)으로 정3품.
50 강시(江市) : 명대 호광성(湖廣省) 진주부(辰州府) 검양현(黔陽縣) 원수(沅水) 부근에 위치한 지역 이름. 지금의 중국 호남성(湖南省) 회화시(懷化市) 검양현(黔陽縣) 원강(沅江) 남쪽 연안 지역.
51 보모(保姆) : 어린이를 돌보는 사람. 보모(褓姆), 보모(保母)라고도 함. 전통시대 중국 상류층의 부녀는 대체로 자신의 자녀를 직접 돌보지 않고 보모에게 맡겨서 키우는데 일부 보모는 유모 역할도 겸함.

제186화 당씨(唐氏)

당씨(唐氏)는 광제(廣濟)52 사람 반용약(潘龍躍)의 처이다. 숭정(崇禎) 13년(1640) 적을 피하여 영과산(靈果山)에 숨었다. 적이 이르러 반용약의 목에 칼을 들이대고 돈을 요구했다. 당씨가 꿇어앉아 울면서 자신이 남편을 대신하겠다고 요청했으나 적이 허락하지 않았다. 반용약의 딸 반손(潘巽)이 꿇어앉아 울며 자신이 아버지를 대신하겠다고 요청했으나 적은 역시 허락하지 않았다. 당씨는 남편이 모면할 수 없음을 알고 연못으로 뛰어들었다. 딸도 뒤따랐다. 적은 슬퍼하며 반용약을 석방했다.

唐氏, 廣濟潘龍躍妻. 崇禎十三年避賊靈果山. 賊至, 加刃龍躍頸, 索錢. 唐跪泣, 乞以身代夫, 不許. 女巽跪泣, 乞以身代父, 不許. 唐知夫不免, 投於塘, 女從之. 賊愴然釋其夫.

---

52 광제(廣濟) : 명대 호광성(湖廣省) 황주부(黃州府) 소속의 현(縣) 이름. 지금의 중국 호북성(湖北省) 무혈시(武穴市).

 제187화 ■ **안씨(顔氏)**

안씨(顔氏)는 장락(長樂) 제생(諸生) 황응운(黃應運)의 처이다. 성이 함락된 후 병사가 안씨 집에 이르러 황응운의 생모 첨씨(詹氏)를 죽이려했다. 안씨는 울면서 자신이 대신 죽겠다고 호소했다. 안씨가 칼을 받으려 하는 순간 또 첩 증(曾)씨가 달려와 "이분은 우리 집의 주모(主母)[53]인데 아직 자식이 없다. 나를 죽이고 이분의 목숨을 보존해주기 바란다"라고 말했다. 병사는 두 여인의 의기에 감동하여 두 사람 모두를 석방했다.

又顔氏, 長樂諸生黃應運妻. 城陷, 兵至其家, 欲殺應運生母詹氏, 顔泣訴, 願身代. 及顔方受刃, 妾曾又奔號曰:「此我主母, 無所出, 願殺我以全其命.」卒感其義, 兩釋之.

---

53 주모(主母) : 비첩이나 하인이 여주인을 부를 때의 칭호.

제188화  노씨(盧氏)

영주(穎州) 사람 노씨(盧氏)는 왕한(王瀚)의 처이다. 노씨는 집이 가난하여 매년 방아와 방직 일을 하며 살았다. 숭정(崇禎) 14년(1641) 대기근이 들었을 때 노씨의 남편이 전염병을 앓았다. 노씨는 남편에게 "그대가 죽으면 나는 반드시 그대를 따라 죽을 것이다"라고 했다. 남편이 죽었는데 마침 한여름이었다. 노씨는 친척으로부터 돈을 구하여 남편의 장례를 치룬 후 말하길 "나는 마땅히 죽어야 하지만 무더운 여름이라 옷과 관이 없기 때문에 친척들에게 또 누를 끼칠까 두렵다. 시원한 가을이 될 때까지 기다릴 것이다"라고 했다. 그 이야기를 들은 사람들이 모두 노씨를 비웃었다. 가을이 되자 노씨는 수확한 새 곡식을 모두 팔아 거친 삼베옷을 마련하고 나머지로는 술과 안주를 사서 남편의 무덤에 제사지냈다. 집에 돌아온 후 노씨는 배 수 십 개를 사서 시어머니에게 주고 아울러 동서에게도 전했다. 그리고 노씨는 다른 사람에게 "나는 죽을 수 있게 되었다"라고 말한 후 한밤중에 목을 매고 죽었다.

潁州盧氏, 王瀚妻. 家貧, 舂織終歲. 崇禎十四年大饑, 夫患疫. 氏語夫曰:「君死, 我當從.」及夫死, 時溽暑, 氏求親戚斂錢以葬曰:「我當死, 但酷熱無衣棺, 恐更為親戚累, 遲之秋爽耳.」聞者咍之. 及秋, 盡糶其新穀, 置粗布衣, 餘買酒蔬祀夫墓. 歸至家, 市梨數十進姑, 幷貽姒娌, 語人曰:「我可死矣.」夜半自縊.

제189화 우씨(于氏)

우씨(于氏)는 여주(汝州)54 사람 장탁(張鐸)의 처이다. 숭정(崇禎) 14년 (1641) 적이 여주를 점령하자 우씨는 두 시녀에게 "우리들은 오늘 반드시 죽을 것이다. 어찌 먼저 나가 적을 치지 않겠는가? 적을 죽이고 죽는다면 의롭고 열렬한 귀신이 되는 것이다"라고 말한 후 몽둥이를 들고 나갔다. 아무런 방비 없이 들어간 3명의 적이 모두 얻어맞고 넘어졌다. 화가 난 적들이 마구 베고 찔러 세 사람 모두 죽었다.

于氏, 汝州張鐸妻. 崇禎十四年, 賊破城, 氏謂兩婢曰:「吾輩今日必死, 曷若先出擊賊, 殺賊而斃, 不失為義烈鬼.」於是執梃而前, 賊先入者三, 出不意, 悉為所踣. 羣賊怒, 攢刺之, 皆死.

---

54 여주(汝州) : 명대 하남성(河南省) 소속의 주(州) 이름. 지금의 중국 하남성(河南省) 평정산시(平頂山市) 관할의 여주시(汝州市).

제190화 소씨(蕭氏)

소씨(蕭氏)는 만안(萬安)[55] 사람 뇌남숙(賴南叔)의 처이다. 남편이 일찍 죽었는데 아들은 없고 딸 하나만 있었다. 도적이 크게 일어나자 소씨는 집을 더 견고히 하고 딸과 함께 거주했다. 도적이 갑자기 들이닥치자 소씨는 딸과 함께 날카로운 칼을 지닌 채 집 문을 닫고 꾸짖길 "옛날 영화(寧化)[56]의 증씨(曾氏) 여인은 산채를 세우고 적을 죽였다. 너는 내 칼이 날카롭지 않다고 여기는가? 만약 나를 범한다면 반드시 너를 죽이겠다"라고 했다. 화가 난 적이 불을 질러 집을 태웠다. 모녀 두 사람 모두 불타버렸다.

蕭氏, 萬安賴南叔妻. 夫早喪, 無子, 遺一女. 寇大起, 築室與女共居. 盜突至, 率女持利刃遮門, 罵曰 :「昔寧化曾氏婦, 立砦殺賊. 汝謂我刃不利邪! 犯我必殺汝.」賊怒, 縱火焚之, 二人咸爐.

---

55 만안(萬安) : 명대 강서성(江西省) 길안부(吉安府) 소속의 현(縣) 이름. 지금의 중국 강서성(江西省) 길안시(吉安市) 만안현(萬安縣).
56 영화(寧化) : 명대 복건성(福建省) 정주부(汀州府) 소속의 현(縣) 이름. 지금의 중국 복건성(福建省) 삼명시(三明市) 영화현(寧化縣).

제191화 양씨(楊氏)

양씨(楊氏)는 안정(安定)[57]의 거인(擧人) 장국굉(張國紘)의 첩이다. 숭정(崇禎) 16년(1643) 유적 하금(賀錦)[58]이 성을 맹렬히 공격하였다. 국굉은 성을 지키는 사람들과 의논한 후 남자들에게는 성을 오르게 하고 여자들에게는 돌을 나르게 했다. 양씨가 먼저 앞장서자 성중의 여인들이 모두 그녀를 따라 삽시간에 사방의 성에 두루 포진했다. 성이 함락될 때 양씨는 망루 옆에서 죽었다. 난이 평정된 후 집안사람들이 양씨의 시신을 찾아보니 여전히 두 손에 돌을 잡은 채로 있었다.

又楊氏, 安定擧人張國紘妾. 崇禎十六年, 賊賀錦攻城急. 國紘與守者議, 丁壯登陴, 女子運石. 楊先倡, 城中女子從之, 須臾四城皆徧. 及城陷, 楊死譙樓旁. 事定, 家人獲其屍, 兩手猶抱石不脫.

---

57 안정(安定) : 명대 섬서성(陝西省) 공창부(鞏昌府) 소속의 현(縣) 이름. 지금의 중국 감숙성(甘肅省) 정서시(定西市) 안정구(安定區).
58 하금(賀錦,) : 명말 농민반란군의 장수. 1643년 이자성(李自成) 군대의 제장군(制將軍)에 임명되어 동관(潼關), 난주(蘭州) 지역에서 활동. 1644년 서녕위(西寧衛)에서 피살당함. 좌금왕(左金王)이라 불림.

 제192화 ▌ 중씨녀(仲氏女)

중씨(仲氏) 여인은 호주(湖州) 사람이다. 아버지를 따라 한양(漢陽)[59]에서 장사했다. 숭정(崇禎) 시기 한양이 함락되자 중씨는 여러 부녀들을 따라 성을 나가려고 하는데 성문을 지키고 있던 적이 그들을 가지 못하게 막았다. 잠시 후 적은 대대적으로 간음하고 노략질을 했는데 중씨의 아름다움을 보고 붙잡았다. 중씨는 얼굴을 찢고 머리를 풀어 흩트린 채 큰소리로 욕하였다. 적이 말을 준비한 후 두 사람을 시켜 중씨를 껴안아 말에 태우게 했다. 중씨는 몇 차례 땅으로 떨어져 이마에 상처를 입었지만 끝내 적을 따르려 하지 않았다. 적이 칼을 빼어서 위협하며 "몸을 잃는 것이 어찌 머리를 잃는 것에 비할 수 있겠는가?"라고 했다. 중씨는 웃으며 "차라리 머리를 잃는 것이 좋다"라고 했다. 결국 살해되었다.

仲氏女, 湖州人, 隨父賈漢陽. 崇禎中, 漢陽陷, 從羣婦將出城, 賊守門者止之. 有頃, 賊大肆淫掠, 見女美, 執之. 女劈面披髮, 大罵. 賊具馬, 命二賊挾之上, 連墜傷額, 終不肯往. 賊露刃迫之曰 : 「身往何如頭往?」 笑曰 : 「頭往善.」 遂被害.

---

59 한양(漢陽) : 명대 호광성(湖廣省) 한양부(漢陽府) 소속의 현(縣) 이름. 지금의 중국 호북성(湖北省) 무한시(武漢市) 한양구(漢陽區).

제193화 하씨(何氏)

광포의(鄭抱義)의 처는 하씨(何氏)이다. 광포의는 임무(臨武)의 제생(諸生)이다. 숭정(崇禎) 말기 하씨가 적에게 붙잡혔다. 하씨는 얼굴에 흙을 묻히고 머리를 풀어헤친 채 전염병을 앓고 있다고 속였다. 두려워한 적이 하씨를 석방했다. 적이 퇴각한 후 집안사람들이 모두 기뻐했으나 하씨는 울면서 "평소 백부와 숙부를 배알 할 때에도 얼굴이 빨개지고 땀을 흘렸다. 지금 몸을 단단히 숨기지 못하여 적에게 얼굴을 보였고 팔이 끌리고 옷자락이 당겨졌다. 비록 욕을 면했지만 어찌 사람 노릇을 할 수 있겠는가?"라고 했다. 결국 하씨는 화를 몹시 내며 먹지 않고 죽었다.

鄭抱義妻何氏. 抱義, 臨武諸生. 崇禎末, 氏爲賊所執, 乃垢面蓬髮紿以病疫, 賊懼釋之. 及賊退, 家人咸喜, 何泣曰:「平昔謁拜伯叔, 猶赭顏汗發. 今匿身不固, 以面目對賊, 牽臂引裾, 雖免污辱, 何以爲人!」竟忿恚不食死.

 제194화 ▌**조씨(趙氏)**

　탕조계(湯祖契)의 처는 조씨(趙氏)이다. 탕조계는 휴주(睢州)[60]의 제생(諸生)이다. 조씨는 독서를 하였고 절개가 있었다. 숭정(崇禎) 15년(1642) 적이 태강(太康)[61]을 함락하고 장차 휴주에 이르려 했다. 조씨는 집안 식구들에게 말하길 "휴주는 군사의 요충지로 지키기가 쉽지 않을 것이다. 만약 변란이 생기면 죽음이 있을 뿐이다"라고 했다. 성이 함락되자 조씨는 남편에게 그의 어머니를 업고 달아나라고 부탁한 후 자신은 방문을 닫고 목을 매었다. 식구들이 구하자 조씨는 우물로 뛰어들었다. 그러나 또 식구들에 의해 제지당했다. 조씨는 화를 내며 "도적이 왔는데 죽지 않는다면 절개에 위배되는 것이다. 죽어야 할 때 죽지 않는다면 도의가 아니다"라고 했다. 적이 이르러 사방에서 칼로 조씨를 위협하여 밖으로 끌고 나갔다. 조씨가 사납게 적을 꾸짖다 결국 살해되었다.

湯祖契妻趙氏. 祖契, 睢州諸生. 氏知書, 有志節. 崇禎十五年, 賊陷太康, 將抵睢. 氏語家人曰:「州為兵衝, 未易保也. 脫變起, 有死耳.」及城破, 屬祖契負其母以逃, 而己闔戶自經, 家人解之, 投井, 復為家人所阻, 怒曰:「賊至不死, 非節也, 死不以時, 非義也.」賊至, 環刃相向, 牽之出, 屬聲訶賊, 遂遇害.

---

60 휴주(睢州) : 명대 하남성(河南省) 귀덕부(歸德府) 소속의 주(州) 이름. 지금의 중국 하남성(河南省) 개봉시(開封市) 난고현(蘭考縣).
61 태강(太康) : 명대 하남성(河南省) 개봉부(開封府) 소속의 현(縣) 이름. 지금의 중국 하남성(河南省) 주구시(周口市) 태강현(太康縣).

 제195화 ■ **예씨(倪氏)**

소래봉(蕭來鳳)의 처는 예씨(倪氏)이다. 소래봉은 상성(商城)62의 공생(貢生)인데 사람됨이 강개하고 큰 지조가 있었다. 적이 강제로 관직을 수여했지만 굴복하지 않고 죽었다. 예씨도 목을 매고 자살하여 남편을 따랐다.

蕭來鳳妻倪氏. 來鳳, 商城貢生, 慷慨有大節. 賊逼受職, 不屈死, 倪自經從之.

---

62 상성(商城) : 명대 하남성(河南省) 여녕부(汝寧府) 소속의 현(縣) 이름. 지금의 중국 하남성(河南省) 신양시(信陽市) 상성현(商城縣).

제196화 왕씨(王氏)·한씨(韓氏)

또 송유형(宋愈亨)이 있었는데 심택(深澤)63의 거인(擧人)이다. 그는 적이 들이닥치자 우물에 뛰어들어 죽었다. 송유형의 처 왕씨(王氏)가 말하길 "남편이 이미 이렇게 되었는데 내 어찌 그를 배반할 수 있겠는가!"라고 했다. 며느리 한씨(韓氏)가 아들을 낳은 지 겨우 6일밖에 되지 않았으나 함께 죽기를 원하여 두 사람은 서로 얼굴을 마주본 채 목을 매고 죽었다.

又有宋愈亨, 深澤擧人, 寇至投井死. 妻王氏曰:「夫旣如此, 吾敢相負.」媳韓生男甫六日, 願從死, 相對縊.

---

63 심택(深澤): 명대 경사(京師) 보정부(保定府) 소속의 현(縣) 이름. 지금의 중국 하북성(河北省) 석가장시(石家庄市) 심택현(深澤縣).

제197화  소씨(邵氏)·이씨(李氏)

　소씨(邵氏)는 추현(鄒縣)[64] 사람 장일계(張一桂)의 처이다. 소씨는 장일계의 첩 이씨(李氏)와 함께 적을 만났다. 적이 강제로 이씨를 데려가려 하자 소씨는 꾸짖어 말하길 "죽은 남편이 그의 첩을 나에게 부탁했다. 어찌 그녀로 하여금 적에게 욕을 당하게 할 수 있겠는가?"라고 하였다. 화가 난 적이 소씨를 살해했다. 이씨는 모면할 수 없음을 알고 적을 속여서 말하길 "나에게 머리비녀가 있는데 후원의 우물가에 묻어 두었다"라고 했다. 적이 이씨를 따라서 우물가에 이르렀다. 이씨는 "주모가 나를 위해 죽었다. 내 어찌 홀로 살겠는가?"라며 우물로 뛰어들었다. 적이 우물 아래로 내려가 이씨를 부축하자 이씨는 머리를 풀어헤치고 얼굴을 망가트린 채 욕하기를 그치지 않았다. 그리고 적의 옷을 붙잡고 우물 속에서 함께 죽으려 하였다. 이씨가 지르는 소리는 마치 우레와 같았다. 적은 더 이상 강요할 수 없음을 알고 이씨를 살해하였다.

邵氏, 鄒縣張一桂妻, 同妾李氏遇賊. 欲迫李行, 邵罵曰:「亡夫以妾託我, 豈令受賊辱.」賊怒殺之. 李知不免, 紿曰:「我有簪珥埋後園井旁.」賊隨李發之, 至則曰:「主母爲我死, 我豈獨生.」即投井. 賊下井扶之, 李披髮破面罵不已, 扭其衣欲令倂死井底, 叫聲若雷. 賊知不可強, 乃刃之.

---

64 추현(鄒縣) : 명대 산동성(山東省) 곤주부(袞州府) 소속의 현(縣) 이름. 지금의 중국 산동성(山東省) 추성시(鄒城市).

 제198화 강씨(江氏)

　종윤방(宗胤芳)의 처는 강씨(江氏)로 노산(魯山)[65] 사람이다. 그의 아들은 인상(麟祥)으로 진사(進士)이다. 유적의 난이 발생하자 강씨는 인상의 처 원씨(袁氏)와 함께 손녀, 손녀 며느리 등 9명을 누각 위로 데리고 올라갔다. 강씨는 그들 모두가 대들보에 목을 매고 죽는 것을 본 후 칼로 자기 목을 베고 죽었다.

　宗胤芳妻江氏, 魯山人. 子麟祥, 進士. 流賊之亂, 江與麟祥妻袁氏率孫女, 孫婦九人登樓, 俱懸於梁. 視其已死, 乃引刀自劉.

---

65 노산(魯山) : 명대 하남성(河南省) 여주(汝州) 소속의 현(縣) 이름. 지금의 중국 하남성(河南省) 평정산시(平頂山市) 노산현(魯山縣).

제199화 양씨(楊氏)

　　조복빈(曹復彬)의 처는 양씨(楊氏)이다. 조복빈은 강도(江都)[66]의 제생(諸生)이다. 성이 함락되었을 때 조복빈이 부상을 입고 땅에 넘어졌다. 양씨는 조복빈을 부서진 집 속에 숨겼다. 장녀 천문(蒨文)은 나이가 14세였는데 자기 어머니에게 결심할 것을 재촉했다. 차녀 천홍(蒨紅)은 나이가 12살이었는데 옷을 갈아입고 죽을 것을 청했다. 양씨가 그의 딸들을 저지했으나 복빈이 전혀 동의하지 않았다. 이에 세 개의 고리를 만든 후 모녀 세 사람이 차례로 목을 매고 죽었다.

　　曹復彬妻楊氏. 復彬, 江都諸生. 城破, 復彬創仆地, 楊匿破屋中. 長女蒨文, 年十四, 趣母決計. 次女蒨紅, 年十二, 請更衣死. 楊止之, 復彬執不可, 乃為三纓, 次第而縊.

66　강도(江都) : 명대 남경(南京) 양주부(揚州府) 소속의 현(縣) 이름. 지금의 중국 강소성(江蘇省) 양주시(揚州市) 관할의 강도시(江都市).

 제200화 ■ **장씨(張氏)**

양이장(梁以樟)의 처 장씨(張氏)는 대흥(大興)[67] 사람이다. 양이장은 상구(商丘)[68]의 지현(知縣)이다. 숭정(崇禎) 15년(1642) 유적이 상구현을 포위했다. 장씨는 급히 땔나무를 누각 아래 쌓아놓았다. 그리고 그녀는 모든 하녀들을 누각 위로 집합시킨 후 그들 모두에게 목을 매라고 명령했다. 장씨는 또 아들 섭(燮)에게 "너의 아버지는 성을 지키고 있는데 생사를 알 수 없다. 종사는 오직 너에게 달려 있다"라고 말한 뒤 유모에게 자신의 아들을 맡기면서 민가에 가서 숨으라고 하였다. 그리고 그녀는 목을 매고 죽었다. 집안 식구들이 불을 질러 시신들이 모두 타서 재가 되었다.

梁以樟妻張氏, 大興人. 以樟知商丘縣. 崇禎十五年, 流賊圍商丘, 急積薪樓下, 集婢女其上, 俱令就縊. 謂子燮曰:「汝父城守, 命不可知, 宗祀惟汝是賴.」屬乳媼匿民家. 自縊死. 家人舉火, 諸屍俱爐.

---

67 대흥(大興) : 명대 경사(京師) 순천부(順天府) 소속의 현(縣) 이름. 지금의 중국 북경시(北京市) 대흥구(大興區).
68 상구(商丘) : 명대 하남성(河南省) 귀덕부(歸德府) 소속의 현(縣) 이름. 지금의 중국 하남성(河南省) 상구시(商丘市).

제201화   석씨왕씨 등(石氏王氏 等)

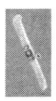

정완아(鄭完我)의 어머니는 석씨(石氏)인데 감주위(甘州衛)⁶⁹ 사람이다. 정완아는 남양부(南陽府)⁷⁰의 동지(同知)⁷¹이다. 정완아가 관청에 부임한 후 그의 처 왕씨(王氏)가 집에서 시어머니 석씨를 받들었다. 숭정(崇禎) 16년(1643) 적이 감주를 포위했다. 석씨는 집안사람들에게 방안에 땔나무를 쌓아두라고 미리 경계를 시켰다. 성이 함락되자 석씨는 왕씨와 손녀 1명과 함께 불을 질러 타 죽었다. 적이 물러난 후 잿더미 속에서 시신을 찾았는데 시어머니와 며느리가 손을 서로 꼭 잡고 있었다. 손녀는 그들과 1m 정도 떨어진 곳에서 항아리 뚜껑을 덮고 있었는데 열어서 보니 안색이 살아있는 사람과 같았다.

鄭完我母石氏, 甘州衛人. 完我, 南陽府同知, 旣之官, 妻王氏奉石家居. 崇禎十六年, 賊圍甘州, 石預戒家人積薪室中. 及城陷, 攜王及一孫女縱火自焚. 寇退, 出屍灰爐間, 姑媳牽挽不釋手. 女距三尺許, 覆以甕, 啟視色如生.

---

69 감주위(甘州衛) : 명대 섬서성(陝西省) 섬서행도지휘사사(陝西行都指揮使司) 소속의 위(衛) 이름. 지금의 중국 감숙성(甘肅省) 장액시(張掖市) 감주구(甘州區).
70 남양부(南陽府) : 명대 하남성(河南省) 소속의 부(府) 이름. 지금의 중국 하남성(河南省) 중심성시(中心城市).
71 동지(同知) : 관직명. 부(府)와 주(州) 소속의 관리. 부(府)와 주(州)의 농사, 수리, 치안 등 실제적인 모든 행정사항을 담당. 정원은 없으며 부(府) 소속의 동지는 정5품, 주(州) 소속의 동지는 종6품.

제202화 곽씨(郭氏)

　곽씨(郭氏)는 장치(長治)72 사람 송체도(宋體道)의 처이다. 숭정(崇禎) 15년(1642) 임국기(任國琦)가 난을 일으켰다. 함께 살고 있던 부녀들이 모두 사방에 꿇어앉아서 곽씨를 불렀다. 그러나 곽씨는 나오지 않고 홀로 무너진 담 뒤에 숨었다. 적이 화를 내며 곽씨에게 왜 꿇어앉지 않느냐고 힐문했다. 곽씨는 눈을 크게 뜨고 사납게 소리치길 "나는 무릎을 꿇어도 죽고 꿇지 않아도 죽는다. 이미 죽을 것을 준비하였다"라고 했다. 적이 곽씨를 여러 차례 칼로 내려쳤으나 곽씨는 죽을 때까지 욕하기를 그치지 않았다.

　郭氏, 長治宋體道妻. 崇禎十五年, 任國琦作亂, 同居諸婦皆羅跪, 呼郭不出, 獨匿堁垣. 賊怒, 詰其不跪, 瞪目厲聲曰 :「我跪亦死, 不跪亦死, 已安排不活矣.」賊加數刃, 迄死罵不絶口.

---

72 장치(長治) : 명대 산서성(山西省) 노안부(潞安府) 소속의 현(縣) 이름. 지금의 중국 산서성(山西省) 장치시(長治市).

 제203화 ■ 요씨(姚氏)

　요씨(姚氏)는 동성(桐城) 사람이다. 상담(湘潭)[73] 지현(知縣) 요지기(姚之騏)의 딸이며 제생(諸生) 오도진(吳道震)의 처이다. 19세 때 남편이 죽었다. 요씨는 아들 덕견(德堅)이 아직 어렸기 때문에 죽음을 참고 자식을 키웠다. 26년이 지난 후 숭정(崇禎) 말년이 되었다. 유적이 동성을 침략했다. 요씨의 오빠 손림(孫林)이 그의 어머니를 데리고 잠산(潛山)[74]으로 피신했는데 요씨도 동행했다. 유적이 갑자기 들이닥치자 손림이 적과 싸우다 죽었다. 덕견이 요씨를 업고 도망쳤다. 요씨는 덕견에게 "상황이 급박하다. 서생인 네가 어찌 나를 업고 멀리 갈 수 있겠는가? 만약 적이 추격한다면 모두 죽게 된다. 너는 나를 살리지 못할 뿐더러 집안의 후손도 끊기게 될 것이다!"라며 빨리 가라고 질책하였다. 덕견이 울면서 차마 떠나지를 못하자 요씨는 그를 낭떠러지 아래로 밀어 떨어트렸다. 잠시 후 적이 이르러 큰소리로 "돈을 내놓으면 살려 줄 것이다"라고 했다. 요씨는 "내가 낯선 지역을 떠돌고 있는데 어찌 돈이 있겠는가?"라고 했다. 적이 의복을 검사하겠다고 요씨에게 옷을 벗으라고 하자 요씨는 "무슨 놈의 도적이 감히 이런 말을 하는가!"라며 꾸짖었다. 노한 적이 요씨를 난도질하여 죽였다.

姚氏. 桐城人, 湘潭知縣之騏女, 諸生吳道震妻. 年十九, 夫亡, 以子德堅在襁褓, 忍死撫之. 越二十六年, 至崇禎末, 流賊掠桐城. 兄孫林奉母避潛山, 氏偕行. 賊奄至, 孫林格鬪死, 德堅負氏逃. 氏曰:「事急矣, 汝書生焉能負我遠行, 倘賊追及, 即俱死, 汝不能全母, 顧反絕父祀乎!」叱之去, 德堅泣弗忍, 氏推之墜層厓下. 須臾賊至, 叱曰:「出金可免.」氏曰:「我流離遠道, 安得有金.」賊令解衣驗之, 罵曰:「何物賊奴, 敢作此語!」賊怒, 刃交下死.

---

73 상담(湘潭) : 명대 호광성(湖廣省) 장사부(長沙府) 소속의 현(縣) 이름. 지금의 중국 호남성(湖南省) 상담시(湘潭市).

74 잠산(潛山) : 명대 남경(南京) 안경부(安慶府) 소속의 현(縣) 이름. 지금의 중국 안휘성(安徽省) 안경시(安慶市) 잠산현(潛山縣).

제204화　주씨서씨녀(朱氏徐氏女)

　주씨(朱氏)는 무위(無爲) 사람으로 서필장(徐畢璋)의 처이다. 17세 때 서필장에게 시집갔다. 서필장에게는 이름이 서경(徐京)인 여동생이 있었다. 서경의 나이는 15세로 아직 결혼하지 않았다. 숭정(崇禎) 15년(1642) 유적이 무위를 함락했다. 당시 마침 임신하고 있던 주씨는 우물로 뛰어가면서 서경에게 "나는 임신 중이라 우물의 입구가 좁으니 나를 밀어서 넣어 달라"고 했다. 서경이 "예" 하고 대답했다. 서경은 주씨를 우물로 떠밀어 넣고 호곡하며 "부모님은 어디 계신가? 나는 올케를 따라 죽겠다"라고 말한 후 곧 우물로 뛰어 들었다.

　朱氏, 無為人, 徐畢璋妻. 年十七, 歸璋. 璋有妹名京, 年十五, 未字. 崇禎十五年, 流賊破城. 朱方懷孕, 奔井邊, 謂京曰 :「吾姙在懷, 井口狹, 可推而納之.」京曰 :「唯.」納畢, 即哭呼曰 :「父母安在乎, 吾伴嫂死矣!」一躍而入.

제205화 정주이씨(定州李氏)

　　이씨(李氏)는 정주(定州)[75] 사람이다. 광평(廣平)[76] 교수(敎授)[77] 이원천(李元薦)의 딸인데 같은 마을의 학생(郝生)에게 시집갔다. 숭정(崇禎) 16년(1643) 정주에 전란이 발생하였다. 학생은 자신의 부모를 산중으로 피난시키면서 이씨와 두 아들에게는 이씨의 친정에 머물게 했다. 학생이 말을 끌어 당겨 출발하려 하는데 이씨가 울며 말 앞에서 절하였다. 그리고 이씨는 정원 가운데 우물을 가리킨 채 남편과 헤어지며 "만약 변고가 생기면 나는 이 안에서 몸을 결백히 하겠다. 옷깃으로 표시해놓을 테니 그 옆에 한 가닥 흰 줄이 있으면 바로 나다"라고 했다. 성이 함락되자 이씨는 두 아들을 다른 곳에 숨기고 우물로 뛰어들어 죽었다. 군대가 퇴각한 후 학생이 우물 속에서 이씨의 시신을 꺼내보니 얼굴색이 살아있는 사람과 같았다.

李氏, 定州人, 廣平教授元薦女, 歸同郝生. 崇禎十六年, 州被兵. 生將奉親避山中, 留李與二子居其母家. 生控馬將發, 李哭拜馬前, 指庭中井訣曰:「若有變, 即潔身此中, 以衣袂為識, 旁有白線一行者, 即我也.」比城破, 藏二子他所, 入井死. 兵退, 生出其屍, 顏色如生.

---

75 정주(定州) : 명대 경사(京師) 진정부(眞定府) 소속의 주(州) 이름. 지금의 중국 하북성(河北省) 보정시(保定市) 관할의 정주시(定州市).
76 광평(廣平) : 명대 경사(京師) 광평부(廣平府) 소속의 현(縣) 이름. 지금의 중국 하북성(河北省) 한단시(邯鄲市) 광평현(廣平縣).
77 교수(敎授) : 관직명. 부(府)의 생원(生員) 교육을 담당. 보통 40명의 생원 교육을 담당. 종9품.

제206화 호경처요씨(胡敬妻姚氏)

호경(胡敬)의 처는 요씨(姚氏)이다. 호경은 효감(孝感)의 공생(貢生)이다. 유적이 효감을 함락하자 요씨는 배를 타고 남호(南湖)[78]로 피난했는데 울기를 그치지 않았다. 인근 배의 부녀가 요씨에게 "적이 황주(黃州)[79]에 들어와서 살인을 한 적이 없다. 무엇을 두려워하는가?"라며 권고했다. 요씨는 "나는 죽는 것이 두려운 것이 아니라 그들이 나를 죽이지 않을까 두려운 것이다"라고 했다. 적이 남호에 이른다는 소식을 듣고 요씨는 탄식하며 "적이 온 후에 죽는 것은 욕되는 일이다"라고 말한 후 어린 두 시녀와 함께 물속으로 뛰어들어 죽었다.

胡敬妻姚氏. 敬, 孝感貢生. 流賊陷孝感, 姚乘舟避難南湖欷歔不已. 鄰舟婦解之曰:「賊入黃, 從未殺人, 何畏也?」姚曰:「我非畏殺, 畏其不殺耳.」聞賊將入湖, 歎曰:「賊至而死, 辱矣.」遂攜二女僮投水死.

---

78 남호(南湖) : 명대 호광성(湖廣省) 무창부(武昌府) 무창현(武昌縣) 동쪽에 위치한 호수 이름. 지금의 중국 호북성(湖北省) 무한시(武漢市)에 위치함.
79 황주(黃州) : 명대 호광성(湖廣省) 소속의 부(府) 이름. 지금의 중국 호북성(湖北省) 황강시(黃岡市) 지역.

 제207화 ▮ 웅씨(熊氏)

　웅씨(熊氏)는 무창(武昌)80 사람 이신신(李藎臣)의 처이고 대명(大名)81 지현(知縣) 웅정남(熊正南)의 딸이다. 이신신의 아버지는 이주화(李周華)이며 관직은 공주(贛州)82의 지부(知府)이다. 이신신은 자기 아버지의 임지를 따라가면서 웅씨를 집에 머물러 있게 했다. 숭정(崇禎) 16년 (1643) 무창(武昌)이 함락되었다. 웅씨는 숲속에 숨어 있다가 적에게 붙잡히자 칼을 빼앗아 자결하였다. 적이 물러간 후 이웃집의 부녀가 웅씨를 구해 살렸다. 그 다음해 이자성(李自成)83이 잔여 부대를 이끌고 남쪽으로 도망쳤다. 웅씨는 혼자 산속으로 도망쳐 숨었다. 성이 호씨(胡氏)인 사람이 웅씨를 자기 아들의 처로 삼으려 하자 웅씨는 "나는 나의 목을 자를 수 있다. 너는 예전의 일을 듣지 못하였는가?"라고 했다. 후일 이신신이 강서(江西)에서 돌아오던 중 적을 만나 피살당하였다. 웅씨는 3일 동안 애통해 한 후 목을 매고 죽었다.

熊氏, 武昌李蓋臣妻, 大名知縣正南女. 蓋臣父周華, 官贛州知府, 蓋臣從父之任, 留婦於家. 崇禎十六年, 武昌陷, 婦匿林藪中, 為賊所得, 奪刀自刎. 賊去, 鄰嫗救活之. 明年, 李自成率殘卒南奔, 婦隻身竄山谷. 有胡姓者, 欲為子娶之. 婦曰:「吾頸可斷, 汝不聞前事乎!」已, 蓋臣自江西歸, 遇賊被殺. 婦慟三日, 自縊死.

---

80 무창(武昌) : 명대 호광성(湖廣省) 무창부(武昌府) 소속의 현(縣) 이름. 지금의 중국 호북성(湖北省) 무한시(武漢市).
81 대명(大名) : 명대 경사(京師) 대명부(大名府) 소속의 현(縣) 이름. 지금의 중국 하북성(河北省) 한단시(邯鄲市) 대명현(大名縣).
82 공주(贛州) : 명대 강서성(江西省) 소속의 부(府) 이름. 지금의 중국 강서성(江西省) 공주시(贛州市).
83 이자성(李自成, 1606~1645) : 명대 섬서성(陝西省) 미지(米脂) 사람. 역졸(驛卒) 출신. 1630년 농민반란군에 참여. 1644년 초 대순(大順) 국가 건립. 1644년 4월 북경을 점령하고 명조(明朝)를 멸망시켰으나 곧 바로 오삼계(吳三桂)와 청군(淸軍)의 연합군에 의해 패배당한 후 산서(山西), 호광(湖廣) 등 지역을 전전하다 1645년 전사함.

제208화  구씨(丘氏)

　구씨(丘氏)는 효감(孝感) 사람 유응경(劉應景)의 처이다. 숭정(崇禎) 말년 적에게 사로잡혔다. 적이 구씨에게 따르기를 강요했으나 그녀는 따르지 않았다. 적이 "칼로 너를 베겠다"라고 하자 구씨는 "죽는 것이 다행이다"라고 했다. 적은 항아리 단지에 기름을 가득 채운 후 구씨의 옷을 담갔다. 그리고 다른 동료들에게 말하길 "이 여자가 매우 완강하니 불태우려 한다"라고 했다. 구씨는 비웃으며 "물에 빠져 죽으나 불에 타 죽으나 칼에 맞아 죽으나 무슨 차이가 있는가? 관병이 조만간 오게 되면 너희는 곧 나처럼 될 것이다"라고 하였다. 화가 난 적이 구씨를 나무에 붙들어 매고 불을 질렀다. 화염이 치솟았으나 구씨는 욕하기를 그치지 않았다.

　丘氏, 孝感劉應景妻. 崇禎末, 為賊所執, 逼從, 不可. 賊曰 : 「刃汝.」 丘曰 : 「得死為幸.」 賊注油滿甕, 漬其衣, 語同類曰 : 「此婦倔彊, 將蒸之.」 丘哂曰 : 「若謂死溺, 死焚, 死刃有間乎? 官兵旦夕至, 若求如我, 得哉!」 賊怒, 束於木焚之, 火熾, 罵不絕口.

제209화  건씨(乾氏)

　같은 읍(효감)의 건씨(乾氏)는 17세 때 고문환(高文煥)에게 시집갔는데 고문환이 죽고 아들이 없자 칼로 자결하였다. 건씨의 어머니와 시어머니가 급히 구하여 3일이 지난 후 다시 깨어났다. 이로부터 건씨는 비린 것을 먹지 않고 매일 단지 밥 한 그릇만 먹었다. 숭정(崇禎) 16년(1643) 적이 덕안(德安)[84]을 함락하고 장차 효감에 이르려 하였다. 조카 고건(高騫)이 건씨를 부축하여 산채로 피난가려 하자 건씨는 "나는 늙었다. 어찌 다시 집을 떠나 살기를 구하겠는가. 40년 전의 내 뜻을 행할 때이다"라고 말한 후 후원의 연못 속으로 뛰어들어 죽었다.

　同邑乾氏, 年十七, 歸高文煥. 文煥卒, 無子, 拔刀自裁. 母及姑救之, 越三日復甦. 自是斷葷, 日不再食. 崇禎十六年, 聞賊陷德安, 將及孝感. 從子高騫將扶避山砦, 氏曰 : 「吾老矣, 豈復出門求活. 行吾四十年前之志, 可也.」 投後園池中死.

---

84 덕안(德安) : 명대 강서성(江西省) 구강부(九江府) 소속의 현(縣) 이름. 지금의 중국 강서성(江西省) 구강시(九江市) 덕안현(德安縣).

 제210화 ■ **황씨(黃氏)**

　같은 읍(효감)에 또 황씨(黃氏)가 있었는데 장정연(張挺然)의 처이다. 숭정(崇禎) 말기 덕안(德安)을 함락한 적의 두목 백왕(白旺)[85]이 장정연을 장려(掌旅)하는 관직에 임명했다. 황씨가 눈물을 흘리며 제지했으나 장정연이 듣지를 않았다. 적은 장정연으로 하여금 그의 부인을 인질로 삼을 것을 요구했다. 황씨는 10살 된 아들과 함께 청산채(靑山砦)에 숨었다. 장정연이 돈으로 유혹하고 무력으로 위협하였으며 또 친척을 시켜 설득시켰으나 황씨는 모두 응하지 않았다. 얼마 후 산채가 격파되자 장정연은 거주하던 집을 태워서 황씨를 궁지에 몰아넣었지만 황씨가 더욱 깊이 숨어 찾을 수가 없었다. 장정연이 사람을 시켜 자신의 아들에게 금비녀를 보내자 황씨의 아들이 그것을 머리에 꽂았다. 황씨는 화를 내며 금비녀를 뽑아 버리고 말하길 "어찌 적의 물건으로 자신의 머리를 더럽히는가?"라고 했다. 시간이 지난 후 적이 패배하자 장정연은 달아나 양양(襄陽)[86]에서 죽었다. 황씨는 농사와 방직을 하여 아들을 키웠다. 마을사람들이 모두 황씨를 의롭게 여겼다.

邑又有黃氏, 張挺然妻. 崇禎末, 賊帥白旺陷德安, 授挺然偽掌旅. 黃泣止之, 不聽. 賊令挺然取婦為質, 黃攜十歲兒匿青山砦. 挺然誘以利, 劫以兵, 且使親戚招之, 皆不應. 已而破砦, 焚己居以窮黃, 黃匿愈深, 竟不可得. 挺然寄兒金簪, 兒以綰髮, 黃怒, 拔棄之曰:「何為以賊物污首!」久之, 賊敗, 挺然走死襄陽, 黃耕織以撫其子, 鄉人義之.

---

85 백왕(白旺) : 명말 이자성(李自成) 군대의 장수.
86 양양(襄陽) : 명대 호광성(湖廣省) 양양부(襄陽府) 소속의 현(縣) 이름. 지금의 중국 호북성(湖北省) 양번시(襄樊市) 양양구(襄陽區).

 제211화 ▌세마판부(洗馬畈婦)

기수(蘄水) 세마판(洗馬畈)에 한 여인이 있었다. 그 여인은 적에게 붙잡혔으나 따르지 않았다. 적이 칼로 여인의 배를 베자 여인은 한손으로 어린아이를 안고 한손으로 배를 움켜잡은 채 죽지 않고 버티며 남편을 기다렸다. 남편이 이르자 여인은 아이를 남편에게 건네준 후 손을 놓고 죽었다.

蘄水洗馬畈某氏, 為賊所執, 不從. 賊刃其腹, 一手抱嬰兒, 一手捧腹, 使氣不即盡以待夫. 夫至, 付兒, 放手而斃.

제212화 ■ 향씨(向氏)

향씨(向氏)는 황피(黃陂)87 사람이다. 18세 때 왕단사(王旦士)에게 시집갔다. 얼마 후 적이 황피를 점령하였는데 향씨가 사로 잡혔다. 적이 칼로 향씨를 위협하자 향씨는 욕하기를 그치지 않았다. 적이 사람들을 가리키며 "만약 너의 부모가 아니라면 바로 너의 시부모나 형제를 반드시 모두 죽인 후 너를 죽이겠다"라고 했다. 향씨는 "내가 욕을 당하지 않으려는 것과 집안사람들과 무슨 관계가 있는가?"라고 말한 후 칼을 빼앗아 자기 목을 베었다. 화가 난 적이 즉각 향씨의 사지를 찢었다.

向氏, 黃陂人. 年十八, 歸王旦士. 未久, 賊陷黃陂, 被執. 賊持刀迫之, 氏罵不絶口. 賊指衆曰 : 「若非汝父母, 卽舅姑兄弟, 必盡殺, 而後及汝.」 氏曰 : 「我義不辱, 與家人何與!」 奪刃自刎. 賊怒, 立磔之.

---

87 황피(黃陂) : 명대 호광성(湖廣省) 황주부(黃州府) 소속의 현(縣) 이름. 지금의 중국 호북성(湖北省) 무한시(武漢市) 황피구(黃陂區).

제213화  뇌씨(雷氏)

유장경(劉長庚)의 첩은 뇌씨(雷氏)이다. 유장경은 동주(同州)[88]의 제생(諸生)이다. 적이 동관(潼關)을 함락하고 장차 동주에 이르려하였다. 유장경은 가묘에 제사지낸 후 자신의 아내와 두 아들을 불러 놓고 "당신은 나이가 많고 또 아들도 있으니 마땅히 도망치시오!"라고 말했다. 그리고 유장경은 뇌씨와 그녀 소생의 딸을 불러 놓고 "너는 나이가 젊으니 마땅히 나를 따라서 함께 죽자"라고 하였다. 뇌씨는 "이는 나의 뜻이다"라고 대답했다. 유장경이 술을 가지고 누각에 오른 후 뇌씨에게 "평소 너는 술을 마시지 않았으나 오늘은 마땅히 나와 함께 취하자!"라고 하였다. 뇌씨는 매우 통쾌하게 한 잔의 술을 마셨다. 유장경은 술 마시고 노래하였다. 그리고 한밤중이 되자 유장경은 사방의 벽에 글을 가득 쓴 후 칼을 빼어 보이며 뇌씨에게 "행할 수 있겠는가?"라고 했다. 뇌씨가 "내가 먼저 죽겠다"라고 대답하고 칼을 빼앗아 자신의 목을 베었다. 유장경은 매고 있던 허리끈을 풀어서 대들보에 건 후 목을 매고 죽었다. 딸은 만 7살이었는데 칼을 벽에다 옆으로 건 후 거기에 목을 걸고 죽었다.

劉長庚妾雷氏. 長庚為同州諸生. 賊陷潼關, 將及州, 長庚拜家廟, 召妻及二子曰:「汝年長, 且有子, 當逃.」召雷及所生女曰:「汝年少, 當從吾死.」雷曰:「妾志也.」長庚攜酒登樓, 謂妾曰:「汝平日不飲, 今當共醉.」妾欣然引滿. 長庚且飲且歌, 夜半徧題四壁, 拔刀示妾曰:「可以行乎?」對曰:「請先之.」奪刀自刎. 長庚乃解所繫絛, 縊於梁. 女方七歲, 橫刀於壁, 以頸就之而死.

---

88 동주(同州) : 명대 섬서성(陝西省) 서안부(西安府) 소속의 주(州) 이름. 지금의 중국 섬서성(陝西省) 위남시(渭南市) 대려현(大荔縣).

 제214화 ▒ **상주소씨(商州邵氏)**

소씨(邵氏)는 상주(商州)[89] 사람으로 포정사(布政使)[90] 소가립(邵可立)의 딸이고 낙남(雒南)[91] 사람 시랑(侍郞) 설국용(薛國用)의 아들 설광륜(薛匡倫)의 처이다. 소씨는 유적이 이르려 하자 친정집으로 피신했다. 상주가 함락된 후 적이 소씨에게 밥을 지으라고 시켰다. 소씨는 꾸짖으며 말하길 "나는 대가 집의 딸이고 대신의 아들에게 시집갔다. 개도둑 같은 너희들을 위해 밥을 지을 수 있겠는가?"라고 하였다. 화가 난 적이 소씨의 발을 잘랐으나 소씨는 더욱 사납게 욕하였다. 적은 소씨의 혀를 자르고 사지를 발기발기 찢어 죽였다.

邵氏, 商州人, 布政使可立女, 侍郎雒南薛國用子匡倫妻也. 流賊
將至, 避之母家. 商州陷, 賊驅使執爨, 罵曰:「吾大家女, 嫁大臣
子, 肯為狗賊作飯耶!」賊怒, 斫其足, 罵益厲, 斷舌寸磔之.

---

89 상주(商州) : 명대 섬서성(陝西省) 서안부(西安府) 소속의 주(州) 이름. 지금의 중국 섬서성(陝西省) 상락시(商洛市) 상주구(商州區).
90 포정사(布政使) : 관직명. 승선포정사사(承宣布政使司)의 장관. 좌우포정사(左右布政使) 각 1명이 있으며 성(省)의 민정을 총괄함. 종2품. 승선포정사사는 중앙정부에 직속된 최고 지방 행정기구로 간략히 포정사사(布政使司), 혹은 행성(行省), 성(省) 등으로 부름. 명대 지방 최고 행정기구는 전국 각 지역에 설치된 13개의 포정사사(布政使司)와 경사(京師), 남경(南京) 등 2개의 직예를 합하여 모두 15개 성(省)으로 구성됨.
91 낙남(雒南) : 명대 섬서성(陝西省) 서안부(西安府) 소속의 현(縣) 이름. 지금의 중국 섬서성(陝西省) 상락시(商洛市) 낙남현(洛南縣).

제215화  여씨(呂氏)

관진간(關陳諫)의 처는 여씨(呂氏)이다. 관진간은 운몽(雲夢)[92]의 제생(諸生)이다. 관진간의 일족 중에 관곤(關坤)이란 사람이 있었는데 그가 죽자 그의 처 안씨(安氏)가 따라서 죽었다. 여씨는 매번 안씨 일을 이야기할 때마다 감격하여 눈물을 흘리며 "여인의 도리는 마땅히 이와 같아야 한다"라고 했다. 숭정(崇禎) 말기 적이 이웃 도시를 점령했다. 여씨는 남편에게 "적의 세력이 사방으로 뻗치고 있으니 미리 준비하는 것이 좋을 것 같다."라고 말한 후 어망으로 자기 몸을 꽁꽁 싸매었다. 얼마 후 적이 이르러 여씨에게 옷을 꿰매라 하였다. 여씨는 가위를 던져 적의 얼굴을 깨트리고 "적이 감히 나의 바늘과 실을 욕보이려 하는가! 손은 자를 수 있지만 옷은 꿰맬 수 없다"라며 욕하였다. 노한 적이 여씨의 사지를 찢어서 물속에 던졌다.

關陳諫妻呂氏. 陳諫, 雲夢諸生. 族有安氏者, 殉其夫關坤, 呂每談及, 輒感慨欷歔曰:「婦人義當如是.」崇禎末, 寇陷鄰郡, 呂謂夫曰:「賊焰方張, 不如早爲之所.」取魚網結其體甚固. 俄寇至, 俾縫衣, 呂投剪破賊面, 罵曰:「賊敢辱我鍼黹乎! 手可斷, 衣不可縫.」賊怒, 磔之, 投於水.

---

92 운몽(雲夢) : 명대 호광성(湖廣省) 덕안부(德安府) 소속의 현(縣) 이름. 지금의 중국 호북성(湖北省) 효감시(孝感市) 운몽현(雲夢縣).

 제216화 곡주소씨(曲周邵氏)

소씨(邵氏)는 곡주(曲州) 사람 이순성(李純盛)의 처이다. 적이 이르자 소씨의 시어머니와 자매 모두 동굴 속으로 피신했다. 소씨는 적에게 붙잡혔는데 적이 소씨에게 동굴의 소재를 물었다. 소씨가 적을 속여서 데리고 가자 적은 기뻐하며 소씨의 뒤를 따랐다. 소씨는 길을 돌아서 우물 옆에 이르렀을 때 우물로 뛰어 들어 죽었다. 동굴 속의 50여명은 모두 무사했다.

邵氏, 曲周李純盛妻. 寇至, 姑姉妹俱避地洞中. 邵爲寇所得, 問洞所在. 紿之行, 寇喜隨之, 徑往井傍, 投井死. 洞中五十餘人俱獲免.

제217화 왕씨(王氏)

왕씨(王氏)는 완평(宛平)[93] 사람 유응룡(劉應龍)의 처이다. 16세 때 유응룡에게 시집갔다. 왕씨는 집안이 가난하여 바느질로 시부모를 공양했다. 유응룡 부자가 잇따라 죽자 왕씨는 시어머니를 공양하며 아들을 키웠다. 20년이 지난 후 적이 성을 함락했다. 왕씨는 울면서 시어머니에게 절을 한 후 "장손을 남겨 할머니를 섬기게 할 것입니다. 저는 이미 죽기로 결심했습니다"라고 했다. 왕씨는 곧 어린 아들과 함께 우물 속으로 뛰어들어 죽었다.

王氏, 宛平劉應龍妻. 年十六, 嫁應龍. 家貧, 以女紅養舅姑. 應龍父子相繼亡, 王事姑撫子, 閱二十年, 賊陷都城, 泣拜其 姑曰:「留長孫奉事祖母, 婦死已決.」遂攜幼子投井死.

---

93 완평(宛平) : 명대 경사(京師) 순천부(順天府) 소속의 현(縣) 이름. 지금의 중국 북경시(北京市) 풍대구(豊臺區).

 제218화 ■ 오지서처장씨(吳之瑞妻張氏)

　　오지서(吳之瑞)의 처는 장씨(張氏)이다. 오지서는 숙송(宿松)94의 제생(諸生)이다. 복왕(福王)95 때 성이 함락된 후 병사가 장씨를 범하려 하였다. 장씨는 남편과 아들에게 화가 미칠까 두려워하여 병사를 속여서 말하길 "이 사람은 우리 집의 글방선생으로 자기 아들과 함께 이곳에 있는 것이다. 나는 부끄러우니 만약 저 사람들을 가버리게 한다면 그대의 명을 따르겠다"라고 했다. 장씨는 남편과 두 아들이 멀리 떠나자 사납게 소리치고 침을 뱉으며 욕을 하였다. 그런 후 머리를 돌에다 부딪쳐 죽었다.

吳之瑞妻張氏. 之瑞, 宿松諸生. 福王時, 城陷, 軍士欲污之. 張恐禍及夫與子, 紿曰:「此吾家塾師, 攜其子在此. 吾醜之, 若遣去, 則惟命.」夫與二子去已遠, 張乃厲聲唾罵, 撞石死.

---

94 숙송(宿松) : 명대 남경(南京) 안경부(安慶府) 소속의 현(縣) 이름. 지금의 중국 안휘성(安徽省) 안경시(安慶市) 숙송현(宿松縣).
95 복왕(福王) : 명 신종(神宗)의 셋째 아들 복왕(福王) 주상순(朱常洵)의 아들 주유송(朱由崧). 1641년 주상순(朱常洵)이 이자성(李自成) 군대에 의해 낙양(洛陽)에서 피살당한 후 1643년 복왕 직위 계승. 1644년 이자성 군대에 의해 북경이 함락당한 후 명 사종(思宗)이 자살하자 남경(南京)에서 마사영(馬士英), 노구덕(盧九德) 등에 의해 황제로 옹립되고 연호를 홍광(弘光)이라 함. 역사에서는 남명(南明) 홍광정부라 일컬음. 1645년 청나라에 의해 남경이 함락당하면서 피살당하고 홍광정부 역시 패망함.

제219화 한정윤처유씨(韓鼎允妻劉氏)

한정윤(韓鼎允)의 처는 유씨(劉氏)이다. 한정윤은 회녕(懷寧)의 제생(諸生)이다. 복왕(福王) 때 성이 함락 당했다. 유씨는 시부모의 관이 모두 집에 있었기 때문에 관을 지키고 떠나지 않았다. 적이 관을 열려고 하자 유씨는 관을 끌어안고 통곡하였다. 적이 유씨를 놓아주었다. 유씨에게는 딸이 하나 있었는데 13살이었다. 적이 불을 지르려 하다가 자주 유씨의 딸을 쳐다보았다. 유씨는 적을 속여 말하길 "만약 시부모님의 관을 놀라게만 하지 않는다면 딸은 아까울 것이 없다"라고 했다. 적은 기뻐하며 횃불을 던져버리고 유씨의 딸을 데리고 갔다. 유씨는 딸을 보내며 눈짓으로 문밖의 연못을 가리켰다. 유씨의 딸은 곧 연못에 뛰어들어 죽었다. 화가 난 적이 칼로 유씨를 내려치자 유씨는 계속 욕을 하며 죽었다.

韓鼎允妻劉氏. 鼎允為懷寧諸生. 福王時, 城潰. 舅姑雙柩殯於堂, 劉守不去. 賊欲剖棺, 劉抱棺號哭, 賊釋之. 一女年十三, 賊欲縱火, 而數盼其女. 劉紿之曰:「苟不驚先柩, 女非所惜也.」賊喜投炬, 攜女去. 劉送女, 目門外池示之, 女即投池死. 賊怒, 刃劉, 劉罵不絕口死.

제220화 강도정씨육렬(江都程氏六烈)

강도(江都)의 정씨(程氏) 집안에 여섯 명의 열부와 열녀가 있었다. 정욱절(程煜節)은 강도의 제생(諸生)이다. 정욱절의 조고(祖姑) 한 사람은 임씨(林氏) 집안으로 시집갔고, 그의 한 고모는 이씨(李氏) 집안으로 시집갔다. 정욱절의 숙모에는 유씨(劉氏), 추씨(鄒氏), 호씨(胡氏)가 있었다. 그리고 정욱절의 여동생은 정아(程娥)인데 아직 결혼하지 않았다. 성이 포위되자 정아와 유씨는 함께 죽기로 약속하고 각자 긴 끈을 소매 속에 넣어두었다. 성이 함락되자 정아는 머리 빗질을 하고 옷을 갈아입었다. 그리고 정아는 자기 어머니에게 고별의 절을 한 후 목을 매고 죽었다. 유씨에게는 갓 한 살이 된 딸이 있었는데 우는 것이 매우 애처로웠다. 유씨는 딸에게 젖을 먹이고 또 떡 한 접시를 딸 옆에 둔 후 자살했다. 추씨와 호씨 역시 함께 죽었다. 임씨 집안으로 시집간 여인은 우물에 뛰어들어 죽었다. 이씨 집안으로 시집간 여인은 사로잡혔는데 병사를 속여 우물에 이른 후 욕설을 퍼붓고 우물에 뛰어들어 죽었다. 당시에 '한 집안의 6렬(烈)'이라 불렀다.

江都程氏六烈. 程煜節者, 江都諸生也. 其祖姑有適林者, 其姑有適李者, 其叔母曰劉氏, 鄒氏, 胡氏. 而煜節之妹曰程娥, 未字. 城被圍, 與劉約俱死, 各以大帶置袖中. 城破, 女理髮更衣, 再拜別其母, 遂縊死. 劉有女甫一歲, 啼甚慘. 劉乳之, 復以糕餌一器置女側, 乃死. 鄒與胡亦同死. 適林者, 投井死. 適李者, 遭掠, 紿卒至井旁, 大罵投井死. 時稱一門六烈.

제221화  강도장씨(江都張氏)

장씨(張氏)는 강도(江都) 사람 사저형(史著馨)의 처이다. 26세 때 남편이 사망하였다. 성이 함락되자 장씨는 자신의 아들을 어루만진 채 울면서 "과거에는 고아를 키우는 것이 어려운 일이었는데 지금은 절개를 지키는 일이 큰일이다. 너는 스스로 살 방법을 찾아라. 나는 이제 너를 돌볼 수 없구나!"라고 말한 후 물로 뛰어들어 죽었다.

張氏, 江都史著馨妻. 年二十六, 夫亡. 及城陷, 撫其子泣曰:「嚮也撫孤爲難, 今也全節爲大. 兒其善圖, 吾不能顧矣.」遂赴水死.

제222화  난씨 등(蘭氏 等)

　　난씨(蘭氏)는 손도승(孫道升)의 후처이다. 손도승의 전처의 딸은 손사(孫四)이고 난씨 소생의 딸은 손칠(孫七)이다. 둘 다 고씨(古氏) 집안으로 시집갔다. 둘째 딸은 손존(孫存)이고 손녀는 손손(孫巽)인데 다 아직 출가하지 않았다. 손도승의 동생은 손도건(孫道乾), 손도신(孫道新)인데 모두 일찍 죽었다. 손도건의 처는 왕씨(王氏)이고 그의 아들 손천린(孫天麟)의 처는 정씨(丁氏)이다. 손도신의 처는 고씨(古氏)이다. 손도승의 사촌 동생의 아들 손계선(孫啓先)의 처는 동씨(董氏)이다. 강도(江都)가 포위되자 이들 부녀들은 각자 몸에 칼 하나와 끈 하나씩을 지녔다. 성이 함락되자 손손이 제일 먼저 목을 매고 죽었다. 난씨는 당시 54세였는데 역시 끈으로 목을 매고 죽었다. 왕씨와 정씨는 집 뒤의 연못으로 뛰어들어 죽었다. 고씨 역시 당시 54세였는데 30년 동안 수절하고 있었으며 머리가 백발이었다. 그녀는 우물에 빠져 죽었다. 고씨에게는 오씨(吳氏) 집안으로 시집간 딸이 있었는데 딸 하나를 낳았다. 그 딸 이름은 오준(吳睿)이고 8살이었다. 오준은 마침 외가에 있다가 따라서 우물에 빠져 죽었다. 동씨는 문지방에 끈을 맨 후 목을 매고 죽었다. 손존은 발에 병이 있었는데 힘을 다하여 우물로 뛰어들어 죽었다. 동씨의 동서에게 할머니가 있었는데 진씨(陳氏)이다. 마침 동씨의 집에서 동씨와 함께 기거하고 있었는데 역시 목을 매고 죽었다. 손사와 손칠은 함께 침상에서 목을 매고 죽었다.

又蘭氏, 孫道升繼妻. 其前妻女曰四, 蘭所生女曰七, 皆嫁古氏. 次曰存, 孫女曰巽, 皆未嫁. 其弟道乾, 道新並先卒. 道乾妻王氏, 子天麟妻丁氏, 道新妻古氏, 其從弟子啟先妻董氏. 江都之圍, 諸婦女各手一刃一繩自隨. 城破, 巽先縊死. 蘭時五十四, 引繩自縊死. 王氏, 丁氏投舍後汪中死. 古氏亦五十四, 守節三十年, 頭盡白, 投井死. 有女嫁於吳, 生女曰睿, 方八歲, 適在外家, 從死於井. 董氏以帶繫門樞, 縊死. 存病足, 力疾投井死. 董氏之娣, 有祖母曰陳氏, 方寄居, 與董氏同處, 亦自縊死. 四與七同縊於牀死.

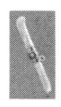 제223화 설씨(薛氏)

　같은 시기에 장정현(張廷鉉)이란 사람이 있었는데 그의 처 설씨(薛氏)가 성이 함락되자 목을 매고 죽었다. 장정현의 여동생은 장오(張五)인데 병사가 채찍으로 때리며 자기를 따르라고 하자 그녀는 큰 소리로 "죽이려면 죽이지 왜 채찍으로 때리는가?"라며 외쳤다. 결국 살해당했다.

　同時有張廷鉉者, 妻薛氏, 城破自縊死. 廷鉉之妹曰五, 遇卒鞭撻使從己, 大呼曰 :「殺卽殺, 何鞭爲!」遂殺死.

제224화  장병순처유씨(張秉純妻劉氏)

장병순(張秉純)의 처는 유씨(劉氏)이다. 장병순은 화주(和州)의 제생(諸生)이다. 집안이 늘 몹시 가난하였으나 유씨가 가사를 잘 담당하여 서로 화목하게 지냈다. 나라가 멸망하자 장병순은 단식하고 죽었다. 유씨는 한모금의 물도 마시지 않았다. 16일이 지나자 유씨는 뼈와 살이 다 드러나도록 말랐다. 유씨는 아들로 하여금 자신을 남편의 관 앞까지 부축하게 하였다. 유씨는 그 앞에서 제사를 지낸 후 통곡하고 죽었다.

張秉純妻劉氏. 秉純, 和州諸生. 家故貧, 氏操井臼, 處之怡然. 國亡, 秉純絕粒死. 氏一勺水不入口, 閱十有六日, 肌骨銷鑠, 命子扶至柩前祭拜, 痛哭而絕.

 제225화 ■ 도씨(陶氏)

　도씨(陶氏)는 당도(當塗) 사람 손사의(孫士毅)의 처로 10년 동안 수절하였다. 남도(南都)96가 함락되었을 때 병사에게 사로잡혔다. 병사가 도씨의 손을 묶고 두 손가락사이에 칼을 끼운 채 "나를 따르면 온전할 것이고 그렇지 않으면 찢어버릴 것이다"라고 했다. 도씨는 "나의 몸은 절대 욕을 당할 수 없다. 나를 빨리 죽이는 것이 나에게 은혜를 베푸는 것이다"라고 했다. 병사가 차마 도씨를 죽일 수 없어서 도씨의 손에 상처를 조금 내니 피가 손으로 흘렀다. 병사가 "나를 따르겠는가?"라고 말하자 도씨는 "따르지 않겠다"라고 대답했다. 화가 난 병사가 칼로 도씨의 손가락을 가르고 또 가슴을 도려낸 후 잘게 찢어서 죽였다. 도씨의 어머니가 구하려고 달려왔다가 역시 피살되었다.

陶氏, 當塗孫士毅妻, 守節十年. 南都覆, 為卒所掠, 縛其手介刃於兩指之間, 曰:「從我則完, 否則裂.」陶曰:「義不以身辱, 速盡為惠.」兵不忍殺, 稍創其指, 血流竟手, 曰:「從乎?」曰:「不從.」卒怒, 裂其手而下, 且剜其胸, 寸磔死. 陶母奔護, 亦被殺.

---

96 남도(南都) : 명대 남경(南京) 응천부(應天府). 지금의 중국 강소성(江蘇省) 남경시(南京市). 남경은 처음 주원장(朱元璋)이 명을 건국하였을 때의 수도였고 또 1644년 명이 멸망한 후 건립된 남명(南明) 홍광(弘光, 1644~1645) 정부의 수도였음.

제226화  전씨(田氏)

전씨(田氏)는 의진(儀眞) 사람 이철장(李鐵匠)의 처였는데 용모가 매우 아름다웠다. 고걸(高傑)[97]의 병사들이 장강(長江) 연안에서 노략질을 하였는데 전씨를 붙잡아 범하려 하자 전씨는 죽기로 항거하였다. 병사가 전씨를 말에 태워 성의 남쪽 작은 다리에 이르렀을 때 말이 다리를 건널 수가 없었다. 전씨는 병사를 속이고 옷을 끌어당겨 다리를 건넜다. 전씨는 중간에 급류가 있음을 보고 2명의 병사를 잡아끌고 물로 뛰어들어 함께 익사했다.

田氏, 儀眞李鐵匠妻, 姿甚美. 高傑步卒掠江上, 執犯之, 田以死拒. 挾馬上, 至城南小橋, 馬不能渡. 田紿卒牽衣行, 覬中流急湍, 曳二卒赴水, 並溺死.

---

[97] 고걸(高傑) : 명말의 군인. 자(字) 영오(英吾). 명대 섬서성(陝西省) 미지(米脂) 사람. 원래 이자성(李自成)의 부장이었으나 1635년 명나라에 투항한 후 전공을 세워 총병(總兵)이 됨. 남명(南明) 시기 황득공(黃得功), 유택청(劉澤淸), 유량좌(劉良佐)와 함께 남명 4진(四鎭)을 건립함. 1645년 휴주(睢州) 총병(總兵) 허정국(許定國)과 연합하여 남하하는 청나라 군대와 대적하려 했으나 청나라에 투항한 허정국의 계략에 빠져 피살당함.

제227화  화주왕씨(和州王氏)

왕씨(王氏)는 화주(和州)의 제생(諸生) 장여안(張侶顔)의 처이다. 남도(南都)가 함락되자 유량좌(劉良佐)⁹⁸ 부대의 병사들이 제멋대로 약탈하였다. 왕씨는 자기 어머니와 함께 조양동(朝陽洞)에 숨어 있었다. 병사가 동굴을 맹렬히 공격했다. 왕씨는 아들을 자기 어머니에게 건네주고 "적세가 흉흉합니다. 나는 젊은 여자로 설사 간신히 모면할지라도 또 무슨 면목으로 남편 집에 돌아갈 수 있겠습니까? 이 아이는 장씨 집안의 유일한 혈통이니 잘 보살펴주기 바랍니다"라고 말한 후 동굴 밖으로 뛰어내렸다. 동굴의 높이는 수십 인(仞)⁹⁹이었고 그 아래에는 흩어진 돌과 날카로운 바위들이 마치 칼날 같았다. 왕씨는 몸이 부서져 죽었다.

王氏, 和州諸生張侶顏妻. 南都不守, 劉良佐部卒肆掠. 氏同母匿朝陽洞, 卒攻洞急, 氏以子付母曰:「賊勢洶洶, 我少婦, 即苟免, 何面目回夫家. 此張氏一綫, 善撫之.」言訖, 挺身跳洞外, 洞高數十仞, 亂石巉巖若鋒刃, 碎身死焉.

---

98 유량좌(劉良佐) : 명말청초의 군인. 자(字) 명보(明輔). 명대 산서성 대동(大同) 사람. 본래 고걸(高傑)과 함께 이자성의 부하였으나 1638년 명군에 투항. 남명시기 황득공(黃得功), 유택청(劉澤清), 고걸(高傑)과 함께 4진(四鎮) 건립. 1645년 청나라에 투항한 후 강음(江陰) 점령에 전공을 세워 나중에 청나라의 한군(漢軍) 양황기(鑲黃旗)에 소속됨.
99 인(仞) : 길이의 단위. 1인(仞)은 8척(尺) 혹은 7척임. 8척일 경우 1인은 약 2.48m임(명대 1척은 31.1cm).

제228화  방씨(方氏)

방씨(方氏)는 동성(桐城) 사람 전병등(錢秉鐙)[100]의 처이다. 유적을 피해 남도(南都)에 거주하였다. 당시 기근이 심하여 묽은 죽도 넉넉하지 않았다. 방씨는 바느질로 쌀을 구해 자신의 남편을 먹이었다. 방씨 자신과 시녀, 머슴은 쌀겨를 먹었다. 방씨는 손님이 오면 좋은 차와 술, 음식 등을 대접하였는데 모두 자신의 머리 장식품과 바꾼 것이었다. 전병등과 왕래한 사람들은 전병등이 매우 가난하다는 것을 알지 못하였다. 전병등과 완대성(阮大鋮)[101]은 같은 마을 사람이었는데 서로 원한이 있었기 때문에 전병등이 오중(吳中)[102]으로 피신하였다. 방씨는 자녀들을 데리고 뒤쫓아가서 서로 만났다. 얼마 안 되어 오중에도 난이 일어났다. 방씨는 모면할 수 없다는 것을 알고 상하의복을 꼭 싸맨 후 딸을 끌어안은 채 물속으로 뛰어들어 죽었다.

方氏, 桐城錢秉鐙妻. 避寇寓南都. 歲祲, 饘粥不給, 以女紅易米食其夫, 己與婢僕雜食糠秕. 客過, 潔茗治饌, 取諸簪珥, 與秉鐙遊者, 未嘗知其貧也. 秉鐙與阮大鋮同里, 有隙, 避吳中. 方挈子女追尋, 得之. 已而吳中亦亂, 方知不免, 乃密紉上下服, 抱女赴水死.

---

100 전병등(錢秉鐙, 1612~1693) : 명말청초의 시인. 명대 안휘성(安徽省) 동성(桐城) 사람. 자(字) 유광(幼光), 호 전간(田間). 숭정(崇禎) 초기 방이지(方以智), 손림(孫臨), 방문(方文), 주기(周岐) 등과 함께 시사(詩社)를 구성하고 숭정 말 항청(抗淸) 활동에 참가함. 항청운동이 실패한 후 강절(江浙) 일대를 떠돌며 저술에 종사함. 저서에 『전간시학(田間詩學)』, 『전간시집(田間詩集)』 등이 있음.

101 완대성(阮大鋮, 1587~1646) : 명말청초의 정치인 및 희곡작가. 중국 안휘성(安徽省) 안경(安慶) 사람. 자(字) 집지(集之), 호 원해(圓海). 1616년 진사(進士). 급사중 재직시절 동림당(東林黨)과 적대함. 남명정부가 건립된 후 병부상서(兵部尙書)를 역임하였으나 남명정부 패망 후 청나라에 투항. 청군과 함께 복건지역을 정벌하는 도중 병사. 희곡작품 『춘등미(春燈謎)』, 『쌍금방(雙金榜)』, 『도화소(桃花笑)』 등과 시문집 『영회당전집(咏懷堂全集)』이 있음.

102 오중(吳中) : 명대 남경(南京) 소주부(蘇州府) 오현(吳縣) 일대. 지금의 강소성(江蘇省) 소주시(蘇州市), 오현(吳縣) 일대.

제229화 육씨도홍처(陸氏道弘妻)

육씨(陸氏)는 가정(嘉定) 사람 황응작(黃應爵)의 처이다. 육씨는 젊어서 남편을 잃고 집이 가난하여 30여 년 동안 방직을 하며 생활하였다. 육씨가 죽은 후 곧 가정이 함락되었다. 육씨의 아들 도홍(道弘)에게는 성씨를 알 수 없는 부인이 있었는데 갑자기 자신의 두 딸을 데리고 우물로 뛰어 들려 했다. 그녀의 큰 딸이 "만약 어머니가 먼저 뛰어들면 어머니께서 반드시 우리 두 딸을 염려할 것입니다. 우리가 먼저 뛰어드는 것이 좋을 것입니다"라고 말한 후 동생을 이끌고 급히 뛰어들었다. 도홍의 처도 잇달아 뛰어들어 모두 익사했다.

陸氏, 嘉定黃應爵妻. 少喪夫, 家貧, 紡績自給踰三十年. 甫歿, 嘉定城破. 子道弘妻, 亡其姓, 持二女倉卒欲赴井. 長女曰:「若使母先投, 必戀念吾二女, 不如先之.」乃挽妹亟入, 道弘妻繼之, 並溺死.

 제230화 ▌ 우씨(于氏)

　　우씨(于氏)는 단양(丹陽) 사람 형잔(荊潺)의 처이다. 형잔의 아버지는 형대철(荊大澈)인데 난군에게 피살되었다. 우씨는 변란의 소식을 들은 후 스스로 면할 수 없음을 알고 형잔에게 "먼저 나를 죽여주시오!"라고 했다. 형잔이 차마 하지 못하자 우씨는 화를 내며 "당신이 죽이지 않고 나를 난군에 남기어 오욕 당하게 하려는 것이오?"라고 했다. 형잔은 통곡하며 우씨의 말대로 하였다.

　　于氏, 丹陽荊潺妻. 潺父大澈爲亂兵所殺. 于聞變, 知不免, 謂潺曰:「請先殺妾.」潺不忍, 怒曰:「君不自殺, 欲留爲亂兵污耶!」潺慟哭從之.

제231화  항숙미(項淑美)

항숙미(項淑美)는 순안(淳安)[103] 사람으로 방희문(方希文)에게 시집갔다. 방희문은 책 모으기를 좋아했다. 항주(杭州)[104]가 함락되자 장군 방국안(方國安)[105]의 부대 패잔병들이 강 연안에서 노략질을 하여 수 백리 안에 안정된 곳이 없었다. 방희문은 산 속으로 피신하였는데 가면서 책을 가지고 갔다. 마침 방희문의 작은 아들이 홍역에 걸려 방희문이 의사를 부르러 갔고 항숙미는 한 부녀와 그리고 시녀와 함께 집에 머물러 있었다. 그날 저녁 난병이 갑자기 들이닥쳐 제멋대로 불을 지르고 약탈했다. 시녀가 항숙미의 옷을 끌어당기며 함께 도망치자고 하였다. 항숙미는 정색을 한 채 꾸짖어 말하길 "나가면 병사에 죽게 될 것이고 나가지 않으면 불에 타 죽게 될 것이다. 죽는 것이 똑같을 바에야 차라리 불에 타죽을지라도 욕을 당하지 않을 것이다"라고 했다. 당시 부녀는 이미 먼저 나갔었는데 불길이 솟는 것을 보고 다시 돌아와서 "불길이 솟는데 어찌 나오지 않는가?"라며 소리쳤다. 항숙미는 상관하지 않고 급히 책을 가져다 자기 주변에 쌓았는데 높이가 몸의 높이와 같았다. 그녀는 그 가운데 앉아 있었다. 잠시 후 불이 급박히 밀어닥쳐 책이 다 타버렸고 항숙미 역시 죽었다. 적이 물러간 후 방희문이 집에 돌아와서 보니 남은 재들이 마치 항숙미의 유골을 보호하는 것처럼 시체 주변에 둥글게 쌓여 있었다. 방희문이 크게 통곡하자 재가 곧 흩어졌다. 이에 유골을 수습하여 선산에 매장하였다.

項淑美, 淳安人, 適方希文. 希文好蓄書. 杭州不守, 大帥方國安潰兵掠江滸, 數百里無寧宇. 希文避山間, 載書以往. 會幼子病疹, 希文出延醫, 淑美與一嫗一婢處. 是夕, 亂兵突至, 縱火肆掠. 婢挽淑美衣, 欲與俱出, 正色叱曰 :「出則死於兵, 不出死於火, 等死耳, 死火不辱.」時嫗已先去, 見火熾復入, 呼曰 :「火至, 奈何弗出?」淑美不應, 急取書堆左右, 高與身等, 坐其中. 須臾火迫, 書盡焚, 遂死. 賊退, 希文歸, 則餘燼旋而成堆, 若護其骨者. 一慟, 灰即散, 乃收骨瘞先兆.

---

103 순안(淳安) : 명대 절강성(浙江省) 엄주부(嚴州府) 소속의 현(縣) 이름. 지금의 중국 절강성(浙江省) 항주시(杭州市) 순안현(淳安縣).
104 항주(杭州) : 명대 절강성(浙江省) 소속의 부(府) 이름. 지금의 중국 절강성(浙江省) 항주시(杭州市).
105 방국안(方國安) : 명말의 총병(總兵). 명대 절강성(浙江省) 소산(蕭山) 사람. 남명정부의 진동후(鎭東侯). 명말청초 왕지인(王之仁)의 부대와 함께 항청(抗淸)세력의 주력이었으나 후일 청나라에 투항. 한때 명말 최강의 병력을 보유하였으나 군기가 문란하여 백성의 원성을 받았음.

 제232화 ■ **왕씨(王氏)**

그 이전에 자계(慈谿)에 왕씨(王氏)가 있었는데 같은 마을의 방씨(方氏) 성의 남자에게 시집갔다. 1개월 후 화재가 발생하여 왕씨 집으로 불이 옮겨 붙었다. 왕씨의 남편은 마침 외출하고 없었다. 왕씨는 작은 누각에 앉아서 끝까지 내려가지 않으려 하다 결국 불에 타 죽었다. 시신의 뼈까지 다 타버렸는데 오직 심장만은 남아있었다. 왕씨의 남편이 집에 돌아가 심장을 받들고 크게 통곡하자 심장이 순식간에 재로 변하였다.

先是, 有慈谿王氏, 歸同里方姓. 甫逾月, 火起, 延及其屋. 夫適他出, 氏堅坐小樓不下, 遂被焚, 骸骨俱爐, 惟心獨存. 夫歸, 捧之長號, 未頃卽化.

제233화  용상사열부(甬上四烈婦)

　　용상(甬上)¹⁰⁶에 네 명의 열부가 있었다. 전당(錢塘) 사람 장씨(張氏)는 은현(鄞縣)의 거인(擧人) 양문찬(楊文瓚)의 처이다. 나라가 멸망한 후 양문찬과 그의 형 양문기(楊文琦), 친구 화하(華夏), 도헌신(屠獻宸)이 모두 처형당하였다. 장씨는 남편의 머리를 바느질하여 시신에다 꿰매어 붙인 후 염을 마치었다. 그리고 장씨는 의복을 정장한 후 절명시를 짓고 모든 일가친척들에게 작별의 인사를 하였다. 그런 후 장씨는 뇌자(腦子)¹⁰⁷을 삼켰으나 죽지 않게 되자 다시 허리끈으로 목을 매고 죽었다. 양문기의 처는 심씨(沈氏)인데 역시 목을 매고 죽었다. 화하의 후처 육씨(陸氏)는 수건을 대들보에 매고 목을 고리에 집어넣었으나 몸이 비대하여 수건이 끊어지면서 땅에 떨어졌다. 당시 한 여름이라 몸에서 흐른 땀이 육씨의 옷을 다 적시었다. 이에 육씨는 앉아서 부채를 부치며 다른 사람에게 "나는 우선 좀 시원히 해야겠다"라고 말하였다. 그런 후 다시 수건을 건 후 목을 매고 자결하였다. 관원이 양씨 집안과 화씨 집안의 세 여인이 목을 매고 죽었다는 소식을 듣고 네 명의 거지여자를 도헌신의 집에 파견하여 도헌신의 처 주씨(朱氏)를 엄중히 방비하게 하였다. 주씨는 기회가 없자 거짓으로 기쁜 웃음을 띠고 그들을 접대하며 때때로 자살한 세 여인이 쓸데없는 고통을 자초했다고 비웃었다. 며칠이 지난 후 방비하는 사람이 다소 해이해지자 주씨는 거지여자들에게 "내가 목욕을 하려 하니 잠시 피해주시오"라고 했다. 거지여자들이 그 말을 따르자 주씨는 문을 닫고 자살했다. 당시 사람들이 그들을 '용상의 4열부'라 불렀다.

> 甬上四烈婦. 錢塘張氏, 鄞縣擧人楊文瓚妻. 國變後, 文瓚與兄文琦, 友華夏, 屠獻宸, 俱坐死. 張紉箴聯其首, 棺殮畢, 即盛服題絶命詩, 徧拜族戚. 吞腦子不死, 以佩帶自縊而卒. 文琦妻沈氏亦自縊. 夏繼妻陸氏結悅於梁, 引頸就縊, 身肥重, 悅絶墮地. 時炎暑, 流汗沾衣, 乃坐而搖扇, 謂其人曰:「余且一涼.」 旣復取悅結之而盡. 有司聞楊, 華三婦之縊, 遣丐婦四人至獻宸家, 防其妻朱氏甚嚴. 朱不得聞, 陽爲歡笑以接之, 且時時誚三婦之徒自苦也. 數日, 防者稍懈, 因謂之曰:「我將一浴, 汝儕可暫屛.」 丐婦聽之, 闔戶自盡. 時稱「甬上四烈婦」.

---

106 용상(甬上): 명대 절강성(浙江省) 영파부(寧波府)의 소속의 은현(鄞縣)을 말함. 용(甬)은 은현의 별칭.
107 뇌자(腦子): 용뇌(龍腦)를 말함. 용뇌는 동인도에서 나는 용뇌수(龍腦樹)의 줄기에서 덩어리로 되어 나오는 흰색, 반투명체의 결정체로 열을 식히고 진통을 감소시키는 한약재 또는 방충제, 훈향 등으로 사용됨. 용뇌향(龍腦香)이라고도 함.

 제234화 ■ **하씨(夏氏)**

하씨(夏氏)는 검국공(黔國公)[108] 목천파(沐天波)[109]의 시녀이다. 사정주(沙定州)의 난[110]이 발생하자 목천파가 달아났다. 목천파의 어머니 진씨(陳氏)와 처 초씨(焦氏) 역시 다른 곳으로 피신했다. 적이 다가옴을 두려워한 초씨가 자기 시어머니에게 말하길 "우리는 다 사대부의 부인인데 적의 손에 들어가겠습니까?"라고 하였다. 두 사람은 불을 질러 함께 타 죽었다. 하씨는 자기 어머니 집에 돌아가 있어 다행히 어려움을 모면하였다. 나중에 목천파가 영창(永昌)[111]으로부터 돌아가자 하씨 역시 관청으로 돌아갔다. 당시 하씨는 이미 머리를 깎고 비구니가 되어 있었다. 목천파는 하씨의 의에 감동하여 그녀로 하여금 집안일을 주관하도록 하였다. 목천파가 영력제(永曆帝)[112]를 따라 면전(緬甸)[113]에서 사망하자 하씨도 자살했다. 당시 성안에 큰 난리가 일어나 죽은 사람이 도로에 가득하였다. 시체는 까마귀와 들개의 먹이가 되어 혈육이 낭자하였다. 하씨의 시신이 10여 일 동안 밖에 버려졌으나 오직 그 시신만은 손상되지 않았다.

夏氏, 黔國公沐天波侍女也, 沙定州之亂, 天波出走, 母陳, 妻焦亦
避外舍. 懼賊迫, 焦謂姑曰:「吾輩皆命婦, 可陷賊手乎!」舉火自焚
死. 夏歸其母家, 獲免. 後天波自永昌還, 夏復歸府, 則已薙為尼矣.
天波感其義, 俾佐內政. 及天波從亡緬甸, 夏遂自經. 時城中大亂,
死者載道, 屍為烏犬所食, 血肉狼籍, 夏屍棄十餘日, 獨無犯者.

---

108 검국공(黔國公) : 목영(沐英, 1344~1392)의 작위. 목영은 안휘성(安徽省) 정
원(定遠) 사람으로 자(字)가 문영(文英)이고 주원장(朱元璋)의 양자임. 1377
년 정서부장군(征西副將軍)이 되어 토번(吐蕃)을 토벌하고 1381년 우부장군
(右副將軍)이 되어 정남장군(征南將軍) 부우덕(傅友德), 좌부장군(左副將
軍) 남옥(藍玉)과 함께 운남(雲南)을 정벌함. 운남 정벌 후 군대를 주둔시키
고 농업을 장려하여 사천(四川)의 안정에 공헌을 세움. 사후 검녕왕(黔寧王)
으로 추봉됨.
109 목천파(沐天波) : 검국공(黔國公) 목영(沐英)의 후손.
110 사정주(沙定州) : 남명(南明) 시기 운남(雲南) 지역에서 반란을 일으킨 인물.
111 영창(永昌) : 명대 섬서성 섬서행도지휘사사(陝西行都指揮使司) 소속의 위
(衛) 이름. 지금의 중국 감숙성(甘肅省) 금창시(金昌市) 영창현(永昌縣).
112 영력제(永曆帝) : 남명(南明) 최후의 왕조 영력(永曆)정권의 황제 주유랑(朱
由榔, 1623~1662)을 지칭. 주유랑은 명 신종(神宗)의 손자. 1646년 조경(肇
慶)에서 황제로 즉위하고 연호를 영력(永曆)이라 함. 역사에서 보통 영력제
(永曆帝)라 칭함. 영력제는 이정국(李定國), 손가망(孫可望) 등의 군대에 의
존하여 중국의 서남지역에서 독립왕조를 유지했으나 1661년 오삼계(吳三
桂)의 공격을 받고 버마로 망명함. 그 후 영력제는 정변을 일으켜 기존 정권
을 탈취한 새로운 미얀마 왕(기존 미얀마 왕의 동생)에 의해 오삼계에게 넘
겨진 후 1662년 곤명(昆明)에서 교살 당함.
113 면전(緬甸) : 지금의 미얀마(Myanmar) 국가.

방직도(紡織圖) : 청대(淸代) 중국 복건성(福建省) 장주시(漳州市)에서 발행한 그림. 그림에 한 젊은 여인은 물레에서 실을 뽑고 있고, 다른 젊은 여인은 길쌈을 하고 있으며, 나이든 여인은 실을 정리하고 있다. 어린 아이 하나가 길쌈하고 있는 젊은 여인 옆에 매달려 있고 마당에는 어미 닭이 병아리를 불러 모으고 있다. 또 한쪽 구석에는 견공이 한가로이 낮잠을 자고 있으며 그 아래 마당에서는 어미 돼지와 새끼 돼지들이 둘러서서 어지럽게 먹이를 먹고 있다. 이는 중국 전통시대의 전형적인 농가 및 그 속에서 생활하고 있는 여성의 모습이다.

출전 : 『中國民間美術全集』, 裝飾編 『年畵』, 山東敎育出版社, 山東友誼出版社, 1995, p.145.

역자 후기

一.

본서는 중국 정사(正史)의 하나인 『명사(明史)』 중 「열녀전(列女傳)」편을 번역한 것이다. 『명사(明史)』는 1645년 청(淸) 정부가 사관(史館)을 설치 편찬하기 시작한 후 1739년에 완성하였다. 『명사』는 편찬기간이 전후 95년으로 25사(史) 중에서 가장 오래 걸려 완성한 역사서이며, 또한 그만큼 정부 편찬의 역대 중국정사(中國正史) 중에서 고증의 철저, 체제의 엄격, 사료의 충실, 서술의 공정 등 여러 방면에서 매우 훌륭한 역사서로 평가되고 있다. 『명사』의 범위는 명태조(明太祖) 홍무(洪武) 원년(1368)에서 명사종(明思宗) 숭정(崇禎) 17년(1644)까지 총 277년간이며, 서술체제는 기전체(紀傳體)이다. 내용은 본기(本紀) 24권(卷), 지(志) 75권, 표(表) 13권, 열전(列傳) 220권, 목록(目錄) 4권 등 도합 336권으로 구성되었다.

그 중 『명사』 「열녀전(列女傳)」은 『명사』 제113권에서 제332권에 걸쳐 분포된 열전(列傳) 총 220권 중에서 제189권, 제190권, 제191권에 분포하고 있다. 명칭은 「열녀1(列女一)」, 「열녀2(列女二)」, 「열녀3(列女三)」 등으로 구분하여 서술하였다. 『명사』 「열녀전」의 서술체제는 성격이 같거나 혹은 서로 관계가 있는 인물들을 한데 모아서 평등하게 나열하여 서술하는 유전체(類傳體)의 방식을 취하였다. 서술 분량은 한 개인당 원문 기준으로 평균 보통 100자(字)에서 200자 이내이고 간혹 30자 이내로 짧게 기술한 경우도 있다. 그리고 내용이 긴 경우에도 500자를 초과하지는 않고 있다. 『명사』 「열녀전」에 수록된 인원은 「열녀1」의 전기(傳記) 71개 항목에 86명, 「열녀2」의 전기 73개 항목에 85명, 「열녀3」의 전기

88개 항목에 127명 등 도합 298명이다.

二.

『명사』「열녀전」은 시대적으로 숭정(崇禎) 시기와 같이 특정한 시기에 집중되는 현상은 있지만 대체로 명나라 초기부터 멸망까지 명대 전시기의 여성을 대상으로 하였다. 그리고 지역적으로 명대의 서울 경사(京師)로부터 변방의 섬서성(陝西省)이나 사천성(四川省)에 이르기까지 특정지역에 국한하지 않고 당시 중국의 전 지역에 걸친 여성을 골고루 포함시켰다.

『명사』「열녀전」에 수록된 여성의 출신배경은 위로 공부상서(工部尚書), 예부상서(禮部尚書), 포정사(布政使), 태복경(太僕卿) 등과 같이 고위관료 집안의 여성으로부터 아래로 이름 없는 거지나 노비에 이르기까지 다양한 계층을 두루 망라하고 있다.

『명사』「열녀전」에 수록된 여성은 전기의 내용과 성격에 따라 몇 가지 유형으로 구분된다.

우선 『명사』「열녀전」에 가장 많이 나타나는 유형은 죽음으로써 정절을 지킨 여성들로, 『명사』「열녀전」 전체의 약 70% 이상을 차지한다. 그들은 여러 입장이 있다. 대체로 아직 결혼하지 않은 상태에서 타인으로부터 자신의 정절을 지키기 위하여 항거하다 살해당한 경우, 결혼한 여성으로 외압으로부터 자신을 지키려다가 피살된 경우, 외압으로부터 수모와 굴욕을 당할 수 없다고 자결하여 자신의 정절을 지킨 경우, 결혼한 여성으로 외부로부터 자신의 정절을 지키기 위하여 자결한 경우 등이 있다. 그밖에 개가를 종용하자 치욕스럽게 여기어 자살하고, 남편이 억울하게 죽었다고 하여 울분에 빠져 자살한 여성도 있다. 비록 죽는 내용이나 상황에 약간의 차이가 있지만 그들 모두에게 공통적으로 나타나는 것은 정절을 지키기 위해서 자신의 생명을 바쳤다는 것이다. 그들은 미혼자, 기혼자, 또는 자살이던 피살을 막론하고 하나같이 죽음이란 극단적인 방식으로 자신의 정절을 지키려 하였고, 또 그 뜻을 달성한 여성들이다.

정절을 지키기 위하여 자기 목숨을 바치지만 그 죽어야 하는 명분이 앞서와는 또 다른 입장의 여성들이 있다. 바로 남편이 죽었다고 따라서 죽은 여성 즉 순절여성들이다. 이러한 여성은 약 30%이다. 그들 대부분은 남편이 죽은 후 며칠 내에 스스로 목숨을 끊었다. 그들이 가장 많이 취하는 죽음의 방식은 목을 매거나 굶어 죽는 방법이었고, 간혹 칼로 자신의 목을 찌르거나 또는 분신자살하기도 하였다.

다음으로 『명사』 「열녀전」에 많이 나타나는 유형은 수절 여성이다. 수절은 대체로 남편이 죽은 후 재혼하지 않고 평생 동안 혼자 살며 그 남편에 대해 정절을 지키는 것으로 크게 2가지 형태로 나타나고 있다. 하나는 남편이 죽은 후 정절을 지키기 위하여 평생 결혼하지 않는 경우이다. 그들이 수절하는 명분과 방법은 각자가 처한 상황에 따라서 상이하다.

이들 여성은 대체로 20세 전후하여 남편을 잃고 죽을 때까지 짧게는 20, 30년, 길게는 50, 60년씩 재혼하지 않은 채 혼자 살아간다. 그간에 많은 생활의 어려움과 재가의 권고나 종용의 유혹이 있지만, 그들은 그 어려움과 유혹을 감내하고 뿌리쳤다. 특히 수절의 결심을 굳건히 하기 위하여 자살기도, 단식, 단발, 혈서, 얼굴훼손, 손가락 절단 등은 그들 여성이 상투적으로 사용하는 방법이었다. 그 중에는 약혼 상태에서 약혼자가 죽었다고 평생 동안 수절한 경우도 있다.

다른 하나는 남편이 죽은 후 재가하지 않음은 물론이려니와 그 위에 시부모를 극진히 받드는 경우이다. 그들은 대부분 시부모를 위하는 일이라면 어떠한 상황에서도 자신을 철저히 희생하였다. 예컨대 병든 시부모를 위해서 자신의 육신을 잘라 먹이어 치료하는 행위는 그들 여성에게 있어서 자주 보이는 일이다. 이러한 경우는 자신의 삶을 철저히 희생하면서 수절하여야 하기 때문에 보통의 수절보다 더 어렵고 고통스러운 수절이라 할 수 있을 것이다. 수절여성은『명사』「열녀전」전체의 약 20%를 차지한다.

또『명사』「열녀전」에 수록된 다른 형태의 유형은 효녀에 관한 이야기이다. 그들 효녀들은 각자의 처한 환경과 상황에 따라서 각기 다른 형태로 효도하지만 거의 무조건적으로 부모를 위해 자신의 삶을 희생하였다. 효도 방식은 대개 부모가 병에 걸리자 치료하기 위하여 자신의 살을 베어 먹이거나 상처의 부위를 빨거나 하는 지극한 정성으로 결국 병을 낳게 하거나, 더욱 극단적으로는 아예 자신의 부모를 위해 죽는 것이었다. 대체로 대상이 다를 뿐 효녀와 효부에 관한 내용은 별 차이가 없다.『명사』「열녀전」에 이와 같은 효녀에 관한 기록은 약 4% 정도이다.

그밖에『명사』「열녀전」에는 자신의 집 혹은 시댁의 혈통을 보존하기 위하여 자신을 희생한 여성, 나라를 위하여 또는 적게는 주인을 위하여 자신을 희생한 여성에 관한 약간의 기록도 있다. 이러한 여성은『명사』「열녀전」전체의 약 5%를 차지한다.

이상의 내용을 종합하여 볼 때『명사』「열녀전」에 수록된 여성은 내용과 성격 면에서 부모에 효도한 효녀와 정절을 수행한 정절 여성이 대부분을 차지하고 있다. 그중 특히 정절을 수행한 여성이 압도적으로 많다. 그들 여성이『명사』「열녀전」전체의 약 90% 이상을 차지한다. 따라서『명사』「열녀전」은 거의 정절을 수행한 여성들에 대한 전기라고 볼 수 있다. 그리고 이것은 역으로『명사』「열녀전」에서 가장 중시한 인물선정의 선택기준이 정절이었음을 말해주고 있다.

三.

『명사』「열녀전」은 역사서의 인물선정에 정절(貞節)이란 특별한 기준을 적용하였다. 그리하여 그 기준에 적합한 여성을 선택하여 기술하면서 정절을 실천한 그 행위에 대해 칭송, 찬양 혹은 감탄하고 있다. 하지만 막상 그 행위의 주체자인 여성에 대한 서술은 행위에 대한 칭송, 찬양과는 다소 다른 형태의 역사서술을 하고 있다. 그와 같은 사실은 다섯 측면에서 살펴볼 수 있다.

첫째, 『명사』「열녀전」의 여성은 대부분 자신의 이름이 없는 채 역사서에 나타나고 있다. 『명사』「열녀전」 중 자신의 성과 이름을 온전하게 갖춘 사람은 10명 중 1명꼴이다. 그 외에는 대부분 '유효부(劉孝婦)', '석효녀(石孝女)', '오절부(吳節婦)', '고열부(高烈婦)', '손열녀(孫烈女)', '곽씨(郭氏)', '왕씨(王氏)' 등과 같이 이름 없이 성씨만을 기록하고 있다. 그리고 그 중에는 아예 성마저 없는 성명미상의 전기 인물도 여러 명 있다. 그러나 『명사』「열녀전」은 '양씨(楊氏) 왕세창처(王世昌妻)', '방씨(方氏) 금화군사(金華軍士) 원견처(袁堅妻)', '허열부(許烈婦) 송강인(松江人) 허초녀(許初女)' 등 부차적이고 조연인 그들의 남편, 아버지 등의 성명에 대해서는 분명히 기록하고 있다.

이름에 대한 기록이 거의 없는 것과 동시에 『명사』「열녀전」은 전기에 대한 연대의 기록을 매우 가볍게 처리하고 있다. 『명사』「열녀전」에서 구체적인 연도와 월까지를 비교적 정확히 기록한 것은 단 한 곳뿐이고, 나머지는 대부분 '가정(嘉靖) 23년', '천순(天順) 4년' 등 1년 단위, 또는 연대를 기록하였더라도 '태조시(太祖時)', '성화연간(成化年間)', '숭정말(崇禎末)' 등과 같이 대략적인 시대만을 언급하고 있다. 이렇게나마 연대를 기록한 것은 전체의 30% 미만이고 그 밖의 경우에는 아예 개략적인 연대 기록마저 전혀 없다.

이처럼 『명사』「열녀전」은 여성들의 성명과 연대에 대해 충분히 서술하지 않았다. 이로 인해 『명사』「열녀전」의 여성들은 존재가 분명하지 않은 사회의 한 부품으로서 겨우 그 존재성을 인정받을 수밖에 없는 무형의 존재, 유령의 존재가 되어 버렸다.

둘째, 『명사』「열녀전」은 유난히 '읍(泣)', '곡(哭)', '통곡(痛哭)', '대성통곡(大聲慟哭)', '체읍(涕泣)', '호읍(號泣)', '유체(流涕)', '앙천대곡(仰天大哭)', '곡읍(哭泣)' 등처럼 표현은 약간 다르지만 여성들이 울고 있는 모습을 많이 서술하고 있다. 『명사』「열녀전」을 펼쳐보면 대략 3명의 여성 중에 1명은 반드시 울고 있는 형상으로 나타나고 있다. 물론 『명사』「열녀전」의 여성들이 그러한 상황에 처했기 때문에 울 수밖에 없었을지도 모른다. 그래서 서술자도 자연스럽게 그러한 표현을 사용하여 여성의 처지를 형상했을 것이다. 그러나 대부분의 전기를 면밀히 분석해보면 실상 '운다'라는 표현의 사용 여부와 관계없이 전체의 사실 내용은 거의 변함이 없다.

그럼에도 불구하고 이와 같이 '운다'라는 표현의 반복으로 인해 『명사』「열녀전」은 울고 있는 여성으로 가득 차 있다는 인상을 준다. 동시에 이것은 명대의 여성은 남편에 의존하고 사회에 종속되어 아무것도 할 수 없으며, 수동적이고 자아가 없는 나약한 존재의 형상이란 느낌을 준다.

셋째, 『명사』「열녀전」은 여성의 죽음을 대량으로 열거하고 있다. 처음부터 끝까지 연속적으로 만나는 것은 끝없이 이어지는 죽음의 행렬이다. 인간사회에서 죽음이 새삼스러울 것은 없다. 그러나 『명사』「열녀전」에 나타나는 여성들의 죽음은 일반의 죽음과는 다르다. 그들은 자연사가 아니라 거의가 단순 자살 혹은 피살이다. 그것을 『명사』「열녀전」은 구체적으로 묘사하고 있는 것이다. 『명사』「열녀전」에 죽음이 넘쳐나고 있다는 사실은 수치를 통해 나타난다. 『명사』「열녀전」에는 여러 가지 이유와 형태로 자신의 명을 다하지 못하고 죽은 여성이 『명사』「열녀전」 전체의 약 75%에 이른다. 그러니까 『명사』「열녀전」에 수록된 여성의 10명 중 7, 8명은 자의든 타의든 제명에 죽지 못한 셈이다.

이처럼 죽음에 대한 빈번한 서술로 인해 『명사』「열녀전」은 마치 죽은 여성들의 묘비명을 나열한 역사책 혹은 여성들의 죽음의 경연대회를 기록한 역사책이라는 인상을 준다. 그 위에 아무리 생명이 초개같을지라도 이들 여성의 죽음에 대한 서술이 마치 날씨 이야기나 하고 있는 듯 가벼운 어조, 때로는 그와 같은 죽음을 찬양하는 것과 같은 어조라는 것은 놀라운 일이다. 아무튼 『명사』「열녀전」은 숭고한 생명을 한 줌의 흙 정도로도 여기지 않을 정도로 죽음을 찬양하고 고무하고 있어 『명사』「열녀전」에 등장하는 여성은 언제든지 남편과 부모, 시부모를 위해 희생할 수 있는 부속품 또는 소모품처럼 되어버렸다.

넷째, 『명사』「열녀전」의 서술방식은 대체로 하나의 틀에 고정되어 있다. 즉 인물마다 내용과 상황은 다르지만 그들의 공통점은 예외 없이 수절이나 정절을 위해 혹은 효도하기 위해 희생하는 장면을 극적으로 한두 가지 연출하는 것이다. 자살은 가장 보편적인 방식이고 그 이외에 수절을 철저하기 위한 방법으로 평생 채식, 혈서 맹세, 얼굴 훼손, 문신, 두문불출 등을 하고, 병든 부모나 시부모 남편을 공양하기 위하여 자신의 허벅지, 팔, 유방, 머리 등의 살을 베어 치료하거나 혹은 상처를 빠는 일, 정절이 훼손당할 상황에서 끝까지 상대를 욕하다 결국 처절히 죽고, 또는 남편이나 약혼자가 죽었다고 해서 따라서 죽는 등 매우 다양하다. 그리고 그때 그 여성들의 나이가 겨우 10여세에서 20여세 정도밖에 안되었음을 지적하고 있다.

이처럼 고정된 방식의 서술, 천편일률적인 상투적 표현 등을 반복함으로 인해 『명사』「열녀전」에 등장하는 여성들은 고정된 틀이 의도하는 범주 속에 포함되어 매우 단순화된 채 개인의 존재와 성격은 실종되고 오직 집단으로서의 여성상만 남게 되었다.

다섯째, 『명사』「열녀전」은 신뢰에 의심이 가는 사실을 많이 포함시키고 있다. 신뢰에 의심이 가는 것의 가장 두드러진 유형으로는 검증되지 않은 사료의 인용으로 인한 사실의 왜곡과 도무지 믿을 수 없는 이야기들에 대한 무비판적인 기록이다. 즉 허구적인 사실에 대한 서술이다. 예컨대 물에 수 십리 밖까지 떠내려간 남녀의 시체가 손을 꼭 붙잡고 있었다는 이야기, 자기 어머니를 물어간 호랑이를 쫓아가 호랑이 꼬리를 잡아서 어머니를 구한 여성 이야기, 뱀이 사람을 통째로 삼켰는데 갑자기 번개가 뱀을 내려쳤다는 기록, 약혼자를 따라서 순절한 여성의 집 위에 흰 기운이 감돌다 다음날에야 사라지고, 한 여성이 자살하였을 때 그녀의 집 뒤 산이 3일 동안 울었다는 서술, 효녀를 서술하면서 유방을 자르고 간을 꺼냈다는 것과 같은 서술들이다.

이와 같이 황당무계하고 허구적인 서술의 남발로 인해 『명사』「열녀전」에 등장하는 여성들은 엄숙한 역사서술의 대상이 아니라 흥미위주의 가벼운 이야기 소재로 전락하여 버렸다.

四.

중국은 역대로 중앙정부나 지방정부 그리고 개인에 이르기까지 역사편찬에 매우 열성적이었다. 중국이 그 어느 나라보다 역사기록이 풍부한 까닭이다. 그러나 역사기록이 풍부한 중국이지만 예외 부분이 있다. 바로 여성에 대한 기록이다. 국가나 지방정부에 관련된 중국인의 기록은 빈틈이 없을 정도로 철두철미하지만 전체에서 여성이 차지하는 인구에 비해 여성에 대한 기록은 상상을 초월할 정도로 빈약하다. 그것은 남성에 대한 기록과 비교하여 보면 보다 명확해진다. 가문, 출생, 성장과정, 교육과정, 결혼, 사제관계, 교우관계, 사회지위, 사회활동, 사망, 저술 등 이른바 남성들에 대한 정확하고 자세한 해석들을 가능하게 해주는 역사적 자료들을 여성에 대해서는 거의 찾아볼 수 없다. 구체적으로 그와 같은 상황을 잘 보여주고 있는 것은 역대 중국정사이다.

중국 정사(正史)는 3천여 년 중국 역사를 대표한다. 그것이 중국 사회의 각 부분을 총망라하고 있음은 물론이다. 그러나 여성은 오랫동안 정사에서 소외되었다. 중국에서 황실의 황후, 비빈 등이 아닌 일반 여성이 정사에 정식으로 기록된 것은 5세기 중엽에 이르러서이다. 바로 범엽(范曄)이 편찬한『후한서(後漢書)』「열녀전(列女傳)」이다. 중국 정사가 시작되는 사마천(司馬遷)『사기(史記)』의 출현 이후 무려 500여 년이 지난 후의 일이다. 결국 여성이 방대한 정사의 한 부분을 차지하는데 걸린 시간은 매우 느리었다고 볼 수 있다. 그 후 중국 역대 정사는『후한서』를 모방하여 대체로 여성들에 대한 전문 기록인「열녀전」편을 두었다.

	그러나『후한서』이후 모든 정사가「열녀전」편을 둔 것은 아니다. 중국의 25사(史) 중「열녀전」편을 둔 것은『후한서』를 포함하여『진서(晉書)』,『위서(魏書)』,『북사(北史)』,『수서(隋書)』,『구당서(舊唐書)』,『신당서(新唐書)』,『송사(宋史)』,『요사(遼史)』,『금사(金史)』,『원사(元史)』,『신원사(新元史)』,『명사(明史)』등 13사(史) 뿐이다. 하지만 이들 역사서들도 여성에 대한 서술이 관대한 것은 아니었다. 이들 역사서에서「열녀전」은 늘 중심에서 멀리 떨어진 한 가장자리를 차지할 뿐이고 전체에서 그들이 차지하는 비중은 아주 부분적이었다.

	이처럼 정사로 대표되는 중국역사서의 여성에 대한 기록은 매우 소홀하고 인색하였다. 그럼에도 불구하고 일부 여성들은 정사 속의「열녀전」을 통해 역사서에 선정되는 명예와 영광을 누리고 있다. 바로『명사』「열녀전」에 수록된 여성들과 같은 여성들이다. 사실 한 인물이 역사서에 선정되어 기록된다는 것은 개인은 물론이고 그의 친인척과 가문에 이르기까지 매우 명예롭고 영광스러운 일이다. 특히 인물을 부각시키는 중국 역사서술의 전통에서는 더욱 그러하다. 그러므로『명사』「열녀전」에 수록된 여성들은 분명 명대 수억만의 여성 가운데 선택되는 행운과 그 존재를 대대로 뚜렷이 할 수 있는 명예와 영광을 얻었다고 할 수 있을 것이다.

그러나 『명사』 「열녀전」에 등장하는 근 300명에 이르는 명대 여성들의 삶과 행위를 살펴보면 그들이 역사서에 선택된 것이 행운인지, 또 역사서를 통해 그 존재를 만천하에 알릴 수 있게 된 것이 영광인지 되묻게 하는 점이 있다. 엽기적일 정도로 극단적인 희생을 통해 얻은 그들의 명예와 영광이 과연 가치가 있는 것인지? 그들이 평생 숭상하고 외친 절(節)이란 것이 과연 목숨과도 바꿀 만큼의 가치가 있는 것인지? 등등. 그 밖의 수많은 의문을 생략한 채, 『명사』 「열녀전」에 나타나는 여성들의 신앙과 같은 맹목적인 삶, 그러한 삶을 살도록 무언의 압박을 가한 당시의 국가와 사회, 또 미사여구를 나열해 그러한 삶을 더욱 선양한 역사서 등은, 오늘의 입장에서 그것에 대해 아무리 관대한 관점에서 볼지라도, 그것은 한 마디로 당시 중국사회의 총체적인 비이성(非理性)이 만들어낸 비극적(悲劇的)이며 광적(狂的)인 역사라고 볼 수밖에 없다.

五.

이 책을 번역하는 동안 내내 답답했다. 오늘날의 삶의 가치기준으로 볼 때 책에 등장하는 명대 여성들의 삶이 너무도 불합리해서이다. 그래서 중간에 번역을 몇 번이나 멈추었다. 그럼에도 불구하고 끝까지 번역을 마치게 된 것은 어두운 역사도 역사라는 사실 때문이다. 실제로 역사는 밝은 역사만이 있는 것은 아니다. 어두운 역사도 있다. 어쩌면 어두운 역사가 더 많을지도 모른다. 진실로 역사를 존중한다면 이 밝은 역사와 어두운 역사 양면을 다 보아야 한다. 그래야 그 역사의 과정을 거쳐 탄생한 현재의 우리를 더 정확히 이해할 수 있을 것이다. 그동안 이 책의 번역과 출판을 허락하고 또 오랫동안 기다려주신 도서출판 제이앤씨 윤석원 사장님과 편집부의 노고에 감사드린다. 번역 가운데 오류가 많을 것이라 생각

된다. 독자 여러분의 많은 질정을 바란다.

2008. 6.
역자 김택중

역자약력　김택중

　　중앙대 사학과 문학사
　　대만정치대 문학석사
　　대만사범대 문학박사
　　현 서울여대 사학과 교수

주요논저
　　『近代國家的應變與圖新』(공저)
　　『근대한중무역사』(공역)
　　『무측천평전』(공역)
　　『중국문화사』(공역)
　　「談遷의 민본관」
　　「萬斯同의 역사서술론」
　　「明史 列女傳의 서술형태」
　　「錢穆의 통사연구론」 등 논문

明史 列女傳

초판인쇄 2008년 8월 31일
초판발행 2008년 9월 19일

역자 김택중
발행처 제이앤씨
등록번호 제7-270

주소 서울시 도봉구 창동 624-1 현대홈시티 102-1206
전화 (02) 992 / 3253
팩스 (02) 991 / 1285
전자우편 jncbook@hanmail.net
홈페이지 http://www.jncbook.co.kr
책임편집 안정은

ⓒ 김택중 2008 All rights reserved. Printed in KOREA

ISBN 978-89-5668-619-6 93810   **정가** 28,000원

* 이 책의 내용을 사전 허가없이 전재하거나 복제할 경우 법적인 제재를 받게 됨을 알려드립니다.
** 잘못된 책은 구입하신 서점이나 본사에서 교환해 드립니다.